T&P BOOKS

I0211911

POLONÊS
VOCABULÁRIO

PORTUGUÊS BRASILEIRO

PORTUGUÊS POLONÊS

Para alargar o seu léxico e apurar
as suas competências linguísticas

9000 palavras

Vocabulário Português Brasileiro-Polonês - 9000 palavras

Por Andrey Taranov

Os vocabulários da T&P Books destinam-se a ajudar a aprender, a memorizar, e a rever palavras estrangeiras. O dicionário é dividido em temas, cobrindo todas as principais esferas de atividades quotidianas, negócios, ciência, cultura, etc.

O processo de aprendizagem, utilizando os dicionários baseados em temáticas da T&P Books dá-lhe as seguintes vantagens:

- Informação de origem corretamente agrupada predetermina o sucesso em fases subsequentes da memorização de palavras
- Disponibilização de palavras derivadas da mesma raiz, o que permite a memorização de unidades de texto (em vez de palavras separadas)
- Pequenas unidades de palavras facilitam o processo de estabelecimento de vínculos associativos necessários para a consolidação do vocabulário
- O nível de conhecimento da língua pode ser estimado pelo número de palavras aprendidas

Copyright © 2019 T&P Books Publishing

Todos os direitos reservados. Nenhuma parte desta publicação pode ser reproduzida, total ou parcialmente, por quaisquer métodos ou processos, sejam eles eletrônicos, mecânicos, de fotocópia ou outros, sem a autorização escrita do editor. Esta publicação não pode ser divulgada, copiada ou distribuída em nenhum formato.

T&P Books Publishing
www.tpbooks.com

ISBN: 978-1-78767-292-5

Este livro também está disponível em formato E-book.
Por favor visite www.tpbooks.com ou as principais livrarias on-line.

VOCABULÁRIO POLONÊS
palavras mais úteis

Os vocabulários da T&P Books destinam-se a ajudar a aprender, a memorizar, e a rever palavras estrangeiras. O vocabulário contém mais de 9000 palavras de uso comum organizadas tematicamente.

O vocabulário contém as palavras mais comummente usadas
Recomendado como adicional para qualquer curso de línguas
Satisfaz as necessidades dos iniciados e dos alunos avançados de línguas estrangeiras
Conveniente para o uso diário, sessões de revisão e atividades de auto-teste
Permite avaliar o seu vocabulário

Características especias do vocabulário

- As palavras estão organizadas de acordo com o seu significado, e não por ordem alfabética
- As palavras são apresentadas em três colunas para facilitar os processos de revisão e auto-teste
- As palavras compostas são divididas em pequenos blocos para facilitar o processo de aprendizagem
- O vocabulário oferece uma transcrição simples e adequada de cada palavra estrangeira

O vocabulário contém 256 tópicos incluindo:

Conceitos básicos, Números, Cores, Meses, Estações do ano, Unidades de medida, Roupas & Acessórios, Alimentos & Nutrição, Restaurante, Membros da Família, Parentes, Caráter, Sentimentos, Emoções, Doenças, Cidade, Passeios, Compras, Dinheiro, Casa, Lar, Escritório, Trabalho no Escritório, Importação & Exportação, Marketing, Pesquisa de Emprego, Esportes, Educação, Computador, Internet, Ferramentas, Natureza, Países, Nacionalidades e muito mais ...

TABELA DE CONTEÚDOS

GUIA DE PRONUNCIAÇÃO

Letra	Exemplo Polonês	Alfabeto fonético T&P	Exemplo Português
A a	fala	[a]	chamar
Ą ą	są	[ɔ̃]	anaconda
E e	tekst	[ɛ]	mesquita
Ę ę	pięć	[ɛ̃]	centro
I i	niski	[i]	sinônimo
O o	strona	[ɔ]	emboço
Ó ó	ołów	[u]	bonita
U u	ulica	[u]	bonita
Y y	stalowy	[ɪ]	sinônimo

Consoantes

B b	brew	[b]	barril
C c	palec	[ts]	tsé-tsé
Ć ć	haftować	[tɕ]	Tchau!
D d	modny	[d]	dentista
F f	perfumy	[f]	safári
G g	zegarek	[g]	gosto
H h	handel	[h]	[h] aspirada
J j	jajko	[j]	Vietnã
K k	krab	[k]	aquilo
L l	mleko	[l]	libra
Ł ł	głodny	[w]	página web
M m	guma	[m]	magnólia
N n	Indie	[n]	natureza
Ń ń	jesień	[ɲ]	ninhada
P p	poczta	[p]	presente
R r	portret	[r]	riscar
S s	studnia	[s]	sanita
Ś ś	świat	[ɕ]	shiatsu
T t	taniec	[t]	sitiar
W w	wieczór	[v]	fava
Z z	zachód	[z]	sésamo
Ź ź	żaba	[ʑ]	tajique
Ż ż	żagiel	[ʒ]	talvez

11

Letra	Exemplo Polonês	Alfabeto fonético T&P	Exemplo Português

Combinações de letras

ch	ich, zachód	[h]	[h] suave
ci	kwiecień	[ʨ]	Tchim-tchim!
cz	czasami	[ʧ]	Tchau!
dz	dzbanek	[ʣ]	pizza
dzi	dziecko	[ʥ]	tajique
dź	dźwig	[ʥ]	tajique
dż	dżinsy	[ʤ]	Vietnã
ni	niedziela	[ɲ]	ninhada
rz	orzech	[ʒ]	talvez
si	osiem	[ɕ]	shiatsu
sz	paszport	[ʃ]	mês
zi	zima	[ʑ]	tajique

Comentários

˙ As letras Qq, Ww, Xx são usadas apenas em estrangeirismos

ABREVIATURAS
usadas no vocabulário

Abreviaturas do Português

adj	-	adjetivo
adv	-	advérbio
anim.	-	animado
conj.	-	conjunção
desp.	-	esporte
etc.	-	Etcetera
ex.	-	por exemplo
f	-	nome feminino
f pl	-	feminino plural
fem.	-	feminino
inanim.	-	inanimado
m	-	nome masculino
m pl	-	masculino plural
m, f	-	masculino, feminino
masc.	-	masculino
mat.	-	matemática
mil.	-	militar
pl	-	plural
prep.	-	preposição
pron.	-	pronome
sb.	-	sobre
sing.	-	singular
v aux	-	verbo auxiliar
vi	-	verbo intransitivo
vi, vt	-	verbo intransitivo, transitivo
vr	-	verbo reflexivo
vt	-	verbo transitivo

Abreviaturas do Polonês

ż	-	nome feminino
ż, l.mn.	-	feminino plural
l.mn.	-	plural
m	-	nome masculino
m, ż	-	masculino, feminino
m, l.mn.	-	masculino plural
n	-	neutro

CONCEITOS BÁSICOS

Conceitos básicos. Parte 1

1. Pronomes

eu	ja	[ja]
você	ty	[tɨ]
ele	on	[ɔn]
ela	ona	['ɔna]
ele, ela (neutro)	ono	['ɔnɔ]
nós	my	[mɨ]
vocês	wy	[vɨ]
eles, elas	one	['ɔnɛ]

2. Cumprimentos. Saudações. Despedidas

Oi!	Dzień dobry!	[dʒeɲ 'dɔbrɨ]
Olá!	Dzień dobry!	[dʒeɲ 'dɔbrɨ]
Bom dia!	Dzień dobry!	[dʒeɲ 'dɔbrɨ]
Boa tarde!	Dzień dobry!	[dʒeɲ 'dɔbrɨ]
Boa noite!	Dobry wieczór!	[dɔbrɨ 'vetʃur]
cumprimentar (vt)	witać się	['vitatʃ ɕɛ̃]
Oi!	Cześć!	[tʃɛctʃ]
saudação (f)	pozdrowienia (l.mn.)	[pɔzdrɔ'veɲa]
saudar (vt)	witać	['vitatʃ]
Tudo bem?	Jak się masz?	[jak ɕɛ̃ maʃ]
E aí, novidades?	Co nowego?	[tsɔ nɔ'vɛgɔ]
Tchau! Até logo!	Do widzenia!	[dɔ vi'dzɛɲa]
Até breve!	Do zobaczenia!	[dɔ zɔbat'ʃɛɲa]
Adeus! (sing.)	Żegnaj!	['ʒɛgnaj]
Adeus! (pl)	Żegnam!	['ʒɛgnam]
despedir-se (dizer adeus)	żegnać się	['ʒɛgnatʃ ɕɛ̃]
Até mais!	Na razie!	[na 'raʒe]
Obrigado! -a!	Dziękuję!	[dʒɛ̃'kue]
Muito obrigado! -a!	Bardzo dziękuję!	[bardzɔ dʒɛ̃'kuɛ̃]
De nada	Proszę	['prɔʃɛ̃]
Não tem de quê	To drobiazg	[tɔ 'drɔbiazk]
Não foi nada!	Nie ma za co	['ne ma 'za tsɔ]
Desculpa! -pe!	Przepraszam!	[pʃɛp'raʃam]
desculpar (vt)	wybaczać	[vɨ'batʃatʃ]

desculpar-se (vr)	przepraszać	[pʃɛp'raʃatʃ]
Me desculpe	Przepraszam!	[pʃɛp'raʃam]
Desculpe!	Przepraszam!	[pʃɛp'raʃam]
perdoar (vt)	wybaczać	[vi'batʃatʃ]
por favor	proszę	['prɔʃɛ̃]

Não se esqueça!	Nie zapomnijcie!	[ne zapɔm'nijtʃe]
Com certeza!	Oczywiście!	[ɔtʃi'victʃe]
Claro que não!	Oczywiście, że nie!	[ɔtʃivictʃe ʒɛ 'ne]
Está bem! De acordo!	Zgoda!	['zgɔda]
Chega!	Dosyć!	['dɔsitʃ]

3. Como se dirigir a alguém

senhor	Proszę pana	['prɔʃɛ̃ 'pana]
senhora	Proszę pani	['prɔʃɛ̃ 'pani]
senhorita	Proszę pani	['prɔʃɛ̃ 'pani]
jovem	Proszę pana	['prɔʃɛ̃ 'pana]
menino	Chłopczyku	[hwɔpt'ʃiku]
menina	Dziewczynko	[dʒevt'ʃiŋkɔ]

4. Números cardinais. Parte 1

zero	zero	['zɛrɔ]
um	jeden	['edɛn]
dois	dwa	[dva]
três	trzy	[tʃi]
quatro	cztery	['tʃtɛri]

cinco	pięć	[pɛ̃tʃ]
seis	sześć	[ʃɛctʃ]
sete	siedem	['cedɛm]
oito	osiem	['ɔcem]
nove	dziewięć	['dʒevɛ̃tʃ]

dez	dziesięć	['dʒecɛ̃tʃ]
onze	jedenaście	[edɛ'nactʃe]
doze	dwanaście	[dva'nactʃe]
treze	trzynaście	[tʃi'nactʃe]
catorze	czternaście	[tʃtɛr'nactʃe]

quinze	piętnaście	[pɛ̃t'nactʃe]
dezesseis	szesnaście	[ʃɛs'nactʃe]
dezessete	siedemnaście	[cedɛm'nactʃe]
dezoito	osiemnaście	[ɔcem'nactʃe]
dezenove	dziewiętnaście	[dʒevɛ̃t'nactʃe]

vinte	dwadzieścia	[dva'dʒectʃa]
vinte e um	dwadzieścia jeden	[dva'dʒectʃa 'edɛn]
vinte e dois	dwadzieścia dwa	[dva'dʒectʃa dva]
vinte e três	dwadzieścia trzy	[dva'dʒectʃa tʃi]
trinta	trzydzieści	[tʃi'dʒectʃi]

trinta e um	trzydzieści jeden	[ʧi'dʒeʨʃi 'edɛn]
trinta e dois	trzydzieści dwa	[ʧi'dʒeʨʃi dva]
trinta e três	trzydzieści trzy	[ʧi'dʒeʨʃi ʧi]

quarenta	czterdzieści	[ʧtɛr'dʒeʨʃi]
quarenta e um	czterdzieści jeden	[ʧtɛr'dʒeʨʃi 'edɛn]
quarenta e dois	czterdzieści dwa	[ʧtɛr'dʒeʨʃi dva]
quarenta e três	czterdzieści trzy	[ʧtɛr'dʒeʨʃi ʧi]

cinquenta	pięćdziesiąt	[pɛ̃'dʒeʨɔt]
cinquenta e um	pięćdziesiąt jeden	[pɛ̃'dʒeʨɔt 'edɛn]
cinquenta e dois	pięćdziesiąt dwa	[pɛ̃'dʒeʨɔt dva]
cinquenta e três	pięćdziesiąt trzy	[pɛ̃'dʒeʨɔt ʧi]

sessenta	sześćdziesiąt	[ʃɛʨ'dʒeʨɔt]
sessenta e um	sześćdziesiąt jeden	[ʃɛʨ'dʒeʨɔt 'edɛn]
sessenta e dois	sześćdziesiąt dwa	[ʃɛʨ'dʒeʨɔt dva]
sessenta e três	sześćdziesiąt trzy	[ʃɛʨ'dʒeʨɔt ʧi]

setenta	siedemdziesiąt	[ɕedɛm'dʒeʨɔt]
setenta e um	siedemdziesiąt jeden	[ɕedɛm'dʒeʨɔt 'edɛn]
setenta e dois	siedemdziesiąt dwa	[ɕedɛm'dʒeʨɔt dva]
setenta e três	siedemdziesiąt trzy	[ɕedɛm'dʒeʨɔt ʧi]

oitenta	osiemdziesiąt	[ɔɕem'dʒeʨɔt]
oitenta e um	osiemdziesiąt jeden	[ɔɕem'dʒeʨɔt 'edɛn]
oitenta e dois	osiemdziesiąt dwa	[ɔɕem'dʒeʨɔt dva]
oitenta e três	osiemdziesiąt trzy	[ɔɕem'dʒeʨɔt ʧi]

noventa	dziewięćdziesiąt	[dʒevɛ̃'dʒeʨɔt]
noventa e um	dziewięćdziesiąt jeden	[dʒevɛ̃'dʒeʨɔt edɛn]
noventa e dois	dziewięćdziesiąt dwa	[dʒevɛ̃'dʒeʨɔt dva]
noventa e três	dziewięćdziesiąt trzy	[dʒevɛ̃'dʒeʨɔt ʧi]

5. Números cardinais. Parte 2

cem	sto	[stɔ]
duzentos	dwieście	['dveɕʧe]
trezentos	trzysta	['ʧista]
quatrocentos	czterysta	['ʧtɛrista]
quinhentos	pięćset	['pɛ̃ʧsɛt]

seiscentos	sześćset	['ʃɛʨʃsɛt]
setecentos	siedemset	['ɕedɛmsɛt]
oitocentos	osiemset	[ɔ'ɕemsɛt]
novecentos	dziewięćset	['dʒevɛ̃ʧsɛt]

mil	tysiąc	['tiɕɔ̃ts]
dois mil	dwa tysiące	[dva tiɕɔ̃tsɛ]
três mil	trzy tysiące	[ʧi tiɕɔ̃tsɛ]
dez mil	dziesięć tysięcy	['dʒeɕɛ̃ʧ ti'ɕentsi]
cem mil	sto tysięcy	[stɔ ti'ɕentsi]
um milhão	milion	['miʎjon]
um bilhão	miliard	['miʎjart]

6. Números ordinais

primeiro (adj)	pierwszy	['perfʃi]
segundo (adj)	drugi	['drugi]
terceiro (adj)	trzeci	['ʧɛʧi]
quarto (adj)	czwarty	['ʧfarti]
quinto (adj)	piąty	[pɔ̃ti]

sexto (adj)	szósty	['ʃusti]
sétimo (adj)	siódmy	['ɕudmi]
oitavo (adj)	ósmy	['usmi]
nono (adj)	dziewiąty	[dʑevɔ̃ti]
décimo (adj)	dziesiąty	[dʑeɕɔ̃ti]

7. Números. Frações

fração (f)	ułamek (m)	[u'wamɛk]
um meio	jedna druga	['edna 'druga]
um terço	jedna trzecia	['edna 'ʧɛʧʲa]
um quarto	jedna czwarta	['edna 'ʧfarta]

um oitavo	jedna ósma	['edna 'usma]
um décimo	jedna dziesiąta	['edna dʑeɕɔ̃ta]
dois terços	dwie trzecie	[dve 'ʧɛʧʲe]
três quartos	trzy czwarte	[ʧi 'ʧfarte]

8. Números. Operações básicas

subtração (f)	odejmowanie (n)	[ɔdɛjmɔ'vane]
subtrair (vi, vt)	odejmować	[ɔdɛj'mɔvaʧ]
divisão (f)	dzielenie (n)	[dʑe'lene]
dividir (vt)	dzielić	['dʑeliʧ]

adição (f)	dodawanie (n)	[dɔda'vane]
somar (vt)	dodać	['dɔdaʧ]
adicionar (vt)	dodawać	[dɔ'davaʧ]
multiplicação (f)	mnożenie (n)	[mnɔ'ʒene]
multiplicar (vt)	mnożyć	['mnɔʒiʧ]

9. Números. Diversos

algarismo, dígito (m)	cyfra (ż)	['tsifra]
número (m)	liczba (ż)	['liʧba]
numeral (m)	liczebnik (m)	[lit'ʃɛbnik]
menos (m)	minus (m)	['minus]
mais (m)	plus (m)	[plys]
fórmula (f)	wzór (m)	[vzur]
cálculo (m)	obliczenie (n)	[ɔbli'ʧane]
contar (vt)	liczyć	['liʧiʧ]

17

| calcular (vt) | podliczać | [pɔd'litʃatʃ] |
| comparar (vt) | porównywać | [pɔruv'nivatʃ] |

Quanto, -os, -as?	Ile?	['ile]
soma (f)	suma (ż)	['suma]
resultado (m)	wynik (m)	['vinik]
resto (m)	reszta (ż)	['rɛʃta]

alguns, algumas ...	kilka	['kiʎka]
pouco (~ tempo)	niedużo ...	[ne'duʒɔ]
resto (m)	reszta (ż)	['rɛʃta]
um e meio	półtora	[puw'tɔra]
dúzia (f)	tuzin (m)	['tuʒin]

ao meio	na pół	[na puw]
em partes iguais	po równo	[pɔ 'ruvnɔ]
metade (f)	połowa (ż)	[pɔ'wɔva]
vez (f)	raz (m)	[raz]

10. Os verbos mais importantes. Parte 1

abrir (vt)	otwierać	[ɔt'feratʃ]
acabar, terminar (vt)	kończyć	['kɔɲtʃitʃ]
aconselhar (vt)	radzić	['radʑitʃ]
adivinhar (vt)	odgadnąć	[ɔd'gadnɔ̃tʃ]
advertir (vt)	ostrzegać	[ɔst'ʃɛgatʃ]

ajudar (vt)	pomagać	[pɔ'magatʃ]
almoçar (vi)	jeść obiad	[eɕtʃ 'ɔbʲat]
alugar (~ um apartamento)	wynajmować	[vinaj'mɔvatʃ]
amar (pessoa)	kochać	['kɔhatʃ]
ameaçar (vt)	grozić	['grɔʑitʃ]

anotar (escrever)	zapisywać	[zapi'sivatʃ]
apressar-se (vr)	śpieszyć się	['ɕpʲeʃitʃ ɕɛ̃]
arrepender-se (vr)	żałować	[ʒa'wɔvatʃ]
assinar (vt)	podpisywać	[potpi'sivatʃ]
brincar (vi)	żartować	[ʒar'tɔvatʃ]

brincar, jogar (vi, vt)	grać	[gratʃ]
buscar (vt)	szukać	['ʃukatʃ]
caçar (vi)	polować	[pɔ'lɔvatʃ]
cair (vi)	spadać	['spadatʃ]
cavar (vt)	kopać	['kɔpatʃ]
chamar (~ por socorro)	wołać	['vɔwatʃ]

chegar (vi)	przyjeżdżać	[pʃi'eʒdʒatʃ]
chorar (vi)	płakać	['pwakatʃ]
começar (vt)	rozpoczynać	[rɔspɔt'ʃinatʃ]
comparar (vt)	porównywać	[pɔruv'nivatʃ]
concordar (dizer "sim")	zgadzać się	['zgadzatʃ ɕɛ̃]

| confiar (vt) | ufać | ['ufatʃ] |
| confundir (equivocar-se) | mylić | ['militʃ] |

conhecer (vt)	znać	[znatɕ]
contar (fazer contas)	liczyć	['litɕitɕ]
contar com ...	liczyć na ...	['litɕitɕ na]
continuar (vt)	kontynuować	[kɔntinu'ɔvatɕ]

controlar (vt)	kontrolować	[kɔntrɔ'lɔvatɕ]
convidar (vt)	zapraszać	[zap'raʃatɕ]
correr (vi)	biec	[beʦ]
criar (vt)	stworzyć	['stfɔʒitɕ]
custar (vt)	kosztować	[kɔʃ'tɔvatɕ]

11. Os verbos mais importantes. Parte 2

dar (vt)	dawać	['davatɕ]
dar uma dica	czynić aluzje	['ʧinitɕ a'lyzʰe]
decorar (enfeitar)	ozdabiać	[ɔz'dabʲatɕ]
defender (vt)	bronić	['brɔnitɕ]
deixar cair (vt)	upuszczać	[u'puʃʧatɕ]

descer (para baixo)	schodzić	['shɔdʑitɕ]
desculpar-se (vr)	przepraszać	[pʃɛp'raʃatɕ]
dirigir (~ uma empresa)	kierować	[ke'rɔvatɕ]
discutir (notícias, etc.)	omawiać	[ɔ'mavʲatɕ]

disparar, atirar (vi)	strzelać	['stʃɛʎatɕ]
dizer (vt)	powiedzieć	[pɔ'vedʑetɕ]
duvidar (vt)	wątpić	['võtpitɕ]
encontrar (achar)	znajdować	[znaj'dɔvatɕ]
enganar (vt)	oszukiwać	[ɔʃu'kivatɕ]

entender (vt)	rozumieć	[rɔ'zumetɕ]
entrar (na sala, etc.)	wchodzić	['fhɔdʑitɕ]
enviar (uma carta)	wysyłać	[vi'siwatɕ]
errar (enganar-se)	mylić się	['mɨlitɕ ɕɛ̃]
escolher (vt)	wybierać	[vi'beratɕ]

esconder (vt)	chować	['hɔvatɕ]
escrever (vt)	pisać	['pisatɕ]
esperar (aguardar)	czekać	['ʧɛkatɕ]
esperar (ter esperança)	mieć nadzieję	[meʧ na'dʑeɛ̃]
esquecer (vt)	zapominać	[zapɔ'minatɕ]

estudar (vt)	studiować	[studʰɔvatɕ]
exigir (vt)	zażądać	[za'ʒõdatɕ]
existir (vi)	istnieć	['istnetɕ]
explicar (vt)	objaśniać	[ɔbʰʲaɕnatɕ]

falar (vi)	rozmawiać	[rɔz'mavʲatɕ]
faltar (a la escuela, etc.)	opuszczać	[ɔ'puʃʧatɕ]
fazer (vt)	robić	['rɔbitɕ]
ficar em silêncio	milczeć	['miʎʧɛtɕ]
gabar-se (vr)	chwalić się	['hfalitɕ ɕɛ̃]
gostar (apreciar)	podobać się	[pɔ'dɔbatɕ ɕɛ̃]
gritar (vi)	krzyczeć	['kʃiʧɛtɕ]

guardar (fotos, etc.)	zachowywać	[zaho'vivatʃ]
informar (vt)	informować	[infɔr'mɔvatʃ]
insistir (vi)	nalegać	[na'legatʃ]

insultar (vt)	znieważać	[zne'vaʒatʃ]
interessar-se (vr)	interesować się	[intɛrɛ'sɔvatʃ ɕɛ̃]
ir (a pé)	iść	[iɕtʃ]
ir nadar	kąpać się	['kɔ̃patʃ ɕɛ̃]
jantar (vi)	jeść kolację	[eɕtʃ kɔ'ʎatsʰɛ̃]

12. Os verbos mais importantes. Parte 3

ler (vt)	czytać	['tʃitatʃ]
libertar, liberar (vt)	wyzwalać	[viz'vaʎatʃ]
matar (vt)	zabijać	[za'bijatʃ]
mencionar (vt)	wspominać	[fspɔ'minatʃ]
mostrar (vt)	pokazywać	[pɔka'zivatʃ]

mudar (modificar)	zmienić	['zmenitʃ]
nadar (vi)	pływać	['pwivatʃ]
negar-se a ... (vr)	odmawiać	[ɔd'mavʲatʃ]
objetar (vt)	sprzeciwiać się	[spʃɛ'tʃivʲatʃ ɕɛ̃]

observar (vt)	obserwować	[ɔbsɛr'vɔvatʃ]
ordenar (mil.)	rozkazywać	[rɔska'zivatʃ]
ouvir (vt)	słyszeć	['swiʃɛtʃ]
pagar (vt)	płacić	['pwatʃitʃ]
parar (vi)	zatrzymywać się	[zatʃi'mivatʃ ɕɛ̃]

parar, cessar (vt)	przestawać	[pʃɛs'tavatʃ]
participar (vi)	uczestniczyć	[utʃɛst'nitʃitʃ]
pedir (comida, etc.)	zamawiać	[za'mavʲatʃ]
pedir (um favor, etc.)	prosić	['prɔɕitʃ]
pegar (tomar)	brać	[bratʃ]

pegar (uma bola)	łowić	['wɔvitʃ]
pensar (vi, vt)	myśleć	['miɕletʃ]
perceber (ver)	zauważać	[zau'vaʒatʃ]
perdoar (vt)	przebaczać	[pʃɛ'batʃatʃ]
perguntar (vt)	pytać	['pitatʃ]

permitir (vt)	zezwalać	[zɛz'vaʎatʃ]
pertencer a ... (vi)	należeć	[na'leʒɛtʃ]
planejar (vt)	planować	[pʎa'nɔvatʃ]
poder (~ fazer algo)	móc	[muts]
possuir (uma casa, etc.)	posiadać	[pɔ'ɕadatʃ]

preferir (vt)	woleć	['vɔletʃ]
preparar (vt)	gotować	[gɔ'tɔvatʃ]
prever (vt)	przewidzieć	[pʃɛ'vidʑetʃ]
prometer (vt)	obiecać	[ɔ'betsatʃ]
pronunciar (vt)	wymawiać	[vɨ'mavʲatʃ]
propor (vt)	proponować	[prɔpɔ'nɔvatʃ]
punir (castigar)	karać	['karatʃ]

quebrar (vt)	psuć	[psutʃ]
queixar-se de ...	skarżyć się	['skarʒitʃ ɕɛ̃]
querer (desejar)	chcieć	[htʃetʃ]

13. Os verbos mais importantes. Parte 4

ralhar, repreender (vt)	besztać	['bɛʃtatʃ]
recomendar (vt)	polecać	[pɔ'letsatʃ]
repetir (dizer outra vez)	powtarzać	[pɔf'taʒatʃ]
reservar (~ um quarto)	rezerwować	[rɛzɛr'vɔvatʃ]
responder (vt)	odpowiadać	[ɔtpɔ'vʲadatʃ]

rezar, orar (vi)	modlić się	['mɔdlitʃ ɕɛ̃]
rir (vi)	śmiać się	['ɕmʲatʃ ɕɛ̃]
roubar (vt)	kraść	[kraɕtʃ]
saber (vt)	wiedzieć	['vedʑetʃ]
sair (~ de casa)	wychodzić	[vi'hɔdʑitʃ]

salvar (resgatar)	ratować	[ra'tɔvatʃ]
seguir (~ alguém)	podążać	[pɔ'dɔ̃ʒatʃ]
sentar-se (vr)	siadać	['ɕadatʃ]
ser necessário	być potrzebnym	[bitʃ pɔt'ʃɛbnim]

ser, estar	być	[bitʃ]
significar (vt)	znaczyć	['znatʃitʃ]
sorrir (vi)	uśmiechać się	[uɕ'mehatʃ ɕɛ̃]
subestimar (vt)	nie doceniać	[nedɔ'tsɛɲatʃ]
surpreender-se (vr)	dziwić się	['dʑivitʃ ɕɛ̃]

tentar (~ fazer)	próbować	[pru'bɔvatʃ]
ter (vt)	mieć	[metʃ]
ter fome	chcieć jeść	[htʃetʃ eɕtʃ]

ter medo	bać się	[batʃ ɕɛ̃]
ter sede	chcieć pić	[htʃetʃ pitʃ]
tocar (com as mãos)	dotykać	[dɔ'tikatʃ]
tomar café da manhã	jeść śniadanie	[eɕtʃ ɕɲa'dane]
trabalhar (vi)	pracować	[pra'tsɔvatʃ]
traduzir (vt)	tłumaczyć	[twu'matʃitʃ]

unir (vt)	łączyć	['wɔ̃tʃitʃ]
vender (vt)	sprzedawać	[spʃɛ'davatʃ]
ver (vt)	widzieć	['vidʑetʃ]
virar (~ para a direita)	skręcać	['skrɛntsatʃ]
voar (vi)	lecieć	['letʃetʃ]

14. Cores

cor (f)	kolor (m)	['kɔlɔr]
tom (m)	odcień (m)	['ɔtʃeɲ]
tonalidade (m)	ton (m)	[tɔn]
arco-íris (m)	tęcza (ż)	['tɛntʃa]

21

branco (adj)	biały	['bʲawi]
preto (adj)	czarny	['tʃarni]
cinza (adj)	szary	['ʃari]

verde (adj)	zielony	[ʒe'lɜni]
amarelo (adj)	żółty	['ʒuwti]
vermelho (adj)	czerwony	[tʃɛr'vɔni]

azul (adj)	ciemny niebieski	['tʃɛmni ne'beski]
azul claro (adj)	niebieski	[ne'beski]
rosa (adj)	różowy	[ru'ʒɔvi]
laranja (adj)	pomarańczowy	[pomaraɲt'ʃɔvi]
violeta (adj)	fioletowy	[fʲɜle'tɔvi]
marrom (adj)	brązowy	[brɔ̃'zɔvi]

| dourado (adj) | złoty | ['zwɔti] |
| prateado (adj) | srebrzysty | [srɛb'ʒisti] |

bege (adj)	beżowy	[bɛ'ʒɔvi]
creme (adj)	kremowy	[krɛ'mɔvi]
turquesa (adj)	turkusowy	[turku'sɔvi]
vermelho cereja (adj)	wiśniowy	[viɕ'nɜvi]
lilás (adj)	liliowy	[li'ʎjɔvi]
carmim (adj)	malinowy	[mali'nɔvi]

claro (adj)	jasny	['jasni]
escuro (adj)	ciemny	['tʃemni]
vivo (adj)	jasny	['jasni]

de cor	kolorowy	[kɔlɜ'rɔvi]
a cores	kolorowy	[kɔlɜ'rɔvi]
preto e branco (adj)	czarno-biały	['tʃarnɔ 'bʲawi]
unicolor (de uma só cor)	jednokolorowy	['ednɔkɔlɜ'rɔvi]
multicolor (adj)	różnokolorowy	['ruʒnɔkɔlɜ'rɔvi]

15. Questões

Quem?	Kto?	[ktɔ]
O que?	Co?	[tsɔ]
Onde?	Gdzie?	[gdʒe]
Para onde?	Dokąd?	['dɔkɔ̃t]
De onde?	Skąd?	[skɔ̃t]
Quando?	Kiedy?	['kedi]
Para quê?	Dlaczego?	[dʎat'ʃɛgɔ]
Por quê?	Czemu?	['tʃɛmu]

Para quê?	Do czego?	[dɔ 'tʃɛgɔ]
Como?	Jak?	[jak]
Qual (~ é o problema?)	Jaki?	['jaki]
Qual (~ deles?)	Który?	['kturi]

De quem?	O kim?	['ɔ kim]
Do quê?	O czym?	['ɔ tʃim]
Com quem?	Z kim?	[s kim]

| Quanto, -os, -as? | lle? | ['ile] |
| De quem? (masc.) | Czyj? | [ʧij] |

16. Preposições

com (prep.)	z	[z]
sem (prep.)	bez	[bɛz]
a, para (exprime lugar)	do	[do]
sobre (ex. falar ~)	o	[ɔ]
antes de ...	przed	[pʃɛt]
em frente de ...	przed	[pʃɛt]

debaixo de ...	pod	[pɔt]
sobre (em cima de)	nad	[nat]
em ..., sobre ...	na	[na]
de, do (sou ~ Rio de Janeiro)	z ..., ze ...	[z], [zɛ]
de (feito ~ pedra)	z ..., ze ...	[z], [zɛ]

| em (~ 3 dias) | za | [za] |
| por cima de ... | przez | [pʃɛs] |

17. Palavras funcionais. Advérbios. Parte 1

Onde?	Gdzie?	[gdʒe]
aqui	tu	[tu]
lá, ali	tam	[tam]

| em algum lugar | gdzieś | [gdʒeɕ] |
| em lugar nenhum | nigdzie | ['nigdʒe] |

| perto de ... | koło, przy | ['kɔwɔ], [pʃi] |
| perto da janela | przy oknie | [pʃi 'ɔkne] |

Para onde?	Dokąd?	['dɔkɔ̃t]
aqui	tutaj	['tutaj]
para lá	tam	[tam]
daqui	stąd	[stɔ̃t]
de lá, dali	stamtąd	['stamtɔ̃t]

| perto | blisko | ['bliskɔ] |
| longe | daleko | [da'lɛkɔ] |

perto de ...	koło	['kɔwɔ]
à mão, perto	obok	['ɔbɔk]
não fica longe	niedaleko	[neda'lekɔ]

esquerdo (adj)	lewy	['levi]
à esquerda	z lewej	[z 'levɛj]
para a esquerda	w lewo	[v 'levɔ]

| direito (adj) | prawy | ['pravi] |
| à direita | z prawej | [s 'pravɛj] |

para a direita	w prawo	[f 'pravɔ]
em frente	z przodu	[s 'pʃɔdu]
da frente	przedni	['pʃɛdni]
adiante (para a frente)	naprzód	['napʃut]

atrás de ...	z tyłu	[s 'tiwu]
de trás	od tyłu	[ɔt 'tiwu]
para trás	do tyłu	[dɔ 'tiwu]

| meio (m), metade (f) | środek (m) | ['ɕrɔdɛk] |
| no meio | w środku | [f 'ɕrɔdku] |

do lado	z boku	[z 'bɔku]
em todo lugar	wszędzie	['fʃɛ̃ʥe]
por todos os lados	dookoła	[dɔː'kɔwa]

de dentro	z wewnątrz	[z 'vɛvnɔ̃ʧ]
para algum lugar	dokądś	['dɔkɔ̃tɕ]
diretamente	na wprost	['na fprɔst]
de volta	z powrotem	[s pɔv'rɔtɛm]

| de algum lugar | skądkolwiek | [skɔ̃t'kɔʎvek] |
| de algum lugar | skądś | [skɔ̃tɕ] |

em primeiro lugar	po pierwsze	[pɔ 'perfʃɛ]
em segundo lugar	po drugie	[pɔ 'druge]
em terceiro lugar	po trzecie	[pɔ 'ʧɛʧe]

de repente	nagle	['nagle]
no início	na początku	[na pɔt'ʃɔ̃tku]
pela primeira vez	po raz pierwszy	[pɔ ras 'perfʃi]
muito antes de ...	na długo przed ...	[na 'dwugɔ pʃɛt]
de novo	od nowa	[ɔd 'nɔva]
para sempre	na zawsze	[na 'zafʃɛ]

nunca	nigdy	['nigdi]
de novo	znowu	['znɔvu]
agora	teraz	['tɛras]
frequentemente	często	['ʧɛnstɔ]
então	wtedy	['ftɛdi]
urgentemente	pilnie	['piʎne]
normalmente	zwykle	['zvikle]

a propósito, ...	a propos	[a prɔ'pɔ]
é possível	może, możliwe	['mɔʒɛ], [mɔʒ'livɛ]
provavelmente	prawdopodobnie	[pravdɔpɔ'dɔbne]
talvez	być może	[biʧ 'mɔʒɛ]
além disso, ...	poza tym	[pɔ'za tim]
por isso ...	dlatego	[dʎa'tɛgɔ]
apesar de ...	mimo że ...	['mimɔ ʒɛ]
graças a ...	dzięki	['ʥɛ̃ki]

que (pron.)	co	[ʦɔ]
que (conj.)	że	[ʒɛ]
algo	coś	[ʦɔɕ]
alguma coisa	cokolwiek	[ʦɔ'kɔʎvek]

nada	nic	[niʦ]
quem	kto	[ktɔ]
alguém (~ que ...)	ktoś	[ktɔɕ]
alguém (com ~)	ktokolwiek	[ktɔ'kɔʎvek]

ninguém	nikt	[nikt]
para lugar nenhum	nigdzie	['nigʤe]
de ninguém	niczyj	['niʧij]
de alguém	czyjkolwiek	[ʧij'kɔʎvek]

tão	tak	[tak]
também (gostaria ~ de ...)	także	['tagʒɛ]
também (~ eu)	też	[tɛʃ]

18. Palavras funcionais. Advérbios. Parte 2

Por quê?	Dlaczego?	[dʎat'ʃɛgɔ]
por alguma razão	z jakiegoś powodu	[z ja'kegɔɕ pɔ'vɔdu]
porque ...	dlatego, że ,,,	[dla'tɛgɔ], [ʒɛ]
por qualquer razão	po coś	['pɔ ʦɔɕ]

e (tu ~ eu)	i	[i]
ou (ser ~ não ser)	albo	['aʎbɔ]
mas (porém)	ale	['ale]
para (~ a minha mãe)	dla	[dʎa]

muito, demais	zbyt	[zbit]
só, somente	tylko	['tiʎkɔ]
exatamente	dokładnie	[dɔk'wadne]
cerca de (~ 10 kg)	około	[ɔ'kɔwɔ]

aproximadamente	w przybliżeniu	[f pʃibli'ʒɛny]
aproximado (adj)	przybliżony	[pʃibli'ʒɔni]
quase	prawie	[prave]
resto (m)	reszta (ż)	['rɛʃta]

cada (adj)	każdy	['kaʒdi]
qualquer (adj)	jakikolwiek	[jaki'kɔʎvjek]
muito, muitos, muitas	dużo	['duʒɔ]
muitas pessoas	wiele	['vele]
todos	wszystkie	['fʃistke]

em troca de ...	w zamian za ...	[v 'zamian za]
em troca	zamiast	['zamiast]
à mão	ręcznie	['rɛnʧne]
pouco provável	ledwo, prawie	['ledvɔ], ['pravje]

provavelmente	prawdopodobnie	[pravdɔpɔ'dɔbne]
de propósito	celowo	[ʦɛ'lɔvɔ]
por acidente	przypadkiem	[pʃi'patkem]

muito	bardzo	['barʣɔ]
por exemplo	na przykład	[na 'pʃikwat]
entre	między	['menʣi]

25

entre (no meio de)	**wśród**	[fɕrut]
tanto	**aż tyle**	[aʒ 'tile]
especialmente	**szczególnie**	[ʃʧɛ'guʌne]

Conceitos básicos. Parte 2

19. Opostos

rico (adj)	bogaty	[bɔ'gatɨ]
pobre (adj)	biedny	['bednɨ]
doente (adj)	chory	['hɔrɨ]
bem (adj)	zdrowy	['zdrɔvɨ]
grande (adj)	duży	['duʒɨ]
pequeno (adj)	mały	['mawɨ]
rapidamente	szybko	['ʃɨpkɔ]
lentamente	wolno	['vɔʎnɔ]
rápido (adj)	szybki	['ʃɨpki]
lento (adj)	powolny	[pɔ'vɔʎnɨ]
alegre (adj)	wesoły	[vɛ'sɔwɨ]
triste (adj)	smutny	['smutnɨ]
juntos (ir ~)	razem	['razɛm]
separadamente	oddzielnie	[ɔd'dʒeʎne]
em voz alta (ler ~)	na głos	['na gwɔs]
para si (em silêncio)	po cichu	[pɔ 'tʃihu]
alto (adj)	wysoki	[vɨ'sɔki]
baixo (adj)	niski	['niski]
profundo (adj)	głęboki	[gwɛ̃'bɔki]
raso (adj)	płytki	['pwɨtki]
sim	tak	[tak]
não	nie	[ne]
distante (adj)	daleki	[da'lɛki]
próximo (adj)	bliski	['bliski]
longe	daleko	[da'lɛkɔ]
à mão, perto	obok	['ɔbɔk]
longo (adj)	długi	['dwugi]
curto (adj)	krótki	['krutki]
bom (bondoso)	dobry	['dɔbrɨ]
mal (adj)	zły	[zwɨ]
casado (adj)	żonaty	[ʒɔ'natɨ]

solteiro (adj)	nieżonaty	[neʒɔ'nati]
proibir (vt)	zakazać	[za'kazaʧ]
permitir (vt)	zezwolić	[zɛz'vɔliʧ]
fim (m)	koniec (m)	['kɔneʦ]
início (m)	początek (m)	[pɔt'ʃɔ̃tɛk]
esquerdo (adj)	lewy	['levɨ]
direito (adj)	prawy	['pravɨ]
primeiro (adj)	pierwszy	['perfʃɨ]
último (adj)	ostatni	[ɔs'tatni]
crime (m)	przestępstwo (n)	[pʃɛs'tɛ̃pstfɔ]
castigo (m)	kara (ż)	['kara]
ordenar (vt)	rozkazać	[rɔs'kazaʧ]
obedecer (vt)	podporządkować się	[pɔtpɔʒɔ̃d'kɔvaʧ ɕɛ̃]
reto (adj)	prosty	['prɔsti]
curvo (adj)	krzywy	['kʃivɨ]
paraíso (m)	raj (m)	[raj]
inferno (m)	piekło (n)	['pekwɔ]
nascer (vi)	urodzić się	[u'rɔʤiʧ ɕɛ̃]
morrer (vi)	umrzeć	['umʒɛʧ]
forte (adj)	silny	['ɕiʎni]
fraco, débil (adj)	słaby	['swabɨ]
velho, idoso (adj)	stary	['starɨ]
jovem (adj)	młody	['mwɔdɨ]
velho (adj)	stary	['starɨ]
novo (adj)	nowy	['nɔvɨ]
duro (adj)	twardy	['tfardɨ]
macio (adj)	miękki	['meŋki]
quente (adj)	ciepły	['ʨepwɨ]
frio (adj)	zimny	['ʒimni]
gordo (adj)	gruby	['grubɨ]
magro (adj)	szczupły	['ʃʧupwɨ]
estreito (adj)	wąski	['vɔ̃ski]
largo (adj)	szeroki	[ʃɛ'rɔki]
bom (adj)	dobry	['dɔbrɨ]
mau (adj)	zły	[zwɨ]
valente, corajoso (adj)	mężny	['mɛnʒni]
covarde (adj)	tchórzliwy	[thuʒ'livɨ]

20. Dias da semana

segunda-feira (f)	poniedziałek (m)	[pɔne'dʒʲawɛk]
terça-feira (f)	wtorek (m)	['ftɔrɛk]
quarta-feira (f)	środa (ż)	['ɕrɔda]
quinta-feira (f)	czwartek (m)	['tʃfartɛk]
sexta-feira (f)	piątek (m)	[põtɛk]
sábado (m)	sobota (ż)	[sɔ'bɔta]
domingo (m)	niedziela (ż)	[ne'dʑeʎa]

hoje	dzisiaj	['dʑiɕaj]
amanhã	jutro	['jutrɔ]
depois de amanhã	pojutrze	[pɔ'jutʃɛ]
ontem	wczoraj	['ftʃɔraj]
anteontem	przedwczoraj	[pʃɛtft'ʃɔraj]

dia (m)	dzień (m)	[dʒeɲ]
dia (m) de trabalho	dzień (m) roboczy	[dʒeɲ rɔ'bɔtʃi]
feriado (m)	dzień (m) świąteczny	[dʒeɲ ɕfõ'tɛtʃni]
dia (m) de folga	dzień (m) wolny	[dʒeɲ 'vɔʎni]
fim (m) de semana	weekend (m)	[u'ikɛnt]

o dia todo	cały dzień	['tsawɨ dʒeɲ]
no dia seguinte	następnego dnia	[nastɛp'nɛgɔ dɲa]
há dois dias	dwa dni temu	[dva dni 'tɛmu]
na véspera	w przeddzień	[f 'pʃɛddʒeɲ]
diário (adj)	codzienny	[tsɔ'dʒeɲi]
todos os dias	codziennie	[tsɔ'dʒeɲe]

semana (f)	tydzień (m)	['tɨdʒeɲ]
na semana passada	w zeszłym tygodniu	[v 'zɛʃwim tɨ'gɔdny]
semana que vem	w następnym tygodniu	[v nas'tɛpnim tɨ'gɔdny]
semanal (adj)	tygodniowy	[tɨgɔd'nɔvi]
toda semana	co tydzień	[tsɔ tɨ'dʒeɲ]
duas vezes por semana	dwa razy w tygodniu	[dva 'razɨ v tɨ'gɔdny]
toda terça-feira	co wtorek	[tsɔ 'ftɔrek]

21. Horas. Dia e noite

manhã (f)	ranek (m)	['ranɛk]
de manhã	rano	['ranɔ]
meio-dia (m)	południe (n)	[pɔ'wudne]
à tarde	po południu	[pɔ pɔ'wudny]

tardinha (f)	wieczór (m)	['vetʃur]
à tardinha	wieczorem	[vet'ʃɔrɛm]
noite (f)	noc (ż)	[nɔts]
à noite	w nocy	[v 'nɔtsi]
meia-noite (f)	północ (ż)	['puwnɔts]

segundo (m)	sekunda (ż)	[sɛ'kunda]
minuto (m)	minuta (ż)	[mi'nuta]
hora (f)	godzina (ż)	[gɔ'dʒina]

meia hora (f)	pół godziny	[puw gɔ'dʒinɨ]
quarto (m) de hora	kwadrans (m)	['kfadrans]
quinze minutos	piętnaście minut	[pɛ̃t'naɕtɕe 'minut]
vinte e quatro horas	doba (ż)	['dɔba]

nascer (m) do sol	wschód (m) słońca	[fshut 'swɔɲtsa]
amanhecer (m)	świt (m)	[ɕfit]
madrugada (f)	wczesny ranek (m)	['ftʃɛsnɨ 'ranɛk]
pôr-do-sol (m)	zachód (m)	['zahut]

de madrugada	wcześnie rano	['ftʃɛɕne 'ranɔ]
esta manhã	dzisiaj rano	['dʒiɕaj 'ranɔ]
amanhã de manhã	jutro rano	['jutrɔ 'ranɔ]

esta tarde	dzisiaj w dzień	['dʒiɕaj v dʒeɲ]
à tarde	po południu	[pɔ pɔ'wudnɨ]
amanhã à tarde	jutro popołudniu	[jutrɔ pɔpɔ'wudnɨ]

esta noite, hoje à noite	dzisiaj wieczorem	[dʒiɕaj vet'ʃɔrɛm]
amanhã à noite	jutro wieczorem	['jutrɔ vet'ʃɔrɛm]

às três horas em ponto	równo o trzeciej	['ruvnɔ ɔ 'tʃɛtʃej]
por volta das quatro	około czwartej	[ɔ'kɔwɔ 'tʃfartɛj]
às doze	na dwunastą	[na dvu'nastɔ̃]

em vinte minutos	za dwadzieścia minut	[za dva'dʒeɕtʃʲa 'minut]
em uma hora	za godzinę	[za gɔ'dʒinɛ̃]
a tempo	na czas	[na tʃas]

... um quarto para	za kwadrans	[za 'kfadrans]
dentro de uma hora	w ciągu godziny	[f tʃɔ̃gu gɔ'dʒinɨ]
a cada quinze minutos	co piętnaście minut	[tsɔ pɛ̃t'naɕtɕe 'minut]
as vinte e quatro horas	całą dobę	['tsawɔ̃ 'dɔbɛ̃]

22. Meses. Estações

janeiro (m)	styczeń (m)	['stitʃɛɲ]
fevereiro (m)	luty (m)	['lytɨ]
março (m)	marzec (m)	['maʒɛts]
abril (m)	kwiecień (m)	['kfetʃeɲ]
maio (m)	maj (m)	[maj]
junho (m)	czerwiec (m)	['tʃɛrvets]

julho (m)	lipiec (m)	['lipets]
agosto (m)	sierpień (m)	['ɕerpeɲ]
setembro (m)	wrzesień (m)	['vʒeɕeɲ]
outubro (m)	październik (m)	[paʑʲ'dʒernik]
novembro (m)	listopad (m)	[lis'tɔpat]
dezembro (m)	grudzień (m)	['grudʒeɲ]

primavera (f)	wiosna (ż)	['vɔsna]
na primavera	wiosną	['vɔsnɔ̃]
primaveril (adj)	wiosenny	[vɔ'sɛɲɨ]
verão (m)	lato (n)	['ʎatɔ]

no verão	latem	['ʎatɛm]
de verão	letni	['letni]
outono (m)	jesień (ż)	['eɕeɲ]
no outono	jesienią	[e'ɕenɔ̃]
outonal (adj)	jesienny	[e'ɕeɲi]
inverno (m)	zima (ż)	['ʒima]
no inverno	zimą	['ʒimɔ̃]
de inverno	zimowy	[ʒi'mɔvi]
mês (m)	miesiąc (m)	['mɛɕɔ̃ts]
este mês	w tym miesiącu	[f tɨm me'ɕɔ̃tsu]
mês que vem	w przyszłym miesiącu	[v 'pʃisʃwɨm me'ɕɔ̃tsu]
no mês passado	w zeszłym miesiącu	[v 'zɛʃwɨm me'ɕɔ̃tsu]
um mês atrás	miesiąc temu	['mɛɕɔ̃ts 'tɛmu]
em um mês	za miesiąc	[za 'mɛɕɔ̃ts]
em dois meses	za dwa miesiące	[za dva me'ɕɔ̃tse]
todo o mês	przez cały miesiąc	[pʃɛs 'tsawɨ 'mɛɕɔ̃ts]
um mês inteiro	cały miesiąc	['tsawɨ 'mɛɕɔ̃ts]
mensal (adj)	comiesięczny	[tsɔme'ɕentʃni]
mensalmente	comiesięcznie	[tsɔme'ɕentʃne]
todo mês	co miesiąc	[tsɔ 'mɛɕɔ̃ts]
duas vezes por mês	dwa razy w miesiącu	[dva 'razɨ v mɛɕɔ̃tsu]
ano (m)	rok (m)	[rɔk]
este ano	w tym roku	[f tɨm 'rɔku]
ano que vem	w przyszłym roku	[v 'pʃisʃwɨm 'rɔku]
no ano passado	w zeszłym roku	[v 'zɛʃwɨm 'rɔku]
há um ano	rok temu	[rɔk 'tɛmu]
em um ano	za rok	[za rɔk]
dentro de dois anos	za dwa lata	[za dva 'ʎata]
todo o ano	cały rok	['tsawɨ rɔk]
um ano inteiro	cały rok	['tsawɨ rɔk]
cada ano	co roku	[tsɔ 'rɔku]
anual (adj)	coroczny	[tsɔ'rɔtʃni]
anualmente	corocznie	[tsɔ'rɔtʃne]
quatro vezes por ano	cztery razy w roku	['tʃtɛrɨ 'razɨ v 'rɔku]
data (~ de hoje)	data (ż)	['data]
data (ex. ~ de nascimento)	data (ż)	['data]
calendário (m)	kalendarz (m)	[ka'lendaʃ]
meio ano	pół roku	[puw 'rɔku]
seis meses	półrocze (n)	[puw'rɔtʃɛ]
estação (f)	sezon (m)	['sɛzɔn]
século (m)	wiek (m)	[vek]

23. Tempo. Diversos

tempo (m)	czas (m)	[tʃas]
momento (m)	chwilka (ż)	['hfiʎka]

31

instante (m)	chwila (ż)	['hfiʎa]
instantâneo (adj)	błyskawiczny	[bwiska'vitʃɲi]
lapso (m) de tempo	odcinek (m)	[ɔ'tʃinɛk]
vida (f)	życie (n)	['ʒitʃe]
eternidade (f)	wieczność (ż)	['vetʃnɔɕtʃ]

época (f)	epoka (ż)	[ɛ'pɔka]
era (f)	era (ż)	['ɛra]
ciclo (m)	cykl (m)	['tsikʎ]
período (m)	okres (m), czas m	['ɔkrɛs], [tʃas]
prazo (m)	termin (m)	['tɛrmin]

futuro (m)	przyszłość (ż)	['pʃiʃwɔɕtʃ]
futuro (adj)	przyszły	['pʃiʃwi]
da próxima vez	następnym razem	[nas'tɛpnim 'razɛm]
passado (m)	przeszłość (ż)	['pʃɛʃwɔɕtʃ]
passado (adj)	ubiegły	[u'begwi]
na última vez	ostatnim razem	[ɔs'tatnim 'razɛm]
mais tarde	później	['puʑnej]
depois de ...	po	[pɔ]
atualmente	obecnie	[ɔ'bɛtsne]
agora	teraz	['tɛras]
imediatamente	natychmiast	[na'tihmjast]
em breve	wkrótce	['fkruttsɛ]
de antemão	wcześniej	['ftʃɛɕnej]

há muito tempo	dawno	['davnɔ]
recentemente	niedawno	[ne'davnɔ]
destino (m)	los (m)	['lɔs]
recordações (f pl)	pamięć (ż)	['pamɛtʃ]
arquivo (m)	archiwum (n)	[ar'hivum]
durante ...	podczas ...	['pɔdtʃas]
durante muito tempo	długo	['dwugɔ]
pouco tempo	niedługo	[ned'wugɔ]
cedo (levantar-se ~)	wcześnie	['ftʃɛɕne]
tarde (deitar-se ~)	późno	['puʑnɔ]

para sempre	na zawsze	[na 'zafʃɛ]
começar (vt)	rozpoczynać	[rɔspɔt'ʃinatʃ]
adiar (vt)	przesunąć	[pʃɛ'sunɔ̃tʃ]

ao mesmo tempo	jednocześnie	[ednɔt'ʃɛɕne]
permanentemente	stale	['stale]
constante (~ ruído, etc.)	ciągły	[tʃɔ̃gwi]
temporário (adj)	tymczasowy	[timtʃa'sɔvi]

às vezes	czasami	[tʃa'sami]
raras vezes, raramente	rzadko	['ʒmatkɔ]
frequentemente	często	['tʃɛnstɔ]

24. Linhas e formas

quadrado (m)	kwadrat (m)	['kfadrat]
quadrado (adj)	kwadratowy	[kfadra'tɔvi]

círculo (m)	koło (n)	['kɔwɔ]
redondo (adj)	okrągły	[ɔk'rɔ̃gwi]
triângulo (m)	trójkąt (m)	['trujkɔ̃t]
triangular (adj)	trójkątny	[truj'kɔ̃tni]
oval (f)	owal (m)	['ɔvaʎ]
oval (adj)	owalny	[ɔ'vaʎni]
retângulo (m)	prostokąt (m)	[prɔs'tɔkɔ̃t]
retangular (adj)	prostokątny	[prɔstɔ'kɔ̃tni]
pirâmide (f)	piramida (ż)	[pira'mida]
losango (m)	romb (m)	[rɔmp]
trapézio (m)	trapez (m)	['trapɛs]
cubo (m)	sześcian (m)	['ʃɛɕʨan]
prisma (m)	graniastosłup (m)	[graɲas'tɔswup]
circunferência (f)	okrąg (m)	['ɔkrɔ̃k]
esfera (f)	powierzchnia (ż) kuli	[pɔ'vɛʃhɲa 'kuli]
globo (m)	kula (ż)	['kuʎa]
diâmetro (m)	średnica (ż)	[ɕrɛd'nitsa]
raio (m)	promień (m)	['prɔmeɲ]
perímetro (m)	obwód (m)	['ɔbvut]
centro (m)	środek (m)	['ɕrɔdɛk]
horizontal (adj)	poziomy	[pɔ'ʒɔmi]
vertical (adj)	pionowy	[pɔ'nɔvi]
paralela (f)	równoległa (ż)	[ruvnɔ'legwa]
paralelo (adj)	równoległy	[ruvnɔ'legwi]
linha (f)	linia (ż)	['liɲja]
traço (m)	linia (ż)	['liɲja]
reta (f)	prosta (ż)	['prɔsta]
curva (f)	krzywa (ż)	['kʃiva]
fino (linha ~a)	cienki	['ʨeŋki]
contorno (m)	kontur (m)	['kɔntur]
interseção (f)	przecięcie (n)	[pʃɛ'ʨɛ̃ʨe]
ângulo (m) reto	kąt (m) prosty	[kɔ̃t 'prɔsti]
segmento (m)	segment (m)	['sɛgmɛnt]
setor (m)	wycinek (m)	[vi'ʨinɛk]
lado (de um triângulo, etc.)	strona (ż)	['strɔna]
ângulo (m)	kąt (m)	[kɔ̃t]

25. Unidades de medida

peso (m)	ciężar (m)	['ʨenʒar]
comprimento (m)	długość (ż)	['dwugɔɕʨ]
largura (f)	szerokość (ż)	[ʃɛ'rɔkɔɕʨ]
altura (f)	wysokość (ż)	[vi'sɔkɔɕʨ]
profundidade (f)	głębokość (ż)	[gwɛ̃'bɔkɔɕʨ]
volume (m)	objętość (ż)	[ɔbʰ'entɔɕʨ]
área (f)	powierzchnia (ż)	[pɔ'vɛʃhɲa]
grama (m)	gram (m)	[gram]
miligrama (m)	miligram (m)	[mi'ligram]

quilograma (m)	kilogram (m)	[ki'lɜgram]
tonelada (f)	tona (ż)	['tɔna]
libra (453,6 gramas)	funt (m)	[funt]
onça (f)	uncja (ż)	['untsʰja]

metro (m)	metr (m)	[mɛtr]
milímetro (m)	milimetr (m)	[mi'limɛtr]
centímetro (m)	centymetr (m)	[tsɛn'timɛtr]
quilômetro (m)	kilometr (m)	[ki'lɜmɛtr]
milha (f)	mila (ż)	['miʎa]

polegada (f)	cal (m)	[ʦaʎ]
pé (304,74 mm)	stopa (ż)	['stɔpa]
jarda (914,383 mm)	jard (m)	['jart]

metro (m) quadrado	metr (m) kwadratowy	[mɛtr kfadra'tɔvɨ]
hectare (m)	hektar (m)	['hɛktar]

litro (m)	litr (m)	[litr]
grau (m)	stopień (m)	['stɔpeɲ]
volt (m)	wolt (m)	[vɔʎt]
ampère (m)	amper (m)	[am'pɛr]
cavalo (m) de potência	koń (m) mechaniczny	[kɔɲ mɛha'nitʃnɨ]

quantidade (f)	ilość (ż)	['ilɜʨ]
um pouco de ...	niedużo ...	[ne'duʒɔ]
metade (f)	połowa (ż)	[pɔ'wɔva]
dúzia (f)	tuzin (m)	['tuʒin]
peça (f)	sztuka (ż)	['ʃtuka]

tamanho (m), dimensão (f)	rozmiar (m)	['rɔzmʲar]
escala (f)	skala (ż)	['skaʎa]

mínimo (adj)	minimalny	[mini'maʎnɨ]
menor, mais pequeno	najmniejszy	[najm'nejʃɨ]
médio (adj)	średni	['ɕrɛdni]
máximo (adj)	maksymalny	[maksɨ'maʎnɨ]
maior, mais grande	największy	[naj'veŋkʃɨ]

26. Recipientes

pote (m) de vidro	słoik (m)	['swɔik]
lata (~ de cerveja)	puszka (ż)	['puʃka]
balde (m)	wiadro (n)	['vʲadrɔ]
barril (m)	beczka (ż)	['bɛtʃka]

bacia (~ de plástico)	miednica (ż)	[med'nitsa]
tanque (m)	zbiornik (m)	['zbɜrnik]
cantil (m) de bolso	piersiówka (ż)	[per'ɕyvka]
galão (m) de gasolina	kanister (m)	[ka'nistɛr]
cisterna (f)	cysterna (ż)	[ʦis'tɛrna]

caneca (f)	kubek (m)	['kubɛk]
xícara (f)	filiżanka (ż)	[fili'ʒaŋka]

pires (m)	spodek (m)	['spɔdɛk]
copo (m)	szklanka (ż)	['ʃkʎaŋka]
taça (f) de vinho	kielich (m)	['kelih]
panela (f)	garnek (m)	['garnɛk]

garrafa (f)	butelka (ż)	[bu'tɛʎka]
gargalo (m)	szyjka (ż)	['ʃijka]

jarra (f)	karafka (ż)	[ka'rafka]
jarro (m)	dzbanek (m)	['dzbanɛk]
recipiente (m)	naczynie (n)	[nat'ʃine]
pote (m)	garnek (m)	['garnɛk]
vaso (m)	wazon (m)	['vazɔn]

frasco (~ de perfume)	flakon (m)	[fʎa'kɔn]
frasquinho (m)	fiolka (ż)	[fʰɔʎka]
tubo (m)	tubka (ż)	['tupka]

saco (ex. ~ de açúcar)	worek (m)	['vɔrɛk]
sacola (~ plastica)	torba (ż)	['tɔrba]
maço (de cigarros, etc.)	paczka (ż)	['patʃka]

caixa (~ de sapatos, etc.)	pudełko (n)	[pu'dɛwkɔ]
caixote (~ de madeira)	skrzynka (ż)	['skʃiŋka]
cesto (m)	koszyk (m)	['kɔʃik]

27. Materiais

material (m)	materiał (m)	[ma'tɛrʰjaw]
madeira (f)	drewno (n)	['drɛvnɔ]
de madeira	drewniany	[drɛv'ɲani]

vidro (m)	szkło (n)	[ʃkwɔ]
de vidro	szklany	['ʃkʎani]

pedra (f)	kamień (m)	['kameɲ]
de pedra	kamienny	[ka'meɲi]

plástico (m)	plastik (m)	['pʎastik]
plástico (adj)	plastikowy	[pʎasti'kɔvi]

borracha (f)	guma (ż)	['guma]
de borracha	gumowy	[gu'mɔvi]

tecido, pano (m)	tkanina (ż)	[tka'nina]
de tecido	z materiału	[z matɛrʰ'jawu]

papel (m)	papier (m)	['paper]
de papel	papierowy	[pape'rɔvi]

papelão (m)	karton (m)	['kartɔn]
de papelão	kartonowy	[kartɔ'nɔvi]
polietileno (m)	polietylen (m)	[pɔlie'tilen]
celofane (m)	celofan (m)	[tsɛ'lɔfan]

madeira (f) compensada	sklejka (ż)	['sklejka]
porcelana (f)	porcelana (ż)	[pɔrtsɛ'ʎana]
de porcelana	porcelanowy	[pɔrtseʎa'nɔvi]
argila (f), barro (m)	glina (ż)	['glina]
de barro	gliniany	[gli'ɲani]
cerâmica (f)	ceramika (ż)	[tsɛ'ramika]
de cerâmica	ceramiczny	[tsɛra'mitʃni]

28. Metais

metal (m)	metal (m)	['mɛtaʎ]
metálico (adj)	metalowy	[mɛta'lɔvi]
liga (f)	stop (m)	[stɔp]

ouro (m)	złoto (n)	['zwɔtɔ]
de ouro	złoty	['zwɔti]
prata (f)	srebro (n)	['srɛbrɔ]
de prata	srebrny	['srɛbrni]

ferro (m)	żelazo (n)	[ʒɛ'ʎazɔ]
de ferro	żelazny	[ʒe'ʎazni]
aço (m)	stal (ż)	[staʎ]
de aço (adj)	stalowy	[sta'lɔvi]
cobre (m)	miedź (ż)	[metʃ]
de cobre	miedziany	[me'dʑani]

alumínio (m)	aluminium (n)	[aly'miɲjym]
de alumínio	aluminiowy	[alymi'ɲjovi]
bronze (m)	brąz (m)	[brɔ̃z]
de bronze	brązowy	[brɔ̃'zɔvi]

latão (m)	mosiądz (m)	['mɔɕɔ̃ts]
níquel (m)	nikiel (m)	['nikeʎ]
platina (f)	platyna (ż)	['pʎatina]
mercúrio (m)	rtęć (ż)	[rtɛ̃tʃ]
estanho (m)	cyna (ż)	['tsina]
chumbo (m)	ołów (m)	['ɔwuf]
zinco (m)	cynk (m)	[tsiŋk]

O SER HUMANO

O ser humano. O corpo

29. Humanos. Conceitos básicos

ser (m) humano	człowiek (m)	['tʃwɔvek]
homem (m)	mężczyzna (m)	[mɛ̃ʃt'ʃizna]
mulher (f)	kobieta (ż)	[kɔ'beta]
criança (f)	dziecko (n)	['dʒetskɔ]
menina (f)	dziewczynka (ż)	[dʒeft'ʃiŋka]
menino (m)	chłopiec (m)	['hwɔpets]
adolescente (m)	nastolatek (m)	[nastɔ'ʎatɛk]
velho (m)	staruszek (m)	[sta'ruʃɛk]
velha (f)	staruszka (ż)	[sta'ruʃka]

30. Anatomia humana

organismo (m)	organizm (m)	[ɔr'ganizm]
coração (m)	serce (n)	['sɛrtsɛ]
sangue (m)	krew (ż)	[krɛf]
artéria (f)	tętnica (ż)	[tɛ̃t'nitsa]
veia (f)	żyła (ż)	['ʒiwa]
cérebro (m)	mózg (m)	[musk]
nervo (m)	nerw (m)	[nɛrf]
nervos (m pl)	nerwy (l.mn.)	['nɛrvi]
vértebra (f)	kręg (m)	[krɛ̃k]
coluna (f) vertebral	kręgosłup (m)	[krɛ̃'gɔswup]
estômago (m)	żołądek (m)	[ʒɔ'wɔ̃dɛk]
intestinos (m pl)	jelita (l.mn.)	[e'lita]
intestino (m)	jelito (n)	[e'litɔ]
fígado (m)	wątroba (ż)	[võt'rɔba]
rim (m)	nerka (ż)	['nɛrka]
osso (m)	kość (ż)	[kɔɕtʃ]
esqueleto (m)	szkielet (m)	['ʃkelet]
costela (f)	żebro (n)	['ʒɛbrɔ]
crânio (m)	czaszka (ż)	['tʃaʃka]
músculo (m)	mięsień (m)	['mɛɲɕɛ̃]
bíceps (m)	biceps (m)	['bitseps]
tendão (m)	ścięgno (n)	['ɕtʃeŋɔ]
articulação (f)	staw (m)	[staf]

pulmões (m pl)	płuca (l.mn.)	['pwutsa]
órgãos (m pl) genitais	narządy (l.mn.) płciowe	[na'ʒɔdɨ 'pwʧɔvɛ]
pele (f)	skóra (ż)	['skura]

31. Cabeça

cabeça (f)	głowa (ż)	['gwɔva]
rosto, cara (f)	twarz (ż)	[tfaʃ]
nariz (m)	nos (m)	[nɔs]
boca (f)	usta (l.mn.)	['usta]

olho (m)	oko (n)	['ɔkɔ]
olhos (m pl)	oczy (l.mn.)	['ɔʧɨ]
pupila (f)	źrenica (ż)	[ʑ're'nitsa]
sobrancelha (f)	brew (ż)	[brɛf]
cílio (f)	rzęsy (l.mn.)	['ʒɛnsɨ]
pálpebra (f)	powieka (ż)	[pɔ'veka]

língua (f)	język (m)	['enzik]
dente (m)	ząb (m)	[zɔ̃mp]
lábios (m pl)	wargi (l.mn.)	['vargi]
maçãs (f pl) do rosto	kości (l.mn.) policzkowe	['kɔɕʨi pɔliʧ'kɔvɛ]
gengiva (f)	dziąsło (n)	[dʑɔ̃swɔ]
palato (m)	podniebienie (n)	[pɔdne'bene]

narinas (f pl)	nozdrza (l.mn.)	['nɔzdʒa]
queixo (m)	podbródek (m)	[pɔdb'rudek]
mandíbula (f)	szczęka (ż)	['ʃʧɛŋka]
bochecha (f)	policzek (m)	[pɔ'liʧɛk]

testa (f)	czoło (n)	['ʧɔwɔ]
têmpora (f)	skroń (ż)	[skrɔɲ]
orelha (f)	ucho (n)	['uhɔ]
costas (f pl) da cabeça	potylica (ż)	[pɔti'litsa]
pescoço (m)	szyja (ż)	['ʃija]
garganta (f)	gardło (n)	['gardwɔ]

cabelo (m)	włosy (l.mn.)	['vwɔsɨ]
penteado (m)	fryzura (ż)	[fri'zura]
corte (m) de cabelo	uczesanie (n)	[uʧɛ'sane]
peruca (f)	peruka (ż)	[pɛ'ruka]

bigode (m)	wąsy (l.mn.)	['vɔ̃sɨ]
barba (f)	broda (ż)	['brɔda]
ter (~ barba, etc.)	nosić	['nɔɕiʧ]
trança (f)	warkocz (m)	['varkɔʧ]
suíças (f pl)	baczki (l.mn.)	['baʧki]

ruivo (adj)	rudy	['rudɨ]
grisalho (adj)	siwy	['ɕivɨ]
careca (adj)	łysy	['wisɨ]
calva (f)	łysina (ż)	[wi'ɕina]
rabo-de-cavalo (m)	koński ogon (m)	['kɔɲski 'ɔgɔn]
franja (f)	grzywka (ż)	['gʒifka]

32. Corpo humano

mão (f)	dłoń (ż)	[dwɔɲ]
braço (m)	ręka (ż)	['rɛŋka]
dedo (m)	palec (m)	['palets]
polegar (m)	kciuk (m)	['ktʃuk]
dedo (m) mindinho	mały palec (m)	['mawɨ 'palets]
unha (f)	paznokieć (m)	[paz'nɔketʃ]
punho (m)	pięść (ż)	[pɛ̃ctʃ]
palma (f)	dłoń (ż)	[dwɔɲ]
pulso (m)	nadgarstek (m)	[nad'garstɛk]
antebraço (m)	przedramię (n)	[pʃɛd'ramɛ̃]
cotovelo (m)	łokieć (n)	['wɔketʃ]
ombro (m)	ramię (n)	['ramɛ̃]
perna (f)	noga (ż)	['nɔga]
pé (m)	stopa (ż)	['stɔpa]
joelho (m)	kolano (n)	[kɔ'ʎanɔ]
panturrilha (f)	łydka (ż)	['wɨtka]
quadril (m)	biodro (n)	['bɜdrɔ]
calcanhar (m)	pięta (ż)	['penta]
corpo (m)	ciało (n)	['tʃawɔ]
barriga (f), ventre (m)	brzuch (m)	[bʒuh]
peito (m)	pierś (ż)	[perc]
seio (m)	piersi (l.mn.)	['perci]
lado (m)	bok (m)	[bɔk]
costas (dorso)	plecy (l.mn.)	['pletsi]
região (f) lombar	krzyż (m)	[kʃɨʃ]
cintura (f)	talia (ż)	['taʎja]
umbigo (m)	pępek (m)	['pɛ̃pɛk]
nádegas (f pl)	pośladki (l.mn.)	[pɔc'ʎatki]
traseiro (m)	tyłek (m)	['tiwɛk]
sinal (m), pinta (f)	pieprzyk (m)	['pepʃik]
sinal (m) de nascença	znamię (n)	['znamɛ̃]
tatuagem (f)	tatuaż (m)	[ta'tuaʃ]
cicatriz (f)	blizna (ż)	['blizna]

Vestuário & Acessórios

33. Roupa exterior. Casacos

roupa (f)	odzież (ż)	['ɔdʒeʃ]
roupa (f) exterior	wierzchnie okrycie (n)	['veʃhne ɔk'ritʃe]
roupa (f) de inverno	odzież (ż) zimowa	['ɔdʒeʒ ʒi'mɔva]
sobretudo (m)	palto (n)	['paʎtɔ]
casaco (m) de pele	futro (n)	['futrɔ]
jaqueta (f) de pele	futro (n) krótkie	['futrɔ 'krɔtkɛ]
casaco (m) acolchoado	kurtka (ż) puchowa	['kurtka pu'hɔva]
casaco (m), jaqueta (f)	kurtka (ż)	['kurtka]
impermeável (m)	płaszcz (m)	[pwaʃtʃ]
a prova d'água	nieprzemakalny	[nepʃɛma'kaʎni]

34. Vestuário de homem & mulher

camisa (f)	koszula (ż)	[kɔ'ʃuʎa]
calça (f)	spodnie (l.mn.)	['spɔdne]
jeans (m)	dżinsy (l.mn.)	['dʒinsi]
paletó, terno (m)	marynarka (ż)	[mari'narka]
terno (m)	garnitur (m)	[gar'nitur]
vestido (ex. ~ de noiva)	sukienka (ż)	[su'keŋka]
saia (f)	spódnica (ż)	[spud'nitsa]
blusa (f)	bluzka (ż)	['blyska]
casaco (m) de malha	sweterek (m)	[sfɛ'tɛrɛk]
casaco, blazer (m)	żakiet (m)	['ʒaket]
camiseta (f)	koszulka (ż)	[kɔ'ʃuʎka]
short (m)	spodenki (l.mn.)	[spɔ'dɛŋki]
training (m)	dres (m)	[drɛs]
roupão (m) de banho	szlafrok (m)	['ʃʎafrɔk]
pijama (m)	pidżama (ż)	[pi'dʒama]
suéter (m)	sweter (m)	['sfɛtɛr]
pulôver (m)	pulower (m)	[pu'lɜvɛr]
colete (m)	kamizelka (ż)	[kami'zɛʎka]
fraque (m)	frak (m)	[frak]
smoking (m)	smoking (m)	['smɔkiŋk]
uniforme (m)	uniform (m)	[u'niform]
roupa (f) de trabalho	ubranie (n) robocze	[ub'rane rɔ'bɔtʃɛ]
macacão (m)	kombinezon (m)	[kɔmbi'nɛzɔn]
jaleco (m), bata (f)	kitel (m)	['kitɛʎ]

35. Vestuário. Roupa interior

roupa (f) íntima	bielizna (ż)	[be'lizna]
camiseta (f)	podkoszulek (m)	[pɔtkɔ'ʃulek]
meias (f pl)	skarpety (l.mn.)	[skar'pɛti]
camisola (f)	koszula (ż) nocna	[kɔ'ʃuʎa 'nɔʦna]
sutiã (m)	biustonosz (m)	[bys'tɔnɔʃ]
meias longas (f pl)	podkolanówki (l.mn.)	[pɔdkɔʎa'nufki]
meias-calças (f pl)	rajstopy (l.mn.)	[rajs'tɔpi]
meias (~ de nylon)	pończochy (l.mn.)	[pɔɲt'ʃɔhi]
maiô (m)	kostium (m) kąpielowy	['kɔstʰjum kɔ̃pelɔvi]

36. Adereços de cabeça

chapéu (m), touca (f)	czapka (ż)	['ʧapka]
chapéu (m) de feltro	kapelusz (m) fedora	[ka'pɛlyʃ fɛ'dɔra]
boné (m) de beisebol	bejsbolówka (ż)	[bɛjsbɔ'lyfka]
boina (~ italiana)	kaszkiet (m)	['kaʃket]
boina (ex. ~ basca)	beret (m)	['bɛrɛt]
capuz (m)	kaptur (m)	['kaptur]
chapéu panamá (m)	panama (ż)	[pa'nama]
lenço (m)	chustka (ż)	['hustka]
chapéu (m) feminino	kapelusik (m)	[kapɛ'lyɕik]
capacete (m) de proteção	kask (m)	[kask]
bibico (m)	furażerka (ż)	[fura'ʒɛrka]
capacete (m)	hełm (m)	[hɛwm]
chapéu-coco (m)	melonik (m)	[mɛ'lɔnik]
cartola (f)	cylinder (m)	[ʦi'lindɛr]

37. Calçado

calçado (m)	obuwie (n)	[ɔ'buve]
botinas (f pl), sapatos (m pl)	buty (l.mn.)	['buti]
sapatos (de salto alto, etc.)	pantofle (l.mn.)	[pan'tɔfle]
botas (f pl)	kozaki (l.mn.)	[kɔ'zaki]
pantufas (f pl)	kapcie (l.mn.)	['kapʧe]
tênis (~ Nike, etc.)	adidasy (l.mn.)	[adi'dasi]
tênis (~ Converse)	tenisówki (l.mn.)	[tɛni'sufki]
sandálias (f pl)	sandały (l.mn.)	[san'dawi]
sapateiro (m)	szewc (m)	[ʃɛfʦ]
salto (m)	obcas (m)	['ɔbʦas]
par (m)	para (ż)	['para]
cadarço (m)	sznurowadło (n)	[ʃnurɔ'vadwɔ]
amarrar os cadarços	sznurować	[ʃnu'rɔvaʧ]

| calçadeira (f) | łyżka (ż) do butów | ['wiʒka dɔ 'butuʃ] |
| graxa (f) para calçado | pasta (ż) do butów | ['pasta dɔ 'butuʃ] |

38. Têxtil. Tecidos

algodão (m)	bawełna (ż)	[ba'vɛwna]
de algodão	z bawełny	[z ba'vɛwnɨ]
linho (m)	len (m)	[len]
de linho	z lnu	[z ʎnu]

seda (f)	jedwab (m)	['edvap]
de seda	jedwabny	[ed'vabnɨ]
lã (f)	wełna (ż)	['vɛwna]
de lã	wełniany	[vɛw'ɲanɨ]

veludo (m)	aksamit (m)	[ak'samit]
camurça (f)	zamsz (m)	[zamʃ]
veludo (m) cotelê	sztruks (m)	[ʃtruks]

nylon (m)	nylon (m)	['nɨlɜn]
de nylon	z nylonu	[z nɨ'lɜnu]
poliéster (m)	poliester (m)	[pɔli'ɛstɛr]
de poliéster	poliestrowy	[pɔliɛst'rɔvɨ]

couro (m)	skóra (ż)	['skura]
de couro	ze skóry	[zɛ 'skurɨ]
pele (f)	futro (n)	['futrɔ]
de pele	futrzany	[fut'ʃanɨ]

39. Acessórios pessoais

luva (f)	rękawiczki (l.mn.)	[rɛ̃ka'viʧki]
mitenes (f pl)	rękawiczki (l.mn.)	[rɛ̃ka'viʧki]
cachecol (m)	szalik (m)	['ʃalik]

óculos (m pl)	okulary (l.mn.)	[ɔku'ʎarɨ]
armação (f)	oprawka (ż)	[ɔp'rafka]
guarda-chuva (m)	parasol (m)	[pa'rasɔʎ]
bengala (f)	laska (ż)	['ʎaska]
escova (f) para o cabelo	szczotka (ż) do włosów	['ʃʧɔtka dɔ 'vwɔsuv]
leque (m)	wachlarz (m)	['vahʎaʃ]

gravata (f)	krawat (m)	['kravat]
gravata-borboleta (f)	muszka (ż)	['muʃka]
suspensórios (m pl)	szelki (l.mn.)	['ʃɛʎki]
lenço (m)	chusteczka (ż) do nosa	[hus'tɛʧka dɔ 'nɔsa]

pente (m)	grzebień (m)	['gʒɛbeɲ]
fivela (f) para cabelo	spinka (ż)	['spiŋka]
grampo (m)	szpilka (ż)	['ʃpiʎka]
fivela (f)	sprzączka (ż)	['spʃɔ̃ʧka]
cinto (m)	pasek (m)	['pasɛk]

alça (f) de ombro	pasek (m)	['pasɛk]
bolsa (f)	torba (ż)	['tɔrba]
bolsa (feminina)	torebka (ż)	[tɔ'rɛpka]
mochila (f)	plecak (m)	['plɛtsak]

40. Vestuário. Diversos

moda (f)	moda (ż)	['mɔda]
na moda (adj)	modny	['mɔdnɨ]
estilista (m)	projektant (m) mody	[prɔ'ektant 'mɔdɨ]
colarinho (m)	kołnierz (m)	['kɔwneʃ]
bolso (m)	kieszeń (ż)	['keʃɛɲ]
de bolso	kieszonkowy	[keʃɔ'ŋkɔvɨ]
manga (f)	rękaw (m)	['rɛŋkaf]
ganchinho (m)	wieszak (m)	['veʃak]
bragueta (f)	rozporek (m)	[rɔs'pɔrɛk]
zíper (m)	zamek (m) błyskawiczny	['zamɛk bwiska'vitʃnɨ]
colchete (m)	zapięcie (m)	[za'pɛ̃tʃe]
botão (m)	guzik (m)	['guʒik]
botoeira (casa de botão)	dziurką (ż) na guzik	['dʒɨrka na gu'ʒik]
soltar-se (vr)	urwać się	['urvatʃ ɕɛ̃]
costurar (vi)	szyć	[ʃɨtʃ]
bordar (vt)	haftować	[haf'tɔvatʃ]
bordado (m)	haft (m)	[haft]
agulha (f)	igła (ż)	['igwa]
fio, linha (f)	nitka (ż)	['nitka]
costura (f)	szew (m)	[ʃɛf]
sujar-se (vr)	wybrudzić się	[vib'rudʒitʃ ɕɛ̃]
mancha (f)	plama (ż)	['pʎama]
amarrotar-se (vr)	zmiąć się	[zmɔ̃ɨtʃ ɕɛ̃]
rasgar (vt)	rozerwać	[rɔ'zɛrvatʃ]
traça (f)	mól (m)	[muʎ]

41. Cuidados pessoais. Cosméticos

pasta (f) de dente	pasta (ż) do zębów	['pasta dɔ 'zɛ̃buʃ]
escova (f) de dente	szczoteczka (ż) do zębów	[ʃtʃɔ'tɛtʃka dɔ 'zɛ̃buʃ]
escovar os dentes	myć zęby	[mitʃ 'zɛ̃bɨ]
gilete (f)	maszynka (ż) do golenia	[ma'ʃɨŋka dɔ gɔ'leɲa]
creme (m) de barbear	krem (m) do golenia	[krɛm dɔ gɔ'leɲa]
barbear-se (vr)	golić się	['gɔlitʃ ɕɛ̃]
sabonete (m)	mydło (n)	['mɨdwɔ]
xampu (m)	szampon (m)	['ʃampɔn]
tesoura (f)	nożyczki (l.mn.)	[nɔ'ʒitʃki]
lixa (f) de unhas	pilnik (m) do paznokci	['piʎnik dɔ paz'nɔktʃi]

| corta-unhas (m) | cążki (l.mn.) do paznokci | ['tsõʃki dɔ paz'nɔktʃi] |
| pinça (f) | pinceta (ż) | [pin'tsɛta] |

cosméticos (m pl)	kosmetyki (l.mn.)	[kɔs'mɛtiki]
máscara (f)	maseczka (ż)	[ma'sɛtʃka]
manicure (f)	manikiur (m)	[ma'nikyr]
fazer as unhas	robić manikiur	['rɔbitʃ ma'nikyr]
pedicure (f)	pedikiur (m)	[pɛ'dikyr]

bolsa (f) de maquiagem	kosmetyczka (ż)	[kɔsmɛ'titʃka]
pó (de arroz)	puder (m)	['pudɛr]
pó (m) compacto	puderniczka (ż)	[pudɛr'nitʃka]
blush (m)	róż (m)	[ruʃ]

perfume (m)	perfumy (l.mn.)	[pɛr'fumi]
água-de-colônia (f)	woda (ż) toaletowa	['vɔda tɔale'tɔva]
loção (f)	płyn (m) kosmetyczny	[pwin kɔsmɛ'titʃni]
colônia (f)	woda (ż) kolońska	['vɔda kɔ'lɔɲska]

sombra (f) de olhos	cienie (l.mn.) do powiek	['tʃene dɔ 'pɔvek]
delineador (m)	kredka (ż) do oczu	['krɛtka dɔ 'ɔtʃu]
máscara (f), rímel (m)	tusz (m) do rzęs	[tuʃ dɔ ʒɛs]

batom (m)	szminka (ż)	['ʃmiŋka]
esmalte (m)	lakier (m) do paznokci	['ʎaker dɔ paz'nɔktʃi]
laquê (m), spray fixador (m)	lakier (m) do włosów	['ʎaker dɔ 'vwɔsuv]
desodorante (m)	dezodorant (m)	[dɛzɔ'dɔrant]

creme (m)	krem (m)	[krɛm]
creme (m) de rosto	krem (m) do twarzy	[krɛm dɔ 'tfaʒi]
creme (m) de mãos	krem (m) do rąk	[krɛm dɔ rɔ̃k]
de dia	na dzień	['na dʒeɲ]
da noite	nocny	['nɔtsni]

absorvente (m) interno	tampon (m)	['tampɔn]
papel (m) higiênico	papier (m) toaletowy	['paper tɔale'tɔvi]
secador (m) de cabelo	suszarka (ż) do włosów	[su'ʃarka dɔ 'vwɔsuv]

42. Joalheria

joias (f pl)	kosztowności (l.mn.)	[kɔʃtɔv'nɔɕtʃi]
precioso (adj)	kosztowny	[kɔʃ'tɔvni]
marca (f) de contraste	próba (ż)	['pruba]

anel (m)	pierścionek (m)	[perɕ'tʃɔnɛk]
aliança (f)	obrączka (ż)	[ɔb'rɔ̃tʃka]
pulseira (f)	bransoleta (ż)	[bransɔ'leta]

brincos (m pl)	kolczyki (l.mn.)	[kɔʎt'ʃiki]
colar (m)	naszyjnik (m)	[na'ʃijnik]
coroa (f)	korona (ż)	[kɔ'rɔna]
colar (m) de contas	korale (l.mn.)	[kɔ'rale]
diamante (m)	brylant (m)	['briʎant]
esmeralda (f)	szmaragd (m)	['ʃmaragd]

rubi (m)	rubin (m)	['rubin]
safira (f)	szafir (m)	['ʃafir]
pérola (f)	perły (l.mn.)	['pɛrwi]
âmbar (m)	bursztyn (m)	['burʃtin]

43. Relógios de pulso. Relógios

relógio (m) de pulso	zegarek (m)	[zɛ'garɛk]
mostrador (m)	tarcza (ż) zegarowa	['tartʃa zɛga'rɔva]
ponteiro (m)	wskazówka (ż)	[fska'zɔfka]
bracelete (em aço)	bransoleta (ż)	[bransɔ'leta]
bracelete (em couro)	pasek (m)	['pasɛk]

pilha (f)	bateria (ż)	[ba'tɛrʰja]
acabar (vi)	wyczerpać się	[vit'ʃɛrpatʃ ɕɛ̃]
trocar a pilha	wymienić baterię	[vi'menitʃ ba'tɛrʰɛ̃]
estar adiantado	śpieszyć się	['ɕpeʃitʃ ɕɛ̃]
estar atrasado	spóźnić się	['spuʑnitʃ ɕɛ̃]

relógio (m) de parede	zegar (m) ścienny	['zɛgar 'ɕtʃeɲi]
ampulheta (f)	klepsydra (ż)	[klɛp'sidra]
relógio (m) de sol	zegar (m) słoneczny	['zɛgar swɔ'nɛtʃni]
despertador (m)	budzik (m)	['budʑik]
relojoeiro (m)	zegarmistrz (m)	[zɛ'garmistʃ]
reparar (vt)	naprawiać	[nap'ravʲatʃ]

Alimentação. Nutrição

44. Comida

carne (f)	mięso (n)	['mensɔ]
galinha (f)	kurczak (m)	['kurtʃak]
frango (m)	kurczak (m)	['kurtʃak]
pato (m)	kaczka (ż)	['katʃka]
ganso (m)	gęś (ż)	[gɛ̃ɕ]
caça (f)	dziczyzna (ż)	[dʑit'ʃizna]
peru (m)	indyk (m)	['indɨk]

carne (f) de porco	wieprzowina (ż)	[vepʃɔ'vina]
carne (f) de vitela	cielęcina (ż)	[tʃɛlɛ̃'tʃina]
carne (f) de carneiro	baranina (ż)	[bara'nina]
carne (f) de vaca	wołowina (ż)	[vɔwɔ'vina]
carne (f) de coelho	królik (m)	['krulik]

linguiça (f), salsichão (m)	kiełbasa (ż)	[kew'basa]
salsicha (f)	parówka (ż)	[pa'rufka]
bacon (m)	boczek (m)	['bɔtʃɛk]
presunto (m)	szynka (ż)	['ʃiŋka]
pernil (m) de porco	szynka (ż)	['ʃiŋka]

patê (m)	pasztet (m)	['paʃtɛt]
fígado (m)	wątróbka (ż)	[võt'rupka]
guisado (m)	farsz (m)	[farʃ]
língua (f)	ozór (m)	['ɔzur]

ovo (m)	jajko (n)	['jajkɔ]
ovos (m pl)	jajka (l.mn.)	['jajka]
clara (f) de ovo	białko (n)	['bʲawkɔ]
gema (f) de ovo	żółtko (n)	['ʒuwtkɔ]

peixe (m)	ryba (ż)	['riba]
mariscos (m pl)	owoce (l.mn.) morza	[ɔ'vɔtsɛ 'mɔʒa]
caviar (m)	kawior (m)	['kavɜr]

caranguejo (m)	krab (m)	[krap]
camarão (m)	krewetka (ż)	[krɛ'vɛtka]
ostra (f)	ostryga (ż)	[ɔst'riga]
lagosta (f)	langusta (ż)	[ʎa'ŋusta]
polvo (m)	ośmiornica (ż)	[ɔɕmɜr'nitsa]
lula (f)	kałamarnica (ż)	[kawamar'nitsa]

esturjão (m)	mięso (n) jesiotra	['mensɔ e'ɕɔtra]
salmão (m)	łosoś (m)	['wɔsɔɕ]
halibute (m)	halibut (m)	[ha'libut]
bacalhau (m)	dorsz (m)	[dɔrʃ]
cavala, sarda (f)	makrela (ż)	[mak'rɛla]

| atum (m) | tuńczyk (m) | ['tuntʃik] |
| enguia (f) | węgorz (m) | ['vɛŋɔʃ] |

truta (f)	pstrąg (m)	[pstrɔ̃k]
sardinha (f)	sardynka (ż)	[sar'dinka]
lúcio (m)	szczupak (m)	['ʃtʃupak]
arenque (m)	śledź (m)	[ɕletʃ]

pão (m)	chleb (m)	[hlep]
queijo (m)	ser (m)	[sɛr]
açúcar (m)	cukier (m)	['tsuker]
sal (m)	sól (ż)	[suʎ]

arroz (m)	ryż (m)	[riʃ]
massas (f pl)	makaron (m)	[ma'karɔn]
talharim, miojo (m)	makaron (m)	[ma'karɔn]

manteiga (f)	masło (n) śmietankowe	['maswɔ ɕmeta'ŋkɔvɛ]
óleo (m) vegetal	olej (m) roślinny	['ɔlej rɔɕliɲi]
óleo (m) de girassol	olej (m) słonecznikowy	['ɔlej swɔnɛtʃnikɔvi]
margarina (f)	margaryna (ż)	[marga'rina]

| azeitonas (f pl) | oliwki (ż, l.mn.) | [ɔ'lifki] |
| azeite (m) | olej (m) oliwkowy | ['ɔlej ɔlif'kɔvi] |

leite (m)	mleko (n)	['mlekɔ]
leite (m) condensado	mleko (n) skondensowane	['mlekɔ skɔndɛnsɔ'vanɛ]
iogurte (m)	jogurt (m)	[ɜgurt]
creme (m) azedo	śmietana (ż)	[ɕme'tana]
creme (m) de leite	śmietanka (ż)	[ɕme'taŋka]

| maionese (f) | majonez (m) | [maɜnɛs] |
| creme (m) | krem (m) | [krɛm] |

grãos (m pl) de cereais	kasza (ż)	['kaʃa]
farinha (f)	mąka (ż)	['mɔ̃ka]
enlatados (m pl)	konserwy (l.mn.)	[kɔn'sɛrvi]

flocos (m pl) de milho	płatki (l.mn.) kukurydziane	['pwatki kukuri'dʒʲanɛ]
mel (m)	miód (m)	[myt]
geleia (m)	dżem (m)	[dʒɛm]
chiclete (m)	guma (ż) do żucia	['guma dɔ 'ʒutʃʲa]

45. Bebidas

água (f)	woda (ż)	['vɔda]
água (f) potável	woda (ż) pitna	['vɔda 'pitna]
água (f) mineral	woda (ż) mineralna	['vɔda minɛ'raʎna]

sem gás (adj)	niegazowana	[nega'zɔvana]
gaseificada (adj)	gazowana	[ga'zɔvana]
com gás	gazowana	[ga'zɔvana]
gelo (m)	lód (m)	[lyt]
com gelo	z lodem	[z 'lɔdɛm]

47

não alcoólico (adj)	bezalkoholowy	[bɛzaʎkɔhɔ'lɜvi]
refrigerante (m)	napój (m) bezalkoholowy	['napuj bɛzalkɔhɔ'lɜvi]
refresco (m)	napój (m) orzeźwiający	['napuj ɔʒɛzʲvjaõtsi]
limonada (f)	lemoniada (ż)	[lemɔ'ɲjada]

bebidas (f pl) alcoólicas	napoje (l.mn.) alkoholowe	[na'pɔe aʎkɔhɔ'lɜvɛ]
vinho (m)	wino (n)	['vinɔ]
vinho (m) branco	białe wino (n)	['bʲawɛ 'vinɔ]
vinho (m) tinto	czerwone wino (n)	[ʧɛr'vɔnɛ 'vinɔ]

licor (m)	likier (m)	['liker]
champanhe (m)	szampan (m)	['ʃampan]
vermute (m)	wermut (m)	['vɛrmut]

uísque (m)	whisky (ż)	[u'iski]
vodca (f)	wódka (ż)	['vutka]
gim (m)	dżin (m), gin (m)	[dʒin]
conhaque (m)	koniak (m)	['kɔɲjak]
rum (m)	rum (m)	[rum]

café (m)	kawa (ż)	['kava]
café (m) preto	czarna kawa (ż)	['ʧarna 'kava]
café (m) com leite	kawa (ż) z mlekiem	['kava z 'mlekem]
cappuccino (m)	cappuccino (n)	[kapu'ʧinɔ]
café (m) solúvel	kawa (ż) rozpuszczalna	['kava rɔspuʃt'ʃaʎna]

leite (m)	mleko (n)	['mlekɔ]
coquetel (m)	koktajl (m)	['kɔktajʎ]
batida (f), milkshake (m)	koktajl (m) mleczny	['kɔktajʎ 'mletʃni]

suco (m)	sok (m)	[sɔk]
suco (m) de tomate	sok (m) pomidorowy	[sɔk pomidɔ'rɔvi]
suco (m) de laranja	sok (m) pomarańczowy	[sɔk pomaraɲt'ʃovi]
suco (m) fresco	sok (m) ze świeżych owoców	[sɔk zɛ 'ɕfeʒih ɔ'vɔtsuf]

cerveja (f)	piwo (n)	['pivɔ]
cerveja (f) clara	piwo (n) jasne	[pivɔ 'jasnɛ]
cerveja (f) preta	piwo (n) ciemne	[pivɔ 'ʧemnɛ]

chá (m)	herbata (ż)	[hɛr'bata]
chá (m) preto	czarna herbata (ż)	['ʧarna hɛr'bata]
chá (m) verde	zielona herbata (ż)	[ʒe'lɜna hɛr'bata]

46. Vegetais

| vegetais (m pl) | warzywa (l.mn.) | [va'ʒiva] |
| verdura (f) | włoszczyzna (ż) | [vwɔʃt'ʃizna] |

tomate (m)	pomidor (m)	[pɔ'midɔr]
pepino (m)	ogórek (m)	[ɔ'gurɛk]
cenoura (f)	marchew (ż)	['marhɛf]
batata (f)	ziemniak (m)	[ʒem'ɲak]
cebola (f)	cebula (ż)	[tsɛ'buʎa]

alho (m)	czosnek (m)	['t͡ʃɔsnɛk]
couve (f)	kapusta (ż)	[ka'pusta]
couve-flor (f)	kalafior (m)	[ka'ʎafɔr]
couve-de-bruxelas (f)	brukselka (ż)	[bruk'sɛʎka]
brócolis (m pl)	brokuły (l.mn.)	[brɔ'kuwɨ]

beterraba (f)	burak (m)	['burak]
berinjela (f)	bakłażan (m)	[bak'waʒan]
abobrinha (f)	kabaczek (m)	[ka'bat͡ʃɛk]
abóbora (f)	dynia (ż)	['dɨɲa]
nabo (m)	rzepa (ż)	['ʒɛpa]

salsa (f)	pietruszka (ż)	[pet'ruʃka]
endro, aneto (m)	koperek (m)	[kɔ'pɛrɛk]
alface (f)	sałata (ż)	[sa'wata]
aipo (m)	seler (m)	['sɛler]
aspargo (m)	szparagi (l.mn.)	[ʃpa'ragi]
espinafre (m)	szpinak (m)	['ʃpinak]

ervilha (f)	groch (m)	[grɔh]
feijão (~ soja, etc.)	bób (m)	[bup]
milho (m)	kukurydza (ż)	[kuku'ridza]
feijão (m) roxo	fasola (ż)	[fa'sɔʎa]

pimentão (m)	słodka papryka (ż)	['swɔdka pap'rika]
rabanete (m)	rzodkiewka (ż)	[ʒɔt'kefka]
alcachofra (f)	karczoch (m)	['kart͡ʃɔh]

47. Frutos. Nozes

fruta (f)	owoc (m)	['ɔvɔt͡s]
maçã (f)	jabłko (n)	['jabkɔ]
pera (f)	gruszka (ż)	['gruʃka]
limão (m)	cytryna (ż)	[t͡sɨt'rina]
laranja (f)	pomarańcza (ż)	[pɔma'raɲt͡ʃa]
morango (m)	truskawka (ż)	[trus'kafka]

tangerina (f)	mandarynka (ż)	[manda'riŋka]
ameixa (f)	śliwka (ż)	['ɕlifka]
pêssego (m)	brzoskwinia (ż)	[bʒɔsk'fiɲa]
damasco (m)	morela (ż)	[mɔ'rɛʎa]
framboesa (f)	malina (ż)	[ma'lina]
abacaxi (m)	ananas (m)	[a'nanas]

banana (f)	banan (m)	['banan]
melancia (f)	arbuz (m)	['arbus]
uva (f)	winogrona (l.mn.)	[vinɔg'rɔna]
ginja (f)	wiśnia (ż)	['viɕɲa]
cereja (f)	czereśnia (ż)	[t͡ʃɛ'rɛɕɲa]
melão (m)	melon (m)	['mɛlɔn]

toranja (f)	grejpfrut (m)	['grɛjpfrut]
abacate (m)	awokado (n)	[avɔ'kadɔ]
mamão (m)	papaja (ż)	[pa'paja]

| manga (f) | mango (n) | ['maŋɔ] |
| romã (f) | granat (m) | ['granat] |

groselha (f) vermelha	czerwona porzeczka (ż)	[ʧɛr'vɔna pɔ'ʒɛʧka]
groselha (f) negra	czarna porzeczka (ż)	['ʧarna pɔ'ʒɛʧka]
groselha (f) espinhosa	agrest (m)	['agrɛst]
mirtilo (m)	borówka (ż) czarna	[bɔ'rɔfka 'ʧarna]
amora (f) silvestre	jeżyna (ż)	[e'ʒina]

passa (f)	rodzynek (m)	[rɔ'dzinɛk]
figo (m)	figa (ż)	['figa]
tâmara (f)	daktyl (m)	['daktɨl]

amendoim (m)	orzeszek (l.mn.) ziemny	[ɔ'ʒɛʃɛk 'ʒemnɛ]
amêndoa (f)	migdał (m)	['migdaw]
noz (f)	orzech (m) włoski	['ɔʒɛh 'vwɔski]
avelã (f)	orzech (m) laskowy	['ɔʒɛh ʎas'kɔvɨ]
coco (m)	orzech (m) kokosowy	['ɔʒɛh kɔkɔ'sɔvɨ]
pistaches (m pl)	fistaszki (l.mn.)	[fis'taʃki]

48. Pão. Bolaria

pastelaria (f)	wyroby (l.mn.) cukiernicze	[vɨ'rɔbɨ tsuker'niʧɛ]
pão (m)	chleb (m)	[hlep]
biscoito (m), bolacha (f)	herbatniki (l.mn.)	[hɛrbat'niki]

chocolate (m)	czekolada (ż)	[ʧɛkɔ'ʎada]
de chocolate	czekoladowy	[ʧɛkɔʎa'dɔvɨ]
bala (f)	cukierek (m)	[tsu'kerɛk]
doce (bolo pequeno)	ciastko (n)	['ʧastkɔ]
bolo (m) de aniversário	tort (m)	[tɔrt]

| torta (f) | ciasto (n) | ['ʧastɔ] |
| recheio (m) | nadzienie (n) | [na'dʒene] |

geleia (m)	konfitura (ż)	[kɔnfi'tura]
marmelada (f)	marmolada (ż)	[marmɔ'ʎada]
wafers (m pl)	wafle (l.mn.)	['vafle]
sorvete (m)	lody (l.mn.)	['lɔdɨ]

49. Pratos cozinhados

prato (m)	danie (n)	['dane]
cozinha (~ portuguesa)	kuchnia (ż)	['kuhɲa]
receita (f)	przepis (m)	['pʃepis]
porção (f)	porcja (ż)	['pɔrtsʰja]

| salada (f) | sałatka (ż) | [sa'watka] |
| sopa (f) | zupa (ż) | ['zupa] |

| caldo (m) | rosół (m) | ['rɔsuw] |
| sanduíche (m) | kanapka (ż) | [ka'napka] |

ovos (m pl) fritos	jajecznica (ż)	[jaetʃˈnitsa]
hambúrguer (m)	hamburger (m)	[hamˈburgɛr]
bife (m)	befsztyk (m)	[ˈbɛfʃtik]

acompanhamento (m)	dodatki (l.mn.)	[dɔˈdatki]
espaguete (m)	spaghetti (n)	[spaˈgɛtti]
pizza (f)	pizza (ż)	[ˈpitsa]
mingau (m)	kasza (ż)	[ˈkaʃa]
omelete (f)	omlet (m)	[ˈɔmlɛt]

fervido (adj)	gotowany	[gɔtɔˈvani]
defumado (adj)	wędzony	[vɛ̃ˈdzɔni]
frito (adj)	smażony	[smaˈʒɔni]
seco (adj)	suszony	[suˈʃɔni]
congelado (adj)	mrożony	[mrɔˈʒɔni]
em conserva (adj)	marynowany	[marinɔˈvani]

doce (adj)	słodki	[ˈswɔtki]
salgado (adj)	słony	[ˈswɔni]
frio (adj)	zimny	[ˈʒimni]
quente (adj)	gorący	[gɔˈrɔ̃tsi]
amargo (adj)	gorzki	[ˈgɔʃki]
gostoso (adj)	smaczny	[ˈsmatʃni]

cozinhar em água fervente	gotować	[gɔˈtɔvatʃ]
preparar (vt)	gotować	[gɔˈtɔvatʃ]
fritar (vt)	smażyć	[ˈsmaʒitʃ]
aquecer (vt)	odgrzewać	[ɔdgˈʒɛvatʃ]

salgar (vt)	solić	[ˈsɔlitʃ]
apimentar (vt)	pieprzyć	[ˈpepʃitʃ]
ralar (vt)	trzeć	[tʃɛtʃ]
casca (f)	skórka (ż)	[ˈskurka]
descascar (vt)	obierać	[ɔˈberatʃ]

50. Especiarias

sal (m)	sól (ż)	[suʎ]
salgado (adj)	słony	[ˈswɔni]
salgar (vt)	solić	[ˈsɔlitʃ]

pimenta-do-reino (f)	pieprz (m) czarny	[pepʃ ˈtʃarni]
pimenta (f) vermelha	papryka (ż)	[papˈrika]
mostarda (f)	musztarda (ż)	[muʃˈtarda]
raiz-forte (f)	chrzan (m)	[hʃan]

condimento (m)	przyprawa (ż)	[pʃipˈrava]
especiaria (f)	przyprawa (ż)	[pʃipˈrava]
molho (~ inglês)	sos (m)	[sɔs]
vinagre (m)	ocet (m)	[ˈɔtset]

anis estrelado (m)	anyż (m)	[ˈaniʃ]
manjericão (m)	bazylia (ż)	[baˈziʎja]
cravo (m)	goździki (l.mn.)	[ˈgɔʒˈdʒiki]

gengibre (m)	imbir (m)	['imbir]
coentro (m)	kolendra (ż)	[kɔ'lendra]
canela (f)	cynamon (m)	[tsi'namɔn]

gergelim (m)	sezam (m)	['sɛzam]
folha (f) de louro	liść (m) laurowy	[liɕtʃ ʎau'rɔvi]
páprica (f)	papryka (ż)	[pap'rika]
cominho (m)	kminek (m)	['kminɛk]
açafrão (m)	szafran (m)	['ʃafran]

51. Refeições

comida (f)	jedzenie (n)	[e'dzɛne]
comer (vt)	jeść	[eɕtʃ]

café (m) da manhã	śniadanie (n)	[ɕɲa'dane]
tomar café da manhã	jeść śniadanie	[eɕtʃ ɕɲa'dane]
almoço (m)	obiad (m)	['ɔbʲat]
almoçar (vi)	jeść obiad	[eɕtʃ 'ɔbʲat]

jantar (m)	kolacja (ż)	[kɔ'ʎatsʰja]
jantar (vi)	jeść kolację	[eɕtʃ kɔ'ʎatsʰɛ̃]

apetite (m)	apetyt (m)	[a'pɛtit]
Bom apetite!	Smacznego!	[smatʃ'nɛgɔ]

abrir (~ uma lata, etc.)	otwierać	[ɔt'feratʃ]
derramar (~ líquido)	rozlać	['rɔzʎatʃ]
derramar-se (vr)	rozlać się	['rɔzʎatʃ ɕɛ̃]

ferver (vi)	gotować się	[gɔ'tɔvatʃ ɕɛ̃]
ferver (vt)	gotować	[gɔ'tɔvatʃ]
fervido (adj)	gotowany	[gɔtɔ'vani]

esfriar (vt)	ostudzić	[ɔs'tudʒitʃ]
esfriar-se (vr)	stygnąć	['stignɔ̃tʃ]

sabor, gosto (m)	smak (m)	[smak]
fim (m) de boca	posmak (m)	['pɔsmak]

emagrecer (vi)	odchudzać się	[ɔd'hudzatʃ ɕɛ̃]
dieta (f)	dieta (ż)	['dʰeta]
vitamina (f)	witamina (ż)	[vita'mina]
caloria (f)	kaloria (ż)	[ka'lɔrja]

vegetariano (m)	wegetarianin (m)	[vɛgɛtarʰ'janin]
vegetariano (adj)	wegetariański	[vɛgɛtarʰ'jaɲski]

gorduras (f pl)	tłuszcze (l.mn.)	['twuʃtʃɛ]
proteínas (f pl)	białka (l.mn.)	['bʲawka]
carboidratos (m pl)	węglowodany (l.mn.)	[vɛnɛ̃zvɔ'dani]
fatia (~ de limão, etc.)	plasterek (m)	[pʎas'tɛrɛk]
pedaço (~ de bolo)	kawałek (m)	[ka'vawɛk]
migalha (f), farelo (m)	okruchek (m)	[ɔk'ruhɛk]

52. Por a mesa

colher (f)	łyżka (ż)	['wiʃka]
faca (f)	nóż (m)	[nuʃ]
garfo (m)	widelec (m)	[vi'dɛlets]

xícara (f)	filiżanka (ż)	[fili'ʒaŋka]
prato (m)	talerz (m)	['taleʃ]
pires (m)	spodek (m)	['spɔdɛk]
guardanapo (m)	serwetka (ż)	[sɛr'vɛtka]
palito (m)	wykałaczka (ż)	[vika'watʃka]

53. Restaurante

restaurante (m)	restauracja (ż)	[rɛstau'ratsʰja]
cafeteria (f)	kawiarnia (ż)	[ka'vʲarɲa]
bar (m), cervejaria (f)	bar (m)	[bar]
salão (m) de chá	herbaciarnia (ż)	[hɛrba'tʃʲarɲa]

garçom (m)	kelner (m)	['kɛʎnɛr]
garçonete (f)	kelnerka (ż)	[kɛʎ'nɛrka]
barman (m)	barman (m)	['barman]

cardápio (m)	menu (n)	['menu]
lista (f) de vinhos	karta (ż) win	['karta vin]
reservar uma mesa	zarezerwować stolik	[zarɛzɛrvɔvatʃ 'stɔlik]

prato (m)	danie (n)	['dane]
pedir (vt)	zamówić	[za'muvitʃ]
fazer o pedido	zamówić	[za'muvitʃ]

aperitivo (m)	aperitif (m)	[apɛri'tif]
entrada (f)	przystawka (ż)	[pʃis'tafka]
sobremesa (f)	deser (m)	['dɛsɛr]

conta (f)	rachunek (m)	[ra'hunɛk]
pagar a conta	zapłacić rachunek	[zap'watʃitʃ ra'hunɛk]
dar o troco	wydać resztę	['vidatʃ 'rɛʃtɛ̃]
gorjeta (f)	napiwek (m)	[na'pivɛk]

53

Família, parentes e amigos

54. Informação pessoal. Formulários

nome (m)	imię (n)	['imɛ̃]
sobrenome (m)	nazwisko (n)	[naz'viskɔ]
data (f) de nascimento	data (ż) urodzenia	['data urɔ'dzɛɲa]
local (m) de nascimento	miejsce (n) urodzenia	['mejsʦɛ urɔ'dzɛɲa]
nacionalidade (f)	narodowość (ż)	[narɔ'dɔvɔɕʧ]
lugar (m) de residência	miejsce (n) zamieszkania	['mejsʦɛ zameʃ'kaɲa]
país (m)	kraj (m)	[kraj]
profissão (f)	zawód (m)	['zavut]
sexo (m)	płeć (ż)	['pwɛʧ]
estatura (f)	wzrost (m)	[vzrɔst]
peso (m)	waga (ż)	['vaga]

55. Membros da família. Parentes

mãe (f)	matka (ż)	['matka]
pai (m)	ojciec (m)	['ɔjʧeʦ]
filho (m)	syn (m)	[sin]
filha (f)	córka (ż)	['ʦurka]
caçula (f)	młodsza córka (ż)	['mwɔʧʃa 'ʦurka]
caçula (m)	młodszy syn (m)	['mwɔʧʃi sin]
filha (f) mais velha	starsza córka (ż)	['starʃa 'ʦurka]
filho (m) mais velho	starszy syn (m)	['starʃi sin]
irmão (m)	brat (m)	[brat]
irmã (f)	siostra (ż)	['ɕɔstra]
primo (m)	kuzyn (m)	['kuzin]
prima (f)	kuzynka (ż)	[ku'ziŋka]
mamãe (f)	mama (ż)	['mama]
papai (m)	tata (m)	['tata]
pais (pl)	rodzice (l.mn.)	[rɔ'dʒiʦɛ]
criança (f)	dziecko (n)	['dʒeʦkɔ]
crianças (f pl)	dzieci (l.mn.)	['dʒeʧi]
avó (f)	babcia (ż)	['babʧa]
avô (m)	dziadek (m)	['dʒiadɛk]
neto (m)	wnuk (m)	[vnuk]
neta (f)	wnuczka (ż)	['vnuʧka]
netos (pl)	wnuki (l.mn.)	['vnuki]
tio (m)	wujek (m)	['vuek]
tia (f)	ciocia (ż)	['ʧɔʧa]

sobrinho (m)	bratanek (m), siostrzeniec (m)	[bra'tanɛk], [sɜst'ʃɛneʦ]
sobrinha (f)	bratanica (ż), siostrzenica (ż)	[brata'niʦa], [sɜst'ʃɛniʦa]

sogra (f)	teściowa (ż)	[tɛɕ'ʧova]
sogro (m)	teść (m)	[tɛɕʧ]
genro (m)	zięć (m)	[ʒɛ̃ʧ]
madrasta (f)	macocha (ż)	[ma'ʦɔha]
padrasto (m)	ojczym (m)	['ɔjʧim]

criança (f) de colo	niemowlę (n)	[ne'mɔvlɛ̃]
bebê (m)	niemowlę (n)	[ne'mɔvlɛ̃]
menino (m)	maluch (m)	['malyh]

mulher (f)	żona (ż)	['ʒɔna]
marido (m)	mąż (m)	[mɔ̃ʃ]
esposo (m)	małżonek (m)	[maw'ʒɔnɛk]
esposa (f)	małżonka (ż)	[maw'ʒɔŋka]

casado (adj)	żonaty	[ʒɔ'nati]
casada (adj)	zamężna	[za'mɛnʒna]
solteiro (adj)	nieżonaty	[neʒɔ'nati]
solteirão (m)	kawaler (m)	[ka'valer]
divorciado (adj)	rozwiedziony	[rɔzve'dʑɜni]
viúva (f)	wdowa (ż)	['vdɔva]
viúvo (m)	wdowiec (m)	['vdɔveʦ]

parente (m)	krewny (m)	['krɛvni]
parente (m) próximo	bliski krewny (m)	['bliski 'krɛvni]
parente (m) distante	daleki krewny (m)	[da'leki 'krɛvni]
parentes (m pl)	rodzina (ż)	[rɔ'dʑina]

órfão (m), órfã (f)	sierota (ż)	[ɕe'rɔta]
tutor (m)	opiekun (m)	[ɔ'pekun]
adotar (um filho)	zaadoptować	[za:dɔp'tɔvaʧ]
adotar (uma filha)	zaadoptować	[za:dɔp'tɔvaʧ]

56. Amigos. Colegas de trabalho

amigo (m)	przyjaciel (m)	[pʃi'jaʧeʎ]
amiga (f)	przyjaciółka (ż)	[pʃija'ʧuwka]
amizade (f)	przyjaźń (ż)	['pʃijaʑɲ]
ser amigos	przyjaźnić się	[pʃi'jaʑniʧ ɕɛ̃]

amigo (m)	kumpel (m)	['kumpɛʎ]
amiga (f)	kumpela (ż)	[kum'pɛʎa]
parceiro (m)	partner (m)	['partnɛr]

chefe (m)	szef (m)	[ʃɛf]
superior (m)	kierownik (m)	[ke'rɔvnik]
subordinado (m)	podwładny (m)	[pɔdv'wadni]
colega (m, f)	koleżanka (ż)	[kɔle'ʒaŋka]

conhecido (m)	znajomy (m)	[znaʒmi]
companheiro (m) de viagem	towarzysz (m) podróży	[tɔ'vaʒiʃ pɔd'ruʒi]

colega (m) de classe	kolega (m) z klasy	[kɔ'lega s 'kʎasi]
vizinho (m)	sąsiad (m)	['sɔ̃ɕat]
vizinha (f)	sąsiadka (ż)	[sɔ̃'ɕatka]
vizinhos (pl)	sąsiedzi (l.mn.)	[sɔ̃'ɕeʥi]

57. Homem. Mulher

mulher (f)	kobieta (ż)	[kɔ'beta]
menina (f)	dziewczyna (ż)	[ʥeft'ʃina]
noiva (f)	narzeczona (ż)	[naʒɛt'ʃɔna]

bonita, bela (adj)	piękna	['peŋkna]
alta (adj)	wysoka	[vi'sɔka]
esbelta (adj)	zgrabna	['zgrabna]
baixa (adj)	niedużego wzrostu	[nedu'ʒɛgɔ 'vzrɔstu]

| loira (f) | blondynka (ż) | [blɜn'diŋka] |
| morena (f) | brunetka (ż) | [bru'nɛtka] |

de senhora	damski	['damski]
virgem (f)	dziewica (ż)	['ʥevitsa]
grávida (adj)	ciężarna (ż)	[tʃɛ̃'ʒarna]

homem (m)	mężczyzna (m)	[mɛ̃ʃt'ʃizna]
loiro (m)	blondyn (m)	['blɜndin]
moreno (m)	brunet (m)	['brunɛt]
alto (adj)	wysoki	[vi'sɔki]
baixo (adj)	niedużego wzrostu	[nedu'ʒɛgɔ 'vzrɔstu]

rude (adj)	grubiański	[gru'bʲaɲski]
atarracado (adj)	krępy	['krɛ̃pi]
robusto (adj)	mocny	['mɔtsni]
forte (adj)	silny	['ɕiʎni]
força (f)	siła (ż)	['ɕiwa]

gordo (adj)	tęgi	['tɛŋi]
moreno (adj)	śniady	['ɕɲadi]
esbelto (adj)	zgrabny	['zgrabni]
elegante (adj)	elegancki	[ɛle'gantski]

58. Idade

idade (f)	wiek (m)	[vek]
juventude (f)	wczesna młodość (ż)	['ftʃɛsna 'mwɔdɔɕtʃ]
jovem (adj)	młody	['mwɔdi]

| mais novo (adj) | młodszy | ['mwɔtʃi] |
| mais velho (adj) | starszy | ['starʃi] |

jovem (m)	młodzieniec (m)	[mwɔ'ʥenets]
adolescente (m)	nastolatek (m)	[nastɔ'ʎatɛk]
rapaz (m)	chłopak (m)	['hwɔpak]

| velho (m) | staruszek (m) | [sta'ruʃɛk] |
| velha (f) | staruszka (ż) | [sta'ruʃka] |

adulto	dorosły (m)	[dɔ'rɔswi]
de meia-idade	w średnim wieku	[f 'ɕrɛdnim 'veku]
idoso, de idade (adj)	w podeszłym wieku	[f pɔ'dɛʃwim 'veku]
velho (adj)	stary	['stari]

aposentadoria (f)	emerytura (ż)	[ɛmɛri'tura]
aposentar-se (vr)	przejść na emeryturę	['pʃɛjɕtʃ na ɛmɛri'turɛ̃]
aposentado (m)	emeryt (m)	[ɛ'mɛrit]

59. Crianças

criança (f)	dziecko (n)	['dʑetskɔ]
crianças (f pl)	dzieci (l.mn.)	['dʑetʃi]
gêmeos (m pl), gêmeas (f pl)	bliźniaki (l.mn.)	[bliʑ'ɲaki]

berço (m)	kołyska (ż)	[kɔ'wiska]
chocalho (m)	grzechotka (ż)	[gʒɛ'hɔtka]
fralda (f)	pieluszka (ż)	[pʲɛ'lyʃka]

chupeta (f), bico (m)	smoczek (m)	['smɔtʃɛk]
carrinho (m) de bebê	wózek (m)	['vuzɛk]
jardim (m) de infância	przedszkole (n)	[pʃɛtʃ'kɔle]
babysitter, babá (f)	opiekunka (ż) do dziecka	[ɔpe'kuŋka dɔ 'dʑetska]

infância (f)	dzieciństwo (n)	[dʑe'tʃiɲstfɔ]
boneca (f)	lalka (ż)	['ʎaʎka]
brinquedo (m)	zabawka (ż)	[za'bafka]
jogo (m) de montar	zestaw (m) konstruktor	['zɛstaf kɔnst'ruktɔr]

bem-educado (adj)	dobrze wychowany	['dɔbʒɛ viho'vani]
malcriado (adj)	źle wychowany	[ʑʲle viho'vani]
mimado (adj)	rozpieszczony	[rɔspeʃt'ʃɔni]

ser travesso	psosić	['psɔʃitʃ]
travesso, traquinas (adj)	psotny	['psɔtni]
travessura (f)	psota (ż)	['psɔta]
criança (f) travessa	psotnik (m)	['psɔtnik]

| obediente (adj) | posłuszny | [pɔs'wuʃni] |
| desobediente (adj) | nieposłuszny | [nepɔs'wuʃni] |

dócil (adj)	rozumny	[rɔ'zumni]
inteligente (adj)	sprytny	['spritni]
prodígio (m)	cudowne dziecko (n)	[tsu'dɔvnɛ 'dʑetskɔ]

60. Casais. Vida de família

| beijar (vt) | całować | [tsa'wɔvatʃ] |
| beijar-se (vr) | całować się | [tsa'wɔvatʃ ɕɛ̃] |

família (f)	rodzina (ż)	[rɔ'dʒina]
familiar (vida ~)	rodzinny	[rɔ'dʒiɲi]
casal (m)	para (ż)	['para]
matrimônio (m)	małżeństwo (n)	[maw'ʒɛɲstfɔ]
lar (m)	ognisko domowe (n)	[ɔg'niskɔ dɔ'mɔvɛ]
dinastia (f)	dynastia (ż)	[di'nastʰja]
encontro (m)	randka (ż)	['rantka]
beijo (m)	pocałunek (m)	[pɔtsa'wunɛk]
amor (m)	miłość (ż)	['miwɔɕtʃ]
amar (pessoa)	kochać	['kɔhatʃ]
amado, querido (adj)	ukochany	[ukɔ'hani]
ternura (f)	czułość (ż)	['tʃuwɔɕtʃ]
afetuoso (adj)	czuły	['tʃuwi]
fidelidade (f)	wierność (ż)	['vernɔɕtʃ]
fiel (adj)	wierny	['vjerni]
cuidado (m)	troska (ż)	['trɔska]
carinhoso (adj)	troskliwy	[trɔsk'livi]
recém-casados (pl)	nowożeńcy (m, l.mn.)	[nɔvɔ'ʒɛɲtsi]
lua (f) de mel	miesiąc (m) miodowy	['mɛɕɔ̃ts mɜ'dɔvi]
casar-se (com um homem)	wyjść za mąż	[vijɕtʃ 'za mɔ̃ʃ]
casar-se (com uma mulher)	żenić się	['ʒɛnitʃ ɕɛ̃]
casamento (m)	wesele (n)	[vɛ'sɛle]
bodas (f pl) de ouro	złota rocznica (ż) ślubu	['zwɔtɛ rɔtʃ'nitsa 'slubu]
aniversário (m)	rocznica (ż)	[rɔtʃ'nitsa]
amante (m)	kochanek (m)	[kɔ'hanɛk]
amante (f)	kochanka (ż)	[kɔ'haŋka]
adultério (m), traição (f)	zdrada (ż)	['zdrada]
cometer adultério	zdradzić	['zdradʒitʃ]
ciumento (adj)	zazdrosny	[zazd'rɔsni]
ser ciumento, -a	być zazdrosnym	[bitʃ zazd'rɔsnim]
divórcio (m)	rozwód (m)	['rɔzvud]
divorciar-se (vr)	rozwieść się	['rɔzvɛɕtʃ ɕɛ̃]
brigar (discutir)	kłócić się	['kwutʃitʃ ɕɛ̃]
fazer as pazes	godzić się	['gɔdʒitʃ ɕɛ̃]
juntos (ir ~)	razem	['razɛm]
sexo (m)	seks (m)	[sɛks]
felicidade (f)	szczęście (n)	['ʃtʃɛ̃ɕtʃe]
feliz (adj)	szczęśliwy	[ʃtʃɛ̃ɕ'livi]
infelicidade (f)	nieszczęście (n)	[neʃt'ʃɛ̃ɕtʃe]
infeliz (adj)	nieszczęśliwy	[neʃtʃɛ̃ɕ'livi]

Caráter. Sentimentos. Emoções

61. Sentimentos. Emoções

sentimento (m)	uczucie (m)	[ut'ʃutʃe]
sentimentos (m pl)	uczucia (l.mn.)	[ut'ʃutʃʲa]
fome (f)	głód (m)	[gwut]
ter fome	chcieć jeść	[htʃetʃ ectʃ]
sede (f)	pragnienie (n)	[prag'nene]
ter sede	chcieć pić	[htʃetʃ pitʃ]
sonolência (f)	senność (ż)	['sɛŋoctʃ]
estar sonolento	chcieć spać	[htʃetʃ spatʃ]
cansaço (m)	zmęczenie (n)	[zmɛt'ʃɛne]
cansado (adj)	zmęczony	[zmɛt'ʃoni]
ficar cansado	zmęczyć się	['zmɛntʃitʃ ɕɛ̃]
humor (m)	nastrój (m)	['nastruj]
tédio (m)	nuda (ż), znudzenie (n)	['nuda], [znu'dzɛnie]
entediar-se (vr)	nudzić się	['nudzitʃ ɕɛ̃]
reclusão (isolamento)	odosobnienie (n)	[ɔdɔsɔb'nenie]
isolar-se (vr)	odseparować się	[ɔtsɛpa'rɔvatʃ ɕɛ̃]
preocupar (vt)	niepokoić	[nepɔ'kɔitʃ]
estar preocupado	martwić się	['martfitʃ ɕɛ̃]
preocupação (f)	niepokój (m)	[ne'pɔkuj]
ansiedade (f)	trwoga (ż)	['trfɔga]
preocupado (adj)	zatroskany	[zatrɔs'kani]
estar nervoso	denerwować się	[dɛnɛr'vɔvatʃ ɕɛ̃]
entrar em pânico	panikować	[pani'kɔvatʃ]
esperança (f)	nadzieja (ż)	[na'dʒeja]
esperar (vt)	mieć nadzieję	[metʃ na'dʒeɛ̃]
certeza (f)	pewność (ż)	['pɛvnɔctʃ]
certo, seguro de ...	pewny	['pɛvni]
indecisão (f)	niepewność (ż)	[ne'pɛvnɔctʃ]
indeciso (adj)	niepewny	[ne'pɛvni]
bêbado (adj)	pijany	[pi'jani]
sóbrio (adj)	trzeźwy	['tʃɛzʲvi]
fraco (adj)	słaby	['swabi]
feliz (adj)	szczęśliwy	[ʃtʃɛ̃ɕ'livi]
assustar (vt)	przestraszyć	[pʃɛst'raʃitʃ]
fúria (f)	wściekłość (ż)	['fctʃekwɔctʃ]
ira, raiva (f)	furia (ż)	['furʲja]
depressão (f)	depresja (ż)	[dɛp'rɛsʲja]
desconforto (m)	dyskomfort (m)	[dis'kɔmfɔrt]

conforto (m)	komfort (m)	['komfɔrt]
arrepender-se (vr)	żałować	[ʒa'wɔvatʃ]
arrependimento (m)	żal (m)	[ʒaʎ]
azar (m), má sorte (f)	pech (m)	[pɛh]
tristeza (f)	smutek (m), smętek (m)	['smutɛk], ['smɛ̃tɛk]

vergonha (f)	wstyd (m)	[fstɨt]
alegria (f)	uciecha (ż)	[u'ʧeha]
entusiasmo (m)	entuzjazm (m)	[ɛn'tuzʰjazm]
entusiasta (m)	entuzjasta (m)	[ɛntuzʰ'jasta]
mostrar entusiasmo	przejawić entuzjazm	[pʃɛ'javiʧ ɛn'tuzʰjazm]

62. Caráter. Personalidade

caráter (m)	charakter (m)	[ha'raktɛr]
falha (f) de caráter	wada (ż)	['vada]
mente (f)	umysł (m)	['umɨsw]
razão (f)	rozum (m)	['rɔzum]

consciência (f)	sumienie (n)	[su'mene]
hábito, costume (m)	nawyk (m)	['navɨk]
habilidade (f)	zdolność (ż)	['zdoʎnɔɕʧ]
saber (~ nadar, etc.)	umieć	['umeʧ]

paciente (adj)	cierpliwy	[ʧerp'livɨ]
impaciente (adj)	niecierpliwy	[neʧerp'livɨ]
curioso (adj)	ciekawy	[ʧe'kavɨ]
curiosidade (f)	ciekawość (ż)	[ʧe'kavɔɕʧ]

modéstia (f)	skromność (ż)	['skrɔmnɔɕʧ]
modesto (adj)	skromny	['skrɔmnɨ]
imodesto (adj)	nieskromny	[nesk'rɔmnɨ]

preguiça (f)	lenistwo (n)	[le'nistvɔ]
preguiçoso (adj)	leniwy	[le'nivɨ]
preguiçoso (m)	leń (m)	[leɲ]

astúcia (f)	przebiegłość (ż)	[pʃɛ'begwɔɕʧ]
astuto (adj)	przebiegły	[pʃɛ'begwɨ]
desconfiança (f)	nieufność (ż)	[ne'ufnɔɕʧ]
desconfiado (adj)	nieufny	[ne'ufnɨ]

generosidade (f)	hojność (ż)	['hɔjnɔɕʧ]
generoso (adj)	hojny	['hɔjnɨ]
talentoso (adj)	utalentowany	[utalentɔ'vanɨ]
talento (m)	talent (m)	['talent]

corajoso (adj)	śmiały	['ɕmʲawɨ]
coragem (f)	śmiałość (ż)	['ɕmʲawɔɕʧ]
honesto (adj)	uczciwy	[utʃ'ʧivɨ]
honestidade (f)	uczciwość (ż)	[utʃ'ʧivɔɕʧ]

prudente, cuidadoso (adj)	ostrożny	[ɔst'rɔʒnɨ]
valoroso (adj)	odważny	[ɔd'vaʒnɨ]

| sério (adj) | poważny | [pɔ'vaʒni] |
| severo (adj) | surowy | [su'rɔvi] |

decidido (adj)	zdecydowany	[zdɛtsidɔ'vani]
indeciso (adj)	niezdecydowany	[nezdɛtsidɔ'vani]
tímido (adj)	nieśmiały	[neɕ'mʲawi]
timidez (f)	nieśmiałość (ż)	[neɕ'mʲawɔɕʨ]

confiança (f)	zaufanie (n)	[zau'fane]
confiar (vt)	wierzyć	['veʒiʨ]
crédulo (adj)	ufny	['ufni]

sinceramente	szczerze	['ʃʧɛʒɛ]
sincero (adj)	szczery	['ʃʧɛri]
sinceridade (f)	szczerość (ż)	['ʃʧɛrɔɕʨ]
aberto (adj)	otwarty	[ɔt'farti]

calmo (adj)	spokojny	[spɔ'kɔjni]
franco (adj)	szczery	['ʃʧɛri]
ingênuo (adj)	naiwny	[na'ivni]
distraído (adj)	roztargniony	[rɔstarg'nɔni]
engraçado (adj)	zabawny	[za'bavni]

ganância (f)	chciwość (ż)	['hʧivɔɕʨ]
ganancioso (adj)	chciwy	['hʧivi]
avarento, sovina (adj)	skąpy	['skõpi]
mal (adj)	zły	[zwi]
teimoso (adj)	uparty	[u'parti]
desagradável (adj)	nieprzyjemny	[nepʃi'emni]

egoísta (m)	egoista (m)	[ɛgɔ'ista]
egoísta (adj)	egoistyczny	[ɛgɔis'tiʧni]
covarde (m)	tchórz (m)	[thuʃ]
covarde (adj)	tchórzliwy	[thuʒ'livi]

63. O sono. Sonhos

dormir (vi)	spać	[spaʨ]
sono (m)	sen (m)	[sɛn]
sonho (m)	sen (m)	[sɛn]
sonhar (ver sonhos)	śnić	[ɕniʨ]
sonolento (adj)	senny	['sɛni]

cama (f)	łóżko (n)	['wuʃkɔ]
colchão (m)	materac (m)	[ma'tɛrats]
cobertor (m)	kołdra (ż)	['kɔwdra]
travesseiro (m)	poduszka (ż)	[pɔ'duʃka]
lençol (m)	prześcieradło (n)	[pʃɛɕʨe'radwɔ]

insônia (f)	bezsenność (ż)	[bɛs'sɛnɔɕʨ]
sem sono (adj)	bezsenny	[bɛs'sɛni]
sonífero (m)	tabletka (ż) nasenna	[tab'lɛtka na'sɛna]
tomar um sonífero	zażyć środek nasenny	['zaʒiʨ 'ɕrɔdɛk na'sɛni]
estar sonolento	chcieć spać	[hʧeʨ spaʨ]

bocejar (vi)	ziewać	['ʒevatʃ]
ir para a cama	iść spać	[iɕtʃ spatʃ]
fazer a cama	ścielić łóżko	['ɕtʃeliʧ 'wuʃkɔ]
adormecer (vi)	zasnąć	['zasnɔ̃tʃ]

pesadelo (m)	koszmar (m)	['kɔʃmar]
ronco (m)	chrapanie (n)	[hra'pane]
roncar (vi)	chrapać	['hrapatʃ]

despertador (m)	budzik (m)	['budʒik]
acordar, despertar (vt)	obudzić	[ɔ'budʒitʃ]
acordar (vi)	budzić się	['budʒitʃ ɕɛ̃]
levantar-se (vr)	wstawać	['fstavatʃ]
lavar-se (vr)	myć się	['mitʃ ɕɛ̃]

64. Humor. Riso. Alegria

humor (m)	humor (m)	['humɔr]
senso (m) de humor	poczucie (n)	[pɔt'ʃutʃe]
divertir-se (vr)	bawić się	['bavitʃ ɕɛ̃]
alegre (adj)	wesoły	[vɛ'sɔwɨ]
diversão (f)	wesołość (ż)	[ve'sɔwɔʃtʃ]

sorriso (m)	uśmiech (m)	['uɕmeh]
sorrir (vi)	uśmiechać się	[uɕ'mehatʃ ɕɛ̃]
começar a rir	zaśmiać się	['zaɕmʲatʃ ɕɛ̃]
rir (vi)	śmiać się	['ɕmʲatʃ ɕɛ̃]
riso (m)	śmiech (m)	[ɕmeh]

anedota (f)	anegdota (ż)	[anɛg'dɔta]
engraçado (adj)	śmieszny	['ɕmeʃnɨ]
ridículo, cômico (adj)	zabawny	[za'bavnɨ]

brincar (vi)	żartować	[ʒar'tɔvatʃ]
piada (f)	żart (m)	[ʒart]
alegria (f)	radość (ż)	['radɔɕtʃ]
regozijar-se (vr)	cieszyć się	['tʃeʃitʃ ɕɛ̃]
alegre (adj)	radosny	[ra'dɔsnɨ]

65. Discussão, conversação. Parte 1

| comunicação (f) | komunikacja (ż) | [kɔmuni'katsʰja] |
| comunicar-se (vr) | komunikować się | [kɔmuni'kɔvatʃ ɕɛ̃] |

conversa (f)	rozmowa (ż)	[rɔz'mɔva]
diálogo (m)	dialog (m)	['dʰjalɔg]
discussão (f)	dyskusja (ż)	[dis'kusʰja]
debate (m)	spór (m)	[spur]
debater (vt)	spierać się	['speratʃ ɕɛ̃]

| interlocutor (m) | rozmówca (m) | [rɔz'muftsa] |
| tema (m) | temat (m) | ['tɛmat] |

ponto (m) de vista	punkt (m) widzenia	[puŋkt vi'dzɛɲa]
opinião (f)	zdanie (n)	['zdane]
discurso (m)	przemówienie (n)	[pʃɛmu'vene]
discussão (f)	dyskusja (ż)	[dis'kusʰja]
discutir (vt)	omawiać	[ɔ'mavʲatʃ]
conversa (f)	rozmowa (ż)	[rɔz'mɔva]
conversar (vi)	rozmawiać	[rɔz'mavʲatʃ]
reunião (f)	spotkanie (n)	[spɔt'kane]
encontrar-se (vr)	spotkać się	['spɔtkatʃ ɕɛ̃]
provérbio (m)	przysłowie (n)	[pʃis'wɔve]
ditado, provérbio (m)	powiedzenie (n)	[pɔvje'dzɛnie]
adivinha (f)	zagadka (ż)	[za'gatka]
dizer uma adivinha	zadawać zagadkę	[za'davatʃ za'gadkɛ̃]
senha (f)	hasło (n)	['haswɔ]
segredo (m)	sekret (m)	['sɛkrɛt]
juramento (m)	przysięga (ż)	[pʃi'ɕeŋa]
jurar (vi)	przysięgać	[pʃi'ɕeŋatʃ]
promessa (f)	obietnica (ż)	[ɔbetnitsa]
prometer (vt)	obiecać	[ɔ'betsatʃ]
conselho (m)	rada (ż)	['rada]
aconselhar (vt)	radzić	['radʒitʃ]
escutar (~ os conselhos)	słuchać	['swuhatʃ]
novidade, notícia (f)	nowina (ż)	[nɔ'vina]
sensação (f)	sensacja (ż)	[sɛn'satsʰja]
informação (f)	wiadomości (l.mn.)	[vʲadɔ'mɔɕtʃi]
conclusão (f)	wniosek (m)	['vnɔsɛk]
voz (f)	głos (m)	[gwɔs]
elogio (m)	komplement (m)	[kɔmp'lemɛnt]
amável, querido (adj)	uprzejmy	[up'ʃɛjmi]
palavra (f)	słowo (n)	['swɔvɔ]
frase (f)	fraza (ż)	['fraza]
resposta (f)	odpowiedź (ż)	[ɔtpɔ'vetʃ]
verdade (f)	prawda (ż)	['pravda]
mentira (f)	kłamstwo (n)	['kwamstfɔ]
pensamento (m)	myśl (ż)	[miɕʎ]
ideia (f)	pomysł (m)	['pɔmisw]
fantasia (f)	fantazja (ż)	[fan'tazʲa]

66. Discussão, conversação. Parte 2

estimado, respeitado (adj)	szanowny	[ʃa'nɔvni]
respeitar (vt)	szanować	[ʃa'nɔvatʃ]
respeito (m)	szacunek (m)	[ʃa'tsunɛk]
Estimado ..., Caro ...	Drogi ...	['drɔgi]
apresentar
(alguém a alguém)	poznać	['pɔznatʃ]

63

intenção (f)	zamiar (m)	['zamʲar]
tencionar (~ fazer algo)	zamierzać	[za'meʒatɕ]
desejo (de boa sorte)	życzenie (n)	[ʒit'ʃɛne]
desejar (ex. ~ boa sorte)	życzyć	['ʒitʃitɕ]

surpresa (f)	zdziwienie (n)	[zdʒi'vene]
surpreender (vt)	dziwić	['dʒivitɕ]
surpreender-se (vr)	dziwić się	['dʒivitʃ ɕɛ̃]

dar (vt)	dać	[datɕ]
pegar (tomar)	wziąć	[vʒɔ̃ʲtɕ]
devolver (vt)	zwrócić	['zvrutʃitɕ]
retornar (vt)	zwrócić	['zvrutʃitɕ]

desculpar-se (vr)	przepraszać	[pʃɛp'raʃatɕ]
desculpa (f)	przeprosiny (l.mn.)	[pʃɛprɔ'ɕini]
perdoar (vt)	przebaczać	[pʃɛ'batʃatɕ]

falar (vi)	rozmawiać	[rɔz'mavʲatɕ]
escutar (vt)	słuchać	['swuhatɕ]
ouvir até o fim	wysłuchać	[vis'wuhatɕ]
entender (compreender)	zrozumieć	[zrɔ'zumetɕ]

mostrar (vt)	pokazać	[pɔ'kazatɕ]
olhar para ...	patrzeć	['patʃetɕ]
chamar (alguém para ...)	zawołać	[za'vɔwatɕ]
perturbar (vt)	przeszkadzać	[pʃɛʃ'kadzatɕ]
entregar (~ em mãos)	wręczyć	['vrɛntʃitɕ]

pedido (m)	prośba (ż)	['prɔʒʲba]
pedir (ex. ~ ajuda)	prosić	['prɔɕitɕ]
exigência (f)	żądanie (n)	[ʒɔ̃'dane]
exigir (vt)	żądać	['ʒɔ̃datɕ]

insultar (chamar nomes)	przezywać	[pʃɛ'zivatɕ]
zombar (vt)	kpić	[kpitɕ]
zombaria (f)	kpina (ż)	['kpina]
alcunha (f), apelido (m)	przezwisko (n)	[pʃɛz'viskɔ]

insinuação (f)	aluzja (ż)	[a'lyzʰja]
insinuar (vt)	czynić aluzję	['tʃinitʃ a'lyzʰɛ̃]
querer dizer	mieć na myśli	[metʃ na 'miɕli]

descrição (f)	opis (m)	['ɔpis]
descrever (vt)	opisać	[ɔ'pisatɕ]
elogio (m)	pochwała (ż)	[pɔh'fawa]
elogiar (vt)	pochwalić	[pɔh'falitɕ]

desapontamento (m)	rozczarowanie (n)	[rɔstʃarɔ'vane]
desapontar (vt)	rozczarować	[rɔstʃa'rɔvatɕ]
desapontar-se (vr)	rozczarować się	[rɔstʃa'rɔvatʃ ɕɛ̃]

suposição (f)	założenie (n)	[zawɔ'ʒene]
supor (vt)	przypuszczać	[pʃi'puʃtʃatɕ]
advertência (f)	ostrzeżenie (n)	[ɔstʃɛ'ʒene]
advertir (vt)	ostrzec	['ɔstʃɛts]

67. Discussão, conversação. Parte 3

| convencer (vt) | namówić | [na'muvitʃ] |
| acalmar (vt) | uspokajać | [uspɔ'kajatʃ] |

silêncio (o ~ é de ouro)	milczenie (n)	[miʌt'ʃɛne]
ficar em silêncio	milczeć	['miʌtʃɛtʃ]
sussurrar (vt)	szepnąć	['ʃɛpnɔ̃tʃ]
sussurro (m)	szept (m)	[ʃɛpt]

| francamente | szczerze | ['ʃtʃɛʒɛ] |
| na minha opinião ... | moim zdaniem | ['mɔim 'zdanem] |

detalhe (~ da história)	szczegół (m)	['ʃtʃɛguw]
detalhado (adj)	szczegółowy	[ʃtʃɛgu'wɔvi]
detalhadamente	szczegółowo	[ʃtʃɛgu'wɔvɔ]

| dica (f) | wskazówka (ż) | [fska'zɔfka] |
| dar uma dica | dać wskazówkę | [datʃ fska'zɔfkɛ̃] |

olhar (m)	spojrzenie (n)	[spɔj'ʒɛne]
dar uma olhada	spojrzeć	['spɔjʒɛtʃ]
fixo (olhada ~a)	nieruchomy	[neru'hɔmi]
piscar (vi)	mrugać	['mrugatʃ]
piscar (vt)	mrugnąć	['mrugnɔ̃tʃ]
acenar com a cabeça	przytaknąć	[pʃi'taknɔ̃tʃ]

suspiro (m)	westchnienie (n)	[vɛsth'nene]
suspirar (vi)	westchnąć	['vɛsthnɔ̃tʃ]
estremecer (vi)	wzdrygać się	['vzdrigatʃ çɛ̃]
gesto (m)	gest (m)	[gɛst]
tocar (com as mãos)	dotknąć	['dɔtknɔ̃tʃ]
agarrar (~ pelo braço)	chwytać	['hfitatʃ]
bater de leve	klepać	['klepatʃ]

Cuidado!	Uwaga!	[u'vaga]
Sério?	Czyżby?	['tʃiʒbi]
Tem certeza?	Jesteś pewien?	['estɛç 'pɛven]
Boa sorte!	Powodzenia!	[pɔvɔ'dzɛɲa]
Entendi!	Jasne!	['jasnɛ]
Que pena!	Szkoda!	['ʃkɔda]

68. Acordo. Recusa

consentimento (~ mútuo)	zgoda (ż)	['zgɔda]
consentir (vi)	zgadzać się	['zgadzatʃ çɛ̃]
aprovação (f)	aprobata (ż)	[aprɔ'bata]
aprovar (vt)	zaaprobować	[za:prɔ'bɔvatʃ]
recusa (f)	odmowa (ż)	[ɔd'mɔva]
negar-se a ...	odmawiać	[ɔd'maviatʃ]

| Ótimo! | Świetnie! | ['çfetne] |
| Tudo bem! | Dobrze! | ['dɔbʒɛ] |

Está bem! De acordo!	Dobra!	['dobra]
proibido (adj)	zakazany	[zaka'zani]
é proibido	nie wolno	[ne 'vɔʎnɔ]
é impossível	niemożliwe	[nemɔʒ'livɛ]
incorreto (adj)	błędny	['bwɛ̃dni]

rejeitar (~ um pedido)	odrzucić	[ɔ'dʒuʧiʧ]
apoiar (vt)	poprzeć	['pɔpʃɛʧ]
aceitar (desculpas, etc.)	przyjąć	['pʃiɔ̃ʧ]

confirmar (vt)	potwierdzić	[pɔt'ferdʒiʧ]
confirmação (f)	potwierdzenie (n)	[pɔtfer'dzɛne]
permissão (f)	pozwolenie (n)	[pɔzvɔ'lene]
permitir (vt)	zezwolić	[zɛz'vɔliʧ]
decisão (f)	decyzja (ż)	[dɛ'ʦizʲja]
não dizer nada	nic nie mówić	[niʦ nɛ 'mɔviʧ]

condição (com uma ~)	warunek (m)	[va'runɛk]
pretexto (m)	wymówka (ż)	[vɨ'mufka]
elogio (m)	pochwała (ż)	[pɔh'fawa]
elogiar (vt)	chwalić	['hfaliʧ]

69. Sucesso. Boa sorte. Insucesso

êxito, sucesso (m)	sukces (m)	['suktsɛs]
com êxito	z powodzeniem	[s pɔvɔ'dzɛnem]
bem sucedido (adj)	skuteczny	[sku'tɛʧni]

sorte (fortuna)	powodzenie (n)	[pɔvɔ'dzɛnie]
Boa sorte!	Powodzenia!	[pɔvɔ'dzɛɲa]
de sorte	szczęśliwy	[ʃʧɛ̃ɕ'livɨ]
sortudo, felizardo (adj)	fortunny	[fɔr'tuɲi]
fracasso (m)	porażka (ż)	[pɔ'raʃka]
pouca sorte (f)	niepowodzenie (n)	[nepɔvɔ'dzɛne]
azar (m), má sorte (f)	pech (m)	[pɛh]
mal sucedido (adj)	nieudany	[neu'danɨ]
catástrofe (f)	katastrofa (ż)	[katast'rɔfa]

orgulho (m)	duma (ż)	['duma]
orgulhoso (adj)	dumny	['dumnɨ]
estar orgulhoso, -a	być dumnym	[biʧ 'dumnim]
vencedor (m)	zwycięzca (m)	[zvʲi'ʧenstsa]
vencer (vi, vt)	zwyciężyć	[zvʲi'ʧenʒiʧ]
perder (vt)	przegrać	['pʃɛgraʧ]
tentativa (f)	próba (ż)	['pruba]
tentar (vt)	próbować	[pru'bɔvaʧ]
chance (m)	szansa (ż)	['ʃansa]

70. Conflitos. Emoções negativas

grito (m)	krzyk (m)	[kʃik]
gritar (vi)	krzyczeć	['kʃiʧɛʧ]

começar a gritar	krzyknąć	['kʃiknɔ̃tʃ]
discussão (f)	kłótnia (ż)	['kwutɲa]
brigar (discutir)	kłócić się	['kwutʃitʃ ɕɛ̃]
escândalo (m)	głośna kłótnia (ż)	['gwɔʃna 'kwɔtɲa]
criar escândalo	kłócić się głośno	['kwɔtʃitʃ ɕɛ̃ 'gwɔʃnɔ]
conflito (m)	konflikt (m)	['kɔnflikt]
mal-entendido (m)	nieporozumienie (n)	[nepɔrɔzu'mene]

insulto (m)	zniewaga (ż)	[zni'evaga]
insultar (vt)	znieważać	[zne'vaʒatʃ]
insultado (adj)	obrażony	[ɔbra'ʒɔnɨ]
ofensa (f)	obraza (ż)	[ɔb'raza]
ofender (vt)	obrazić	[ɔb'raʒitʃ]
ofender-se (vr)	obrazić się	[ɔb'raʒitʃ ɕɛ̃]

indignação (f)	oburzenie (n)	[ɔbu'ʒɛne]
indignar-se (vr)	oburzać się	[ɔ'buʒatʃ ɕɛ̃]
queixa (f)	skarga (ż)	['skarga]
queixar-se (vr)	skarżyć się	['skarʒitʃ ɕɛ̃]

desculpa (f)	przeprosiny (l.mn.)	[pʃɛprɔ'ɕini]
desculpar-se (vr)	przepraszać	[pʃɛp'raʃatʃ]
pedir perdão	przepraszać	[pʃɛp'raʃatʃ]

crítica (f)	krytyka (ż)	['kritika]
criticar (vt)	krytykować	[kriti'kɔvatʃ]
acusação (f)	oskarżenie (n)	[ɔskar'ʒɛne]
acusar (vt)	obwiniać	[ɔb'viɲatʃ]

vingança (f)	zemsta (ż)	['zɛmsta]
vingar (vt)	mścić się	[mɕtʃitʃ ɕɛ̃]
vingar-se de	odpłacić	[ɔdp'watʃitʃ]

desprezo (m)	pogarda (ż)	[pɔ'garda]
desprezar (vt)	pogardzać	[pɔ'gardzatʃ]
ódio (m)	nienawiść (ż)	[ne'naviɕtʃ]
odiar (vt)	nienawidzieć	[nena'vidʒetʃ]

nervoso (adj)	nerwowy	[nɛr'vɔvi]
estar nervoso	denerwować się	[dɛnɛr'vɔvatʃ ɕɛ̃]
zangado (adj)	zły	[zwi]
zangar (vt)	rozzłościć	[rɔzz'wɔɕtʃitʃ]

humilhação (f)	poniżenie (n)	[pɔni'ʒɛne]
humilhar (vt)	poniżać	[pɔ'niʒatʃ]
humilhar-se (vr)	poniżać się	[pɔ'niʒatʃ ɕɛ̃]

choque (m)	szok (m)	[ʃɔk]
chocar (vt)	szokować	[ʃɔ'kɔvatʃ]

aborrecimento (m)	przykrość (ż)	['pʃikrɔɕtʃ]
desagradável (adj)	nieprzyjemny	[nepʃi'emni]

medo (m)	strach (m)	[strah]
terrível (tempestade, etc.)	okropny	[ɔk'rɔpni]
assustador (ex. história ~a)	straszny	['straʃni]

horror (m)	przerażenie (n)	[pʃɛra'ʒɛne]
horrível (crime, etc.)	okropny	[ɔk'rɔpnɨ]
chorar (vi)	płakać	['pwakatʃ]
começar a chorar	zapłakać	[zap'wakatʃ]
lágrima (f)	łza (ż)	[wza]
falta (f)	wina (ż)	['vina]
culpa (f)	wina (ż)	['vina]
desonra (f)	hańba (ż)	['haɲba]
protesto (m)	protest (m)	['prɔtɛst]
estresse (m)	stres (m)	[strɛs]
perturbar (vt)	przeszkadzać	[pʃɛʃ'kadzatʃ]
zangar-se com ...	złościć się	['zwɔɕtʃitʃ ɕɛ̃]
zangado (irritado)	zły	[zwɨ]
terminar (vt)	zakończyć	[za'kɔntʃɨtʃ]
praguejar	kłócić się	['kwutʃitʃ ɕɛ̃]
assustar-se	bać się	[batʃ ɕɛ̃]
golpear (vt)	uderzyć	[u'dɛʒitʃ]
brigar (na rua, etc.)	bić się	[bitʃ ɕɛ̃]
resolver (o conflito)	załatwić	[za'watvitʃ]
descontente (adj)	niezadowolony	[nezadɔvɔ'lɔnɨ]
furioso (adj)	wściekły	['fɕtʃekwɨ]
Não está bem!	Nie jest dobrze!	[ni estʲ 'dɔbʒɛ]
É ruim!	To źle!	[tɔ ʑʲle]

Medicina

71. Doenças

doença (f)	choroba (ż)	[hɔ'rɔba]
estar doente	chorować	[hɔ'rɔvatʃ]
saúde (f)	zdrowie (n)	['zdrɔvɛ]

nariz (m) escorrendo	katar (m)	['katar]
amígdalite (f)	angina (ż)	[aɲina]
resfriado (m)	przeziębienie (n)	[pʃɛʒɛ̃'bɛnɛ]
ficar resfriado	przeziębić się	[pʃɛ'ʒɛmbitʃ ɕɛ̃]

bronquite (f)	zapalenie (n) oskrzeli	[zapa'lɛnɛ ɔsk'ʃɛli]
pneumonia (f)	zapalenie (n) płuc	[zapa'lɛnɛ pwutɕ]
gripe (f)	grypa (ż)	['gripa]

míope (adj)	krótkowzroczny	[krutkɔvz'rɔtʃni]
presbita (adj)	dalekowzroczny	[dalɛkɔvz'rɔtʃni]
estrabismo (m)	zez (m)	[zɛs]
estrábico, vesgo (adj)	zezowaty	[zɛzɔ'vati]
catarata (f)	katarakta (ż)	[kata'rakta]
glaucoma (m)	jaskra (ż)	['jaskra]

AVC (m), apoplexia (f)	wylew (m)	['viłɛf]
ataque (m) cardíaco	zawał (m)	['zavaw]
enfarte (m) do miocárdio	zawał (m) mięśnia sercowego	['zavaw 'mɛ̃ɕɲa sɛrtsɔ'vɛgɔ]
paralisia (f)	paraliż (m)	[pa'raliʃ]
paralisar (vt)	sparaliżować	[sparali'ʒɔvatʃ]

alergia (f)	alergia (ż)	[a'lergʰja]
asma (f)	astma (ż)	['astma]
diabetes (f)	cukrzyca (ż)	[tsuk'ʃitsa]

dor (f) de dente	ból (m) zęba	[buʎ 'zɛ̃ba]
cárie (f)	próchnica (ż)	[pruh'nitsa]

diarreia (f)	rozwolnienie (n)	[rɔzvɔʎ'nɛnɛ]
prisão (f) de ventre	zaparcie (n)	[za'partʃɛ]
desarranjo (m) intestinal	rozstrój (m) żołądka	['rɔsstruj ʒɔ'wõtka]
intoxicação (f) alimentar	zatrucie (n) pokarmowe	[zat'rutʃɛ pokar'mɔvɛ]
intoxicar-se	zatruć się	['zatrutʃ ɕɛ̃]
artrite (f)	artretyzm (m)	[art'rɛtizm]
raquitismo (m)	krzywica (ż)	[kʃi'vitsa]
reumatismo (m)	reumatyzm (m)	[rɛu'matizm]
arteriosclerose (f)	miażdżyca (ż)	[mʲaʒ'dʒitsa]
gastrite (f)	nieżyt (m) żołądka	['nɛʒit ʒɔ'wõtka]
apendicite (f)	zapalenie (n) wyrostka robaczkowego	[zapa'lɛnɛ vi'rɔstka rɔbatʃkɔ'vɛgɔ]

úlcera (f)	wrzód (m)	[vʒut]
sarampo (m)	odra (ż)	['ɔdra]
rubéola (f)	różyczka (ż)	[ru'ʒiʧka]
icterícia (f)	żółtaczka (ż)	[ʒuw'taʧka]
hepatite (f)	zapalenie (n) wątroby	[zapa'lene võt'rɔbi]

esquizofrenia (f)	schizofrenia (ż)	[shizɔf'rɛnʰja]
raiva (f)	wścieklizna (ż)	[vɕʧek'lizna]
neurose (f)	nerwica (ż)	[nɛr'viʦa]
contusão (f) cerebral	wstrząs (m) mózgu	[fsʧõs 'muzgu]

câncer (m)	rak (m)	[rak]
esclerose (f)	stwardnienie (n)	[stvard'nenie]
esclerose (f) múltipla	stwardnienie (n) rozsiane	[stfard'nene rɔz'ɕanɛ]

alcoolismo (m)	alkoholizm (m)	[aʎkɔ'hɔlizm]
alcoólico (m)	alkoholik (m)	[aʎkɔ'hɔlik]
sífilis (f)	syfilis (m)	[si'filis]
AIDS (f)	AIDS (m)	[ɛjʦ]

tumor (m)	nowotwór (m)	[nɔ'vɔtfur]
maligno (adj)	złośliwa	[zwɔɕ'liva]
benigno (adj)	niezłośliwa	[nezwɔɕ'liva]

febre (f)	febra (ż)	['fɛbra]
malária (f)	malaria (ż)	[ma'ʎarʰja]
gangrena (f)	gangrena (ż)	[gaŋ'rɛna]
enjoo (m)	choroba (ż) morska	[hɔ'rɔba 'mɔrska]
epilepsia (f)	padaczka (ż)	[pa'daʧka]

epidemia (f)	epidemia (ż)	[ɛpi'dɛmʰja]
tifo (m)	tyfus (m)	['tifus]
tuberculose (f)	gruźlica (ż)	[gruʑ'liʦa]
cólera (f)	cholera (ż)	[hɔ'lera]
peste (f) bubônica	dżuma (ż)	['dʒuma]

72. Sintomas. Tratamentos. Parte 1

sintoma (m)	objaw (m)	['ɔbʰjaf]
temperatura (f)	temperatura (ż)	[tɛmpɛra'tura]
febre (f)	gorączka (ż)	[gɔ'rõʧka]
pulso (m)	puls (m)	[puʎs]

vertigem (f)	zawrót (m) głowy	['zavrut 'gwɔvi]
quente (testa, etc.)	gorący	[gɔ'rõʦi]
calafrio (m)	dreszcz (m)	['drɛʃʧ]
pálido (adj)	blady	['bʎadi]

tosse (f)	kaszel (m)	['kaʃɛʎ]
tossir (vi)	kaszleć	['kaʃleʧ]
espirrar (vi)	kichać	['kihaʧ]
desmaio (m)	omdlenie (n)	[ɔmd'lene]
desmaiar (vi)	zemdleć	['zɛmdleʧ]
mancha (f) preta	siniak (m)	['ɕiɲak]

galo (m)	guz (m)	[gus]
machucar-se (vr)	uderzyć się	[u'dɛʒiʧ ɕɛ̃]
contusão (f)	stłuczenie (n)	[stwut'ʃɛne]
machucar-se (vr)	potłuc się	['pɔtwuts ɕɛ̃]

mancar (vi)	kuleć	['kuleʧ]
deslocamento (f)	zwichnięcie (n)	[zvih'nɛ̃ʧe]
deslocar (vt)	zwichnąć	['zvihnɔ̃ʧ]
fratura (f)	złamanie (n)	[zwa'mane]
fraturar (vt)	otrzymać złamanie	[ɔt'ʃimaʧ zwa'mane]

corte (m)	skaleczenie (n)	[skalet'ʃɛne]
cortar-se (vr)	skaleczyć się	[ska'leʧiʧ ɕɛ̃]
hemorragia (f)	krwotok (m)	['krfɔtɔk]

queimadura (f)	oparzenie (n)	[ɔpa'ʒɛne]
queimar-se (vr)	poparzyć się	[pɔ'paʒiʧ ɕɛ̃]

picar (vt)	ukłuć	['ukwuʧ]
picar-se (vr)	ukłuć się	['ukwuʧ ɕɛ̃]
lesionar (vt)	uszkodzić	[uʃ'kɔʤiʧ]
lesão (m)	uszkodzenie (n)	[uʃkɔ'ʣɛne]
ferida (f), ferimento (m)	rana (ż)	['rana]
trauma (m)	uraz (m)	['uras]

delirar (vi)	bredzić	['brɛʤiʧ]
gaguejar (vi)	jąkać się	[ɔ̃kaʧ ɕɛ̃]
insolação (f)	udar (m) słoneczny	['udar swɔ'nɛʧni]

73. Sintomas. Tratamentos. Parte 2

dor (f)	ból (m)	[buʎ]
farpa (no dedo, etc.)	drzazga (ż)	['dʒazga]

suor (m)	pot (m)	[pɔt]
suar (vi)	pocić się	['pɔʧiʧ ɕɛ̃]
vômito (m)	wymiotowanie (n)	[vimjtɔ'vane]
convulsões (f pl)	drgawki (l.mn.)	['drgavki]

grávida (adj)	ciężarna (ż)	[ʧɛ̃'ʒarna]
nascer (vi)	urodzić się	[u'rɔʤiʧ ɕɛ̃]
parto (m)	poród (m)	['pɔrut]
dar à luz	rodzić	['rɔʤiʧ]
aborto (m)	aborcja (ż)	[a'bɔrtsʰja]

respiração (f)	oddech (m)	['ɔddɛh]
inspiração (f)	wdech (m)	[vdɛh]
expiração (f)	wydech (m)	['vidɛh]
expirar (vi)	zrobić wydech	['zrɔbiʧ 'vidɛh]
inspirar (vi)	zrobić wdech	['zrɔbiʧ vdɛh]

inválido (m)	niepełnosprawny (m)	[nepɛwnɔsp'ravni]
aleijado (m)	kaleka (m, ż)	[ka'leka]
drogado (m)	narkoman (m)	[nar'kɔman]

71

surdo (adj)	niesłyszący, głuchy	[neswi'ʃɔ̃tsi], ['gwuhi]
mudo (adj)	niemy	['nemi]
surdo-mudo (adj)	głuchoniemy	[gwuhɔ'nemi]

louco, insano (adj)	zwariowany	[zvarʰɜ'vani]
louco (m)	wariat (m)	['varʰjat]
louca (f)	wariatka (ż)	[varʰ'jatka]
ficar louco	stracić rozum	['stratʃitʃ rɔzum]

gene (m)	gen (m)	[gɛn]
imunidade (f)	odporność (ż)	[ɔt'pɔrnɔɕtʃ]
hereditário (adj)	dziedziczny	[dʑe'dʑitʃni]
congênito (adj)	wrodzony	[vrɔ'dzɔni]

vírus (m)	wirus (m)	['virus]
micróbio (m)	mikrob (m)	['mikrɔb]
bactéria (f)	bakteria (ż)	[bak'tɛrʰja]
infecção (f)	infekcja (ż)	[in'fɛktsʰja]

74. Sintomas. Tratamentos. Parte 3

| hospital (m) | szpital (m) | ['ʃpitaʎ] |
| paciente (m) | pacjent (m) | ['patsʰent] |

diagnóstico (m)	diagnoza (ż)	[dʰjag'nɔza]
cura (f)	leczenie (n)	[let'ʃɛne]
tratamento (m) médico	leczenie (n)	[let'ʃɛne]
curar-se (vr)	leczyć się	['letʃitʃ ɕɛ̃]
tratar (vt)	leczyć	['letʃitʃ]
cuidar (pessoa)	opiekować się	[ɔpe'kɔvatʃ ɕɛ̃]
cuidado (m)	opieka (ż)	[ɔ'peka]

operação (f)	operacja (ż)	[ɔpɛ'ratsʰja]
enfaixar (vt)	opatrzyć	[ɔ'patʃitʃ]
enfaixamento (m)	opatrunek (m)	[ɔpat'runɛk]

vacinação (f)	szczepionka (m)	[ʃtʃɛ'pɔŋka]
vacinar (vt)	szczepić	['ʃtʃɛpitʃ]
injeção (f)	zastrzyk (m)	['zastʃik]
dar uma injeção	robić zastrzyk	['rɔbitʃ 'zastʃik]

amputação (f)	amputacja (ż)	[ampu'tatsʰja]
amputar (vt)	amputować	[ampu'tɔvatʃ]
coma (f)	śpiączka (ż)	[ɕpɔ̃tʃka]
estar em coma	być w śpiączce	[bitʃ f ɕpɔ̃tʃse]
reanimação (f)	reanimacja (ż)	[rɛani'matsʰja]

recuperar-se (vr)	wracać do zdrowia	['vratsatʃ dɔ 'zdrɔvʲa]
estado (~ de saúde)	stan (m)	[stan]
consciência (perder a ~)	przytomność (ż)	[pʃi'tɔmnɔɕtʃ]
memória (f)	pamięć (ż)	['pamɛ̃tʃ]

| tirar (vt) | usuwać | [u'suvatʃ] |
| obturação (f) | plomba (ż) | ['plɔmba] |

obturar (vt)	plombować	[plɔm'bɔvatʃ]
hipnose (f)	hipnoza (ż)	[hip'nɔza]
hipnotizar (vt)	hipnotyzować	[hipnɔti'zɔvatʃ]

75. Médicos

médico (m)	lekarz (m)	['lekaʃ]
enfermeira (f)	pielęgniarka (ż)	[pelɛ̃g'ɲarka]
médico (m) pessoal	lekarz (m) prywatny	[lekaʒ pri'vatni]

dentista (m)	dentysta (m)	[dɛn'tista]
oculista (m)	okulista (m)	[ɔku'lista]
terapeuta (m)	internista (m)	[intɛr'nista]
cirurgião (m)	chirurg (m)	['hirurk]

psiquiatra (m)	psychiatra (m)	[psih^h'atra]
pediatra (m)	pediatra (m)	[pɛd^h'atra]
psicólogo (m)	psycholog (m)	[psi'hɔlɔg]
ginecologista (m)	ginekolog (m)	[ginɛ'kɔlɔk]
cardiologista (m)	kardiolog (m)	[kard^hɔ'lɔk]

76. Medicina. Drogas. Acessórios

medicamento (m)	lekarstwo (n)	[le'karstfɔ]
remédio (m)	środek (m)	['ɕrɔdɛk]
receitar (vt)	zapisać	[za'pisatʃ]
receita (f)	recepta (ż)	[rɛ'tsɛpta]

comprimido (m)	tabletka (ż)	[tab'letka]
unguento (m)	maść (ż)	[maɕtʃ]
ampola (f)	ampułka (ż)	[am'puwka]
solução, preparado (m)	mikstura (ż)	[miks'tura]
xarope (m)	syrop (m)	['sirɔp]
cápsula (f)	pigułka (ż)	[pi'guwka]
pó (m)	proszek (m)	['prɔʃɛk]

atadura (f)	bandaż (m)	['bandaʃ]
algodão (m)	wata (ż)	['vata]
iodo (m)	jodyna (ż)	[ʒ'dina]
curativo (m) adesivo	plaster (m)	['pʎaster]
conta-gotas (m)	zakraplacz (m)	[zak'rapʎatʃ]
termômetro (m)	termometr (m)	[tɛr'mɔmɛtr]
seringa (f)	strzykawka (ż)	[stʃi'kafka]

| cadeira (f) de rodas | wózek (m) inwalidzki | ['vɔzɛk inva'lidzki] |
| muletas (f pl) | kule (l.mn.) | ['kule] |

analgésico (m)	środek (m) przeciwbólowy	['ɕrɔdɛk pʃɛtʃifbo'lɔvi]
laxante (m)	środek (m) przeczyszczający	['ɕrɔdɛk pʃɛtʃiʃtʃaɔ̃tsi]
álcool (m)	spirytus (m)	[spi'ritus]
ervas (f pl) medicinais	zioła (l.mn.) lecznicze	[ʒi'ɔla lɛtʃ'nitʃɛ]
de ervas (chá ~)	ziołowy	[ʒɔ'wɔvi]

77. Fumar. Produtos tabágicos

tabaco (m)	tytoń (m)	['titɔɲ]
cigarro (m)	papieros (m)	[pa'perɔs]
charuto (m)	cygaro (n)	[tsɨ'garɔ]
cachimbo (m)	fajka (ż)	['fajka]
maço (~ de cigarros)	paczka (ż)	['patʃka]
fósforos (m pl)	zapałki (l.mn.)	[za'pawki]
caixa (f) de fósforos	pudełko (n) zapałek	[pu'dɛwkɔ za'pawɛk]
isqueiro (m)	zapalniczka (ż)	[zapaʎ'nitʃka]
cinzeiro (m)	popielniczka (ż)	[pɔpeʎ'nitʃka]
cigarreira (f)	papierośnica (ż)	[paperɔɕ'nitsa]
piteira (f)	ustnik (m)	['ustnik]
filtro (m)	filtr (m)	[fiʎtr]
fumar (vi, vt)	palić	['palitʃ]
acender um cigarro	zapalić	[za'palitʃ]
tabagismo (m)	palenie (n)	[pa'lene]
fumante (m)	palacz (m)	['paʎatʃ]
bituca (f)	niedopałek (m)	[nedɔ'pawɛk]
fumaça (f)	dym (m)	[dɨm]
cinza (f)	popiół (m)	['pɔpyw]

HABITAT HUMANO

Cidade

78. Cidade. Vida na cidade

cidade (f)	miasto (n)	['mʲastɔ]
capital (f)	stolica (ż)	[stɔ'liʦa]
aldeia (f)	wieś (ż)	[veɕ]
mapa (m) da cidade	plan (m) miasta	[pʎan 'mʲasta]
centro (m) da cidade	centrum (n) miasta	['ʦɛntrum 'mʲasta]
subúrbio (m)	dzielnica (ż) podmiejska	[dʑɛʎ'niʦa pɔd'mejska]
suburbano (adj)	podmiejski	[pɔd'mejski]
periferia (f)	peryferie (l.mn.)	[pɛri'fɛrʰe]
arredores (m pl)	okolice (l.mn.)	[ɔkɔ'liʦɛ]
quarteirão (m)	osiedle (n)	[ɔ'ɕedle]
quarteirão (m) residencial	osiedle (n) mieszkaniowe	[ɔ'ɕedle meʃka'nɜvɛ]
tráfego (m)	ruch (m) uliczny	[ruh u'liʧnʲi]
semáforo (m)	światła (l.mn.)	['ɕfʲatwa]
transporte (m) público	komunikacja (ż) publiczna	[kɔmuni'kaʦʰʲa pub'liʧna]
cruzamento (m)	skrzyżowanie (n)	[skʃiʒɔ'vane]
faixa (f)	przejście (n)	['pʃɛjʨʃe]
túnel (m) subterrâneo	przejście (n) podziemne	['pʃɛjʨʃe pɔ'dʑemnɛ]
cruzar, atravessar (vt)	przechodzić	[pʃɛ'hɔdʑiʧ]
pedestre (m)	pieszy (m)	['peʃi]
calçada (f)	chodnik (m)	['hɔdnik]
ponte (f)	most (m)	[mɔst]
margem (f) do rio	nadbrzeże (n)	[nadb'ʒɛʒɛ]
fonte (f)	fontanna (ż)	[fɔn'taɲa]
alameda (f)	aleja (ż)	[a'leja]
parque (m)	park (m)	[park]
bulevar (m)	bulwar (m)	['buʎvar]
praça (f)	plac (m)	[pʎaʦ]
avenida (f)	aleja (ż)	[a'leja]
rua (f)	ulica (ż)	[u'liʦa]
travessa (f)	zaułek (m)	[za'uwɛk]
beco (m) sem saída	ślepa uliczka (ż)	['ɕlepa u'liʧka]
casa (f)	dom (m)	[dɔm]
edifício, prédio (m)	budynek (m)	[bu'dinɛk]
arranha-céu (m)	wieżowiec (m)	[ve'ʒɔveʦ]
fachada (f)	fasada (ż)	[fa'sada]
telhado (m)	dach (m)	[dah]

janela (f)	okno (n)	['ɔknɔ]
arco (m)	łuk (m)	[wuk]
coluna (f)	kolumna (ż)	[kɔ'lymna]
esquina (f)	róg (m)	[ruk]

vitrine (f)	witryna (ż)	[vit'rina]
letreiro (m)	szyld (m)	[ʃiʎt]
cartaz (do filme, etc.)	afisz (m)	['afiʃ]
cartaz (m) publicitário	plakat (m) reklamowy	['pʎakat rɛkʎa'mɔvi]
painel (m) publicitário	billboard (m)	['biʎbɔrt]

lixo (m)	śmiecie (l.mn.)	['ɕmetʃe]
lata (f) de lixo	kosz (m) na śmieci	[kɔʃ na 'ɕmetʃi]
jogar lixo na rua	śmiecić	['ɕmetʃitʃ]
aterro (m) sanitário	wysypisko (n) śmieci	[visipiskɔ 'ɕmetʃi]

orelhão (m)	budka (ż) telefoniczna	['butka tɛlefɔ'nitʃna]
poste (m) de luz	słup (m) oświetleniowy	[swup ɔɕvetle'nɔvi]
banco (m)	ławka (ż)	['wafka]

polícia (m)	policjant (m)	[pɔ'litsʰjant]
polícia (instituição)	policja (ż)	[pɔ'litsʰja]
mendigo, pedinte (m)	żebrak (m)	['ʒɛbrak]
desabrigado (m)	bezdomny (m)	[bɛz'dɔmni]

79. Instituições urbanas

loja (f)	sklep (m)	[sklep]
drogaria (f)	apteka (ż)	[ap'tɛka]
ótica (f)	optyk (m)	['ɔptik]
centro (m) comercial	centrum (n) handlowe	['tsɛntrum hand'lɔvɛ]
supermercado (m)	supermarket (m)	[supɛr'markɛt]

padaria (f)	sklep (m) z pieczywem	[sklep s pet'ʃivɛm]
padeiro (m)	piekarz (m)	['pekaʃ]
pastelaria (f)	cukiernia (ż)	[tsu'kerɲa]
mercearia (f)	sklep (m) spożywczy	[sklep spɔ'ʒivtʃi]
açougue (m)	sklep (m) mięsny	[sklep 'mensni]

fruteira (f)	warzywniak (m)	[va'ʒivɲak]
mercado (m)	targ (m)	[tark]

cafeteria (f)	kawiarnia (ż)	[ka'vʲarɲa]
restaurante (m)	restauracja (ż)	[rɛstau'ratsʰja]
bar (m)	piwiarnia (ż)	[pi'vʲarɲa]
pizzaria (f)	pizzeria (ż)	[pi'tserʰja]

salão (m) de cabeleireiro	salon (m) fryzjerski	['salɔn frizʰ'erski]
agência (f) dos correios	poczta (ż)	['pɔtʃta]
lavanderia (f)	pralnia (ż) chemiczna	['praʎɲa hɛ'mitʃna]
estúdio (m) fotográfico	zakład (m) fotograficzny	['zakwat fɔtɔgra'fitʃni]

sapataria (f)	sklep (m) obuwniczy	[sklep ɔbuv'nitʃi]
livraria (f)	księgarnia (ż)	[kɕɛ̃'garɲa]

loja (f) de artigos esportivos	sklep (m) sportowy	[sklep spɔr'tɔvi]
costureira (m)	reperacja (ż) odzieży	[rɛpɛ'ratsʰja ɔ'dʒeʒi]
aluguel (m) de roupa	wypożyczanie (n) strojów okazjonalnych	[vipɔʒi'tʃane strɔ'juv ɔkazʲɔ'naʎnih]
videolocadora (f)	wypożyczalnia (ż) filmów	[vipɔʒit'ʃaʎɲa 'fiʎmuf]

circo (m)	cyrk (m)	[ʦirk]
jardim (m) zoológico	zoo (n)	['zɔ:]
cinema (m)	kino (n)	['kinɔ]
museu (m)	muzeum (n)	[mu'zɛum]
biblioteca (f)	biblioteka (ż)	[biblʲ'tɛka]

teatro (m)	teatr (m)	['tɛatr]
ópera (f)	opera (ż)	['ɔpɛra]
boate (casa noturna)	klub nocny (m)	[klyp 'nɔʦni]
cassino (m)	kasyno (n)	[ka'sinɔ]

mesquita (f)	meczet (m)	['mɛtʃɛt]
sinagoga (f)	synagoga (ż)	[sina'gɔga]
catedral (f)	katedra (ż)	[ka'tɛdra]
templo (m)	świątynia (ż)	[ɕfɔ̃'tiɲa]
igreja (f)	kościół (m)	['kɔʃʧɔw]

faculdade (f)	instytut (m)	[ins'titut]
universidade (f)	uniwersytet (m)	[uni'vɛrsitɛt]
escola (f)	szkoła (ż)	['ʃkɔwa]

prefeitura (f)	urząd (m) dzielnicowy	['uʒɔ̃d dʒeʎniʦɔvi]
câmara (f) municipal	urząd (m) miasta	['uʒɔ̃t 'mʲasta]
hotel (m)	hotel (m)	['hɔtɛʎ]
banco (m)	bank (m)	[baŋk]

embaixada (f)	ambasada (ż)	[amba'sada]
agência (f) de viagens	agencja (ż) turystyczna	[a'gɛntsʰja turis'titʃna]
agência (f) de informações	informacja (ż)	[infɔr'matsʰja]
casa (f) de câmbio	kantor (m)	['kantɔr]

metrô (m)	metro (n)	['mɛtrɔ]
hospital (m)	szpital (m)	['ʃpitaʎ]

posto (m) de gasolina	stacja (ż) benzynowa	['staʦʰja bɛnzi'nɔva]
parque (m) de estacionamento	parking (m)	['parkiŋk]

80. Sinais

letreiro (m)	szyld (m)	[ʃiʎt]
aviso (m)	napis (m)	['napis]
cartaz, pôster (m)	plakat (m)	['pʎakat]
placa (f) de direção	drogowskaz (m)	[drɔ'gɔfskas]
seta (f)	strzałka (ż)	['stʃawka]

aviso (advertência)	ostrzeżenie (n)	[ɔstʃe'ʒɛne]
sinal (m) de aviso	przestroga (ż)	[pʃɛst'rɔga]
avisar, advertir (vt)	ostrzegać	[ɔst'ʃɛgatʃ]

dia (m) de folga	dzień (m) wolny	[dʒeɲ 'vɔʌni]
horário (~ dos trens, etc.)	rozkład (m) jazdy	['rɔskwad 'jazdi]
horário (m)	godziny (l.mn.) pracy	[gɔ'dʒini 'pratsi]

BEM-VINDOS!	WITAMY!	[vi'tami]
ENTRADA	WEJŚCIE	['vɛjɕʨe]
SAÍDA	WYJŚCIE	['vijɕʨe]

EMPURRE	PCHAĆ	[phaʨ]
PUXE	CIĄGNĄĆ	[ʨɔ̃gnɔɲʨ]
ABERTO	OTWARTE	[ɔt'fartɛ]
FECHADO	ZAMKNIĘTE	[zamk'nentɛ]

| MULHER | DLA PAŃ | [dʌa paɲ] |
| HOMEM | DLA MĘŻCZYZN | [dʌa 'mɛ̃ʒʧizn] |

DESCONTOS	ZNIŻKI	['zniʃki]
SALDOS, PROMOÇÃO	WYPRZEDAŻ	[vip'ʃɛdaʃ]
NOVIDADE!	NOWOŚĆ!	['nɔvɔɕʨ]
GRÁTIS	GRATIS	['gratis]

ATENÇÃO!	UWAGA!	[u'vaga]
NÃO HÁ VAGAS	BRAK MIEJSC	[brak mejsts]
RESERVADO	REZERWACJA	[rɛzɛr'vatsʰja]

| ADMINISTRAÇÃO | ADMINISTRACJA | [administ'ratsʰja] |
| SOMENTE PESSOAL AUTORIZADO | WEJŚCIE SŁUŻBOWE | ['vɛjɕʨe swuʒ'bɔvɛ] |

CUIDADO CÃO FEROZ	UWAGA! ZŁY PIES	[u'vaga zwi pes]
PROIBIDO FUMAR!	ZAKAZ PALENIA!	['zakas pa'leɲa]
NÃO TOCAR	NIE DOTYKAĆ!	[ne dɔ'tikaʨ]

PERIGOSO	NIEBEZPIECZNY	[nebɛs'peʧni]
PERIGO	NIEBEZPIECZEŃSTWO	[nebɛspeʧɛɲstfɔ]
ALTA TENSÃO	WYSOKIE NAPIĘCIE	[visɔke napɛ̃ʨe]
PROIBIDO NADAR	KĄPIEL WZBRONIONA	[kɔmpeʌ vzbrɔnɔ̃a]
COM DEFEITO	NIECZYNNE	[neʧiɲɛ]

INFLAMÁVEL	ŁATWOPALNE	[vatvɔ'paʌnɛ]
PROIBIDO	ZAKAZ	['zakas]
ENTRADA PROIBIDA	ZAKAZ PRZEJŚCIA	['zakas 'pʃɛjɕʨa]
CUIDADO TINTA FRESCA	ŚWIEŻO MALOWANE	['ɕfeʒɔ malɜ'vanɛ]

81. Transportes urbanos

ônibus (m)	autobus (m)	[au'tɔbus]
bonde (m) elétrico	tramwaj (m)	['tramvaj]
trólebus (m)	trolejbus (m)	[trɔ'lejbus]
rota (f), itinerário (m)	trasa (ż)	['trasa]
número (m)	numer (m)	['numɛr]

| ir de ... (carro, etc.) | jechać w ... | ['ehaʧ v] |
| entrar no ... | wsiąść | [fɕɔ̃ɕʨ] |

descer do ...	zsiąść z ...	[zɕɔɕʨ z]
parada (f)	przystanek (m)	[pʃis'tanɛk]
próxima parada (f)	następny przystanek (m)	[nas'tɛpnɨ pʃis'tanɛk]
terminal (m)	stacja (ż) końcowa	['statsʰja kɔɲ'tsɔva]
horário (m)	rozkład (m) jazdy	['rɔskwad 'jazdɨ]
esperar (vt)	czekać	['ʧɛkaʨ]

passagem (f)	bilet (m)	['bilet]
tarifa (f)	cena (ż) biletu	['tsɛna bi'letu]

bilheteiro (m)	kasjer (m), kasjerka (ż)	['kasʰer], [kasʰ'erka]
controle (m) de passagens	kontrola (ż) biletów	[kɔnt'rɔʎa bi'letɔf]
revisor (m)	kontroler (m) biletów	[kɔnt'rɔler bi'letɔf]

atrasar-se (vr)	spóźniać się	['spuʑɲaʨ ɕɛ̃]
perder (o autocarro, etc.)	spóźnić się	['spuʑniʨ ɕɛ̃]
estar com pressa	śpieszyć się	['ɕpeʃɨʨ ɕɛ̃]

táxi (m)	taksówka (ż)	[tak'sufka]
taxista (m)	taksówkarz (m)	[tak'sufkaʃ]
de táxi (ir ~)	taksówką	[tak'sufkɔ̃]
ponto (m) de táxis	postój (m) taksówek	['pɔstuj tak'suvɛk]
chamar um táxi	wezwać taksówkę	['vɛzvaʨ tak'sufkɛ̃]
pegar um táxi	wziąć taksówkę	[vʑɔ̃ʨ tak'sufkɛ̃]

tráfego (m)	ruch (m) uliczny	[ruh u'liʧnɨ]
engarrafamento (m)	korek (m)	['kɔrɛk]
horas (f pl) de pico	godziny (l.mn.) szczytu	[gɔ'dʑinɨ 'ʃʧɨtu]
estacionar (vi)	parkować	[par'kɔvaʨ]
estacionar (vt)	parkować	[par'kɔvaʨ]
parque (m) de estacionamento	parking (m)	['parkiŋk]

metrô (m)	metro (n)	['mɛtrɔ]
estação (f)	stacja (ż)	['statsʰja]
ir de metrô	jechać metrem	['ehaʨ 'mɛtrɛm]
trem (m)	pociąg (m)	['pɔʧɔ̃k]
estação (f) de trem	dworzec (m)	['dvɔʒɛts]

82. Turismo

monumento (m)	pomnik (m)	['pɔmnik]
fortaleza (f)	twierdza (ż)	['tferʣa]
palácio (m)	pałac (m)	['pawats]
castelo (m)	zamek (m)	['zamɛk]
torre (f)	wieża (ż)	['veʒa]
mausoléu (m)	mauzoleum (n)	[mauzɔ'leum]

arquitetura (f)	architektura (ż)	[arhitɛk'tura]
medieval (adj)	średniowieczny	[ɕrɛdnɔ'veʧnɨ]
antigo (adj)	zabytkowy	[zabit'kɔvɨ]
nacional (adj)	narodowy	[narɔ'dɔvɨ]
famoso, conhecido (adj)	znany	['znanɨ]
turista (m)	turysta (m)	[tu'rista]
guia (pessoa)	przewodnik (m)	[pʃɛ'vɔdnik]

excursão (f)	wycieczka (ż)	[vi'tʃetʃka]
mostrar (vt)	pokazywać	[pɔka'zivatʃ]
contar (vt)	opowiadać	[ɔpɔ'vʲadatʃ]

encontrar (vt)	znaleźć	['znaleɕtʃ]
perder-se (vr)	zgubić się	['zgubitʃ ɕɛ̃]
mapa (~ do metrô)	plan (m)	[pʎan]
mapa (~ da cidade)	plan (m)	[pʎan]

lembrança (f), presente (m)	pamiątka (ż)	[pamɔ̃tka]
loja (f) de presentes	sklep (m) z upominkami	[sklep s upɔmi'ŋkami]
tirar fotos, fotografar	robić zdjęcia	['rɔbitʃ 'zdʰɛ̃tʃa]
fotografar-se (vr)	fotografować się	[fɔtɔgra'fɔvatʃ ɕɛ̃]

83. Compras

comprar (vt)	kupować	[ku'pɔvatʃ]
compra (f)	zakup (m)	['zakup]
fazer compras	robić zakupy	['rɔbitʃ za'kupi]
compras (f pl)	zakupy (l.mn.)	[za'kupi]

estar aberta (loja)	być czynnym	[bitʃ 'tʃiɲim]
estar fechada	być nieczynnym	[bitʃ net'ʃiɲim]

calçado (m)	obuwie (n)	[ɔ'buve]
roupa (f)	odzież (ż)	['ɔdʒeʃ]
cosméticos (m pl)	kosmetyki (l.mn.)	[kɔs'mɛtiki]
alimentos (m pl)	artykuły (l.mn.) spożywcze	[arti'kuwɨ spɔ'ʒiftʃɛ]
presente (m)	prezent (m)	['prɛzɛnt]

vendedor (m)	ekspedient (m)	[ɛks'pɛdʰent]
vendedora (f)	ekspedientka (ż)	[ɛkspedʰ'entka]

caixa (f)	kasa (ż)	['kasa]
espelho (m)	lustro (n)	['lystrɔ]
balcão (m)	lada (ż)	['ʎada]
provador (m)	przymierzalnia (ż)	[pʃime'ʒaʎɲa]

provar (vt)	przymierzyć	[pʃi'meʒitʃ]
servir (roupa, caber)	pasować	[pa'sɔvatʃ]
gostar (apreciar)	podobać się	[pɔ'dɔbatʃ ɕɛ̃]

preço (m)	cena (ż)	['tsɛna]
etiqueta (f) de preço	metka (ż)	['mɛtka]
custar (vt)	kosztować	[kɔʃ'tɔvatʃ]
Quanto?	Ile kosztuje?	['ile kɔʃ'tue]
desconto (m)	zniżka (ż)	['zniʃka]

não caro (adj)	niedrogi	[ned'rɔgi]
barato (adj)	tani	['tani]
caro (adj)	drogi	['drɔgi]
É caro	To dużo kosztuje	[tɔ 'duʒɔ kɔʃ'tue]
aluguel (m)	wypożyczalnia (ż)	[vɨpɔʒit'ʃaʎɲa]
alugar (roupas, etc.)	wypożyczyć	[vɨpɔ'ʒitʃitʃ]

| crédito (m) | kredyt (m) | ['krɛdit] |
| a crédito | na kredyt | [na 'krɛdit] |

84. Dinheiro

dinheiro (m)	pieniądze (l.mn.)	[penɔ̃dzɛ]
câmbio (m)	wymiana (ż)	[vɨ'mʲana]
taxa (f) de câmbio	kurs (m)	[kurs]
caixa (m) eletrônico	bankomat (m)	[ba'ŋkɔmat]
moeda (f)	moneta (ż)	[mɔ'nɛta]

| dólar (m) | dolar (m) | ['dɔʎar] |
| euro (m) | euro (m) | ['ɛurɔ] |

lira (f)	lir (m)	[lir]
marco (m)	marka (ż)	['marka]
franco (m)	frank (m)	[fraŋk]
libra (f) esterlina	funt szterling (m)	[funt 'ʃtɛrliŋk]
iene (m)	jen (m)	[en]

dívida (f)	dług (m)	[dwuk]
devedor (m)	dłużnik (m)	['dwuʒnik]
emprestar (vt)	pożyczyć	[pɔ'ʒitʃitʃ]
pedir emprestado	pożyczyć od ...	[pɔ'ʒitʃitʃ ɔt]

banco (m)	bank (m)	[baŋk]
conta (f)	konto (n)	['kɔntɔ]
depositar na conta	wpłacić na konto	['vpwatʃitʃ na 'kɔntɔ]
sacar (vt)	podjąć z konta	['pɔdʰɔ̃tʃ s 'kɔnta]

cartão (m) de crédito	karta (ż) kredytowa	['karta krɛdi'tɔva]
dinheiro (m) vivo	gotówka (ż)	[gɔ'tufka]
cheque (m)	czek (m)	[tʃɛk]
passar um cheque	wystawić czek	[vis'tavitʃ tʃɛk]
talão (m) de cheques	książeczka (ż) czekowa	[kɕɔ̃'ʒɛtʃka tʃɛ'kɔva]

carteira (f)	portfel (m)	['pɔrtfɛʎ]
niqueleira (f)	portmonetka (ż)	[pɔrtmɔ'nɛtka]
cofre (m)	sejf (m)	[sɛjf]

herdeiro (m)	spadkobierca (m)	[spatkɔ'bertsa]
herança (f)	spadek (m)	['spadɛk]
fortuna (riqueza)	majątek (m)	[maɔ̃tɛk]

arrendamento (m)	dzierżawa (ż)	[dʒer'ʒava]
aluguel (pagar o ~)	czynsz (m)	[tʃinʃ]
alugar (vt)	wynajmować	[vɨnaj'mɔvatʃ]

preço (m)	cena (ż)	['tsɛna]
custo (m)	wartość (ż)	['vartɔɕtʃ]
soma (f)	suma (ż)	['suma]

| gastar (vt) | wydawać | [vɨ'davatʃ] |
| gastos (m pl) | wydatki (l.mn.) | [vɨ'datki] |

| economizar (vi) | oszczędzać | [ɔʃˈʃɛndzatʃ] |
| econômico (adj) | ekonomiczny | [ɛkɔnɔˈmitʃni] |

pagar (vt)	płacić	[ˈpwatʃitʃ]
pagamento (m)	opłata (ż)	[ɔpˈwata]
troco (m)	reszta (ż)	[ˈrɛʃta]

imposto (m)	podatek (m)	[pɔˈdatɛk]
multa (f)	kara (ż)	[ˈkara]
multar (vt)	karać grzywną	[ˈkaratʃ ˈgʒivnɔ̃]

85. Correios. Serviço postal

agência (f) dos correios	poczta (ż)	[ˈpɔtʃta]
correio (m)	poczta (ż)	[ˈpɔtʃta]
carteiro (m)	listonosz (m)	[lisˈtɔnɔʃ]
horário (m)	godziny (l.mn.) pracy	[gɔˈdʒini ˈpratsi]

carta (f)	list (m)	[list]
carta (f) registada	list (m) polecony	[list pɔleˈtsɔni]
cartão (m) postal	pocztówka (ż)	[pɔtʃˈtufka]
telegrama (m)	telegram (m)	[tɛˈlegram]
encomenda (f)	paczka (ż)	[ˈpatʃka]
transferência (f) de dinheiro	przekaz (m) pieniężny	[ˈpʃɛkas peˈnenʒni]

receber (vt)	odebrać	[ɔˈdɛbratʃ]
enviar (vt)	wysłać	[ˈviswatʃ]
envio (m)	wysłanie (n)	[visˈwane]

endereço (m)	adres (m)	[ˈadrɛs]
código (m) postal	kod (m) pocztowy	[kɔt pɔtʃˈtɔvi]
remetente (m)	nadawca (m)	[naˈdaftsa]
destinatário (m)	odbiorca (m)	[ɔdˈbɜrtsa]

| nome (m) | imię (n) | [ˈimɛ̃] |
| sobrenome (m) | nazwisko (n) | [nazˈviskɔ] |

tarifa (f)	taryfa (ż)	[taˈrifa]
ordinário (adj)	zwykła	[ˈzvikwa]
econômico (adj)	oszczędna	[ɔʃˈʃɛndna]

peso (m)	ciężar (m)	[ˈtʃenʒar]
pesar (estabelecer o peso)	ważyć	[ˈvaʒitʃ]
envelope (m)	koperta (ż)	[kɔˈpɛrta]
selo (m) postal	znaczek (m)	[ˈznatʃɛk]
colar o selo	naklejać znaczek	[nakˈlejatʃ ˈznatʃɛk]

Moradia. Casa. Lar

86. Casa. Habitação

casa (f)	dom (m)	[dɔm]
em casa	w domu	[v 'dɔmu]
pátio (m), quintal (f)	podwórko (n)	[pɔd'vurkɔ]
cerca, grade (f)	ogrodzenie (n)	[ɔgrɔ'dzɛne]
tijolo (m)	cegła (ż)	['ʦɛgwa]
de tijolos	z cegły	[s 'ʦegwi]
pedra (f)	kamień (m)	['kameɲ]
de pedra	kamienny	[ka'meɲi]
concreto (m)	beton (m)	['bɛtɔn]
concreto (adj)	betonowy	[bɛtɔ'nɔvi]
novo (adj)	nowy	['nɔvi]
velho (adj)	stary	['stari]
decrépito (adj)	rozwalający się	[rɔzvala'jõʦi ɕɛ̃]
moderno (adj)	nowoczesny	[nɔvɔt'ʃɛsni]
de vários andares	wielopiętrowy	[velɜpɛ̃t'rɔvi]
alto (adj)	wysoki	[vi'sɔki]
andar (m)	piętro (n)	['pentrɔ]
de um andar	parterowy	[partɛ'rɔvi]
térreo (m)	dolne piętro (n)	['dɔʎnɛ 'pentrɔ]
andar (m) de cima	górne piętro (n)	['gurnɛ 'pentrɔ]
telhado (m)	dach (m)	[dah]
chaminé (f)	komin (m)	['kɔmin]
telha (f)	dachówka (ż)	[da'hufka]
de telha	z dachówki	[z da'hufki]
sótão (m)	strych (m)	[strih]
janela (f)	okno (n)	['ɔknɔ]
vidro (m)	szkło (n)	[ʃkwɔ]
parapeito (m)	parapet (m)	[pa'rapɛt]
persianas (f pl)	okiennice (l.mn.)	[ɔke'ɲiʦe]
parede (f)	ściana (ż)	['ɕtɕana]
varanda (f)	balkon (m)	['baʎkɔn]
calha (f)	rynna (m)	['riɲa]
em cima	na górze	[na 'guʒɛ]
subir (vi)	wchodzić	['fhɔʤiʧ]
descer (vi)	schodzić	['shɔʤiʧ]
mudar-se (vr)	przeprowadzać się	[pʃɛprɔ'vaʣaʧ ɕɛ̃]

87. Casa. Entrada. Elevador

entrada (f)	wejście (n)	['vɛjɕtɕe]
escada (f)	schody (l.mn.)	['shɔdi]
degraus (m pl)	stopnie (l.mn.)	['stɔpne]
corrimão (m)	poręcz (ż)	['pɔrɛ̃tʃ]
hall (m) de entrada	hol (m)	[hɔʎ]
caixa (f) de correio	skrzynka (ż) pocztowa	['skʃiŋka pɔtʃ'tɔva]
lata (f) do lixo	pojemnik (m) na śmieci	[pɔ'emnik na 'ɕmetʃi]
calha (f) de lixo	zsyp (m) na śmieci	[ssip na 'ɕmetʃi]
elevador (m)	winda (ż)	['vinda]
elevador (m) de carga	winda (ż) towarowa	['vinda tɔva'rɔva]
cabine (f)	kabina (ż)	[ka'bina]
pegar o elevador	jechać windą	['ehatʃ 'vindɔ̃]
apartamento (m)	mieszkanie (n)	[meʃ'kane]
residentes (pl)	mieszkańcy (l.mn.)	[meʃ'kaɲtsi]
vizinho (m)	sąsiad (m)	['sɔ̃ɕat]
vizinha (f)	sąsiadka (ż)	[sɔ̃'ɕatka]
vizinhos (pl)	sąsiedzi (l.mn.)	[sɔ̃'ɕedʒi]

88. Casa. Eletricidade

eletricidade (f)	elektryczność (ż)	[ɛlekt'ritʃnɔɕtʃ]
lâmpada (f)	żarówka (ż)	[ʒa'rufka]
interruptor (m)	wyłącznik (m)	[vi'wɔ̃tʃnik]
fusível, disjuntor (m)	korki (l.mn.)	['kɔrki]
fio, cabo (m)	przewód (m)	['pʃɛvut]
instalação (f) elétrica	instalacja (ż) elektryczna	[insta'ʎatsʰja ɛlekt'ritʃna]
medidor (m) de eletricidade	licznik (m) prądu	['litʃnik 'prɔ̃du]
indicação (f), registro (m)	odczyt (m)	['ɔdtʃit]

89. Casa. Portas. Fechaduras

porta (f)	drzwi (ż)	[dʒvi]
portão (m)	brama (ż)	['brama]
maçaneta (f)	klamka (ż)	['kʎamka]
destrancar (vt)	otworzyć	[ɔt'fɔʒitʃ]
abrir (vt)	otwierać	[ɔt'feratʃ]
fechar (vt)	zamykać	[za'mikatʃ]
chave (f)	klucz (m)	[klutʃ]
molho (m)	pęk (m)	[pɛ̃k]
ranger (vi)	skrzypieć	['skʃipetʃ]
rangido (m)	skrzypnięcie (n)	[skʃip'nɛ̃tʃe]
dobradiça (f)	zawias (m)	['zaviʲas]
capacho (m)	wycieraczka (ż)	[vitʃe'ratʃka]
fechadura (f)	zamek (m)	['zamɛk]

buraco (m) da fechadura	dziurka (ż) od klucza	['dʒyrka ɔt 'klytʃa]
barra (f)	rygiel (m)	['rigeʎ]
fecho (ferrolho pequeno)	zasuwka (ż)	[za'sufka]
cadeado (m)	kłódka (ż)	['kwutka]
tocar (vt)	dzwonić	['dzvɔnitʃ]
toque (m)	dzwonek (m)	['dzvɔnɛk]
campainha (f)	dzwonek (m)	['dzvɔnɛk]
botão (m)	guzik (m)	['guʒik]
batida (f)	pukanie (n)	[pu'kane]
bater (vi)	pukać	['pukatʃ]
código (m)	szyfr (m)	[ʃifr]
fechadura (f) de código	zamek (m) szyfrowy	['zamɛk ʃif'rɔvi]
interfone (m)	domofon (m)	[dɔ'mɔfɔn]
número (m)	numer (m)	['numɛr]
placa (f) de porta	tabliczka (ż)	[tab'litʃka]
olho (m) mágico	wizjer (m)	['vizʰer]

90. Casa de campo

aldeia (f)	wieś (ż)	[veɕ]
horta (f)	ogród (m)	['ɔgrut]
cerca (f)	płot (m)	[pwɔt]
cerca (f) de piquete	ogrodzenie (n)	[ɔgrɔ'dzɛne]
portão (f) do jardim	furtka (ż)	['furtka]
celeiro (m)	spichlerz (m)	['spihleʃ]
adega (f)	piwnica (ż)	[piv'nitsa]
galpão, barracão (m)	szopa (ż)	['ʃɔpa]
poço (m)	studnia (ż)	['studɲa]
fogão (m)	piec (ż)	[pets]
atiçar o fogo	palić w piecu	['palitʃ f 'petsu]
lenha (carvão ou ~)	drewno (n)	['drɛvnɔ]
acha, lenha (f)	polano (n)	[pɔ'ʎanɔ]
varanda (f)	weranda (ż)	[vɛ'randa]
alpendre (m)	taras (m)	['taras]
degraus (m pl) de entrada	ganek (m)	['ganɛk]
balanço (m)	huśtawka (ż)	[huɕ'tafka]

91. Moradia. Mansão

casa (f) de campo	dom (m) za miastem	[dɔm za 'mʲastɛm]
vila (f)	willa (ż)	['viʎa]
ala (~ do edifício)	skrzydło (n)	['skʃidwɔ]
jardim (m)	ogród (m)	['ɔgrut]
parque (m)	park (m)	[park]
estufa (f)	szklarnia (ż)	['ʃkʎarɲa]
cuidar de ...	pielęgnować	[pelɛ̃g'nɔvatʃ]

piscina (f)	basen (m)	['basɛn]
academia (f) de ginástica	sala (ż) gimnastyczna	['saʎa gimnas'titʃna]
quadra (f) de tênis	kort (m) tenisowy	[kɔrt tɛni'sɔvi]
cinema (m)	pokój TV (m)	['pɔkɔj tɛ 'fau]
garagem (f)	garaż (m)	['garaʃ]

propriedade (f) privada	własność (ż) prywatna	['vwasnɔɕtʃ pri'vatna]
terreno (m) privado	posesja (ż) prywatna	[pɔ'sɛsʰja pri'vatna]

advertência (f)	ostrzeżenie (n)	[ɔstʃɛ'ʒɛne]
sinal (m) de aviso	tabliczka (ż) ostrzegawcza	[tab'litʃka ɔstʃɛ'gaftʃa]

guarda (f)	ochrona (ż)	[ɔh'rɔna]
guarda (m)	ochroniarz (m)	[ɔh'rɔɲaʃ]
alarme (m)	alarm (m)	['aʎarm]

92. Castelo. Palácio

castelo (m)	zamek (m)	['zamɛk]
palácio (m)	pałac (m)	['pawats]
fortaleza (f)	twierdza (ż)	['tferdza]
muralha (f)	mur (m)	[mur]
torre (f)	wieża (ż)	['veʒa]
calabouço (m)	główna wieża (ż)	['gwuvna 'veʒa]

grade (f) levadiça	brona (ż)	['brɔna]
passagem (f) subterrânea	tunel (m) podziemny	['tunɛʎ pɔ'dʒemnɛ]
fosso (m)	fosa (ż)	['fɔsa]
corrente, cadeia (f)	łańcuch (m)	['waɲtsuh]
seteira (f)	otwór (m) strzelniczy	['ɔtfɔr stʃɛʎ'nitsɨ]

magnífico (adj)	wspaniały	[fspa'ɲawɨ]
majestoso (adj)	majestatyczny	[maesta'titʃnɨ]
inexpugnável (adj)	nie do zdobycia	[ne dɔ zdɔbitʃa]
medieval (adj)	średniowieczny	[ɕrɛdnɔ'vetʃnɨ]

93. Apartamento

apartamento (m)	mieszkanie (n)	[meʃ'kane]
quarto, cômodo (m)	pokój (m)	['pɔkuj]
quarto (m) de dormir	sypialnia (ż)	[si'pʲaʎɲa]
sala (f) de jantar	jadalnia (ż)	[ja'daʎɲa]
sala (f) de estar	salon (m)	['salɔn]
escritório (m)	gabinet (m)	[ga'binɛt]

sala (f) de entrada	przedpokój (m)	[pʃɛt'pokuj]
banheiro (m)	łazienka (ż)	[wa'ʒeŋka]
lavabo (m)	toaleta (ż)	[tɔa'leta]

teto (m)	sufit (m)	['sufit]
chão, piso (m)	podłoga (ż)	[pɔd'wɔga]
canto (m)	kąt (m)	[kɔ̃t]

94. Apartamento. Limpeza

arrumar, limpar (vt)	sprzątać	['spʃɔtatʃ]
guardar (no armário, etc.)	wynosić	[vɨ'nɔʃitʃ]
pó (m)	kurz (m)	[kuʃ]
empoeirado (adj)	zakurzony	[zaku'ʒɔnɨ]
tirar o pó	ścierać kurz	['ɕtʃeratʃ kuʃ]
aspirador (m)	odkurzacz (m)	[ɔt'kuʒatʃ]
aspirar (vt)	odkurzać	[ɔt'kuʒatʃ]

varrer (vt)	zamiatać	[za'mʲatatʃ]
sujeira (f)	śmiecie (l.mn.)	['ɕmetʃe]
arrumação, ordem (f)	porządek (m)	[pɔ'ʒɔ̃dɛk]
desordem (f)	nieporządek (m)	[nepɔ'ʒɔ̃dɛk]

esfregão (m)	szczotka (ż) podłogowa	['ʃtʃɔtka pɔdwɔ'gɔva]
pano (m), trapo (m)	ścierka (ż)	['ɕtʃerka]
vassoura (f)	miotła (ż)	['mɔtwa]
pá (f) de lixo	szufelka (ż)	[ʃu'fɛʎka]

95. Mobiliário. Interior

mobiliário (m)	meble (l.mn.)	['mɛble]
mesa (f)	stół (m)	[stɔw]
cadeira (f)	krzesło (n)	['kʃɛswɔ]
cama (f)	łóżko (n)	['wuʃkɔ]
sofá, divã (m)	kanapa (ż)	[ka'napa]
poltrona (f)	fotel (m)	['fɔtɛʎ]

estante (f)	biblioteczka (ż)	[bibʎjɔ'tɛtʃka]
prateleira (f)	półka (ż)	['puwka]

guarda-roupas (m)	szafa (ż) ubraniowa	['ʃafa ubra'nɜva]
cabide (m) de parede	wieszak (m)	['veʃak]
cabideiro (m) de pé	wieszak (m)	['veʃak]

cômoda (f)	komoda (ż)	[kɔ'mɔda]
mesinha (f) de centro	stolik (m) kawowy	['stɔlik ka'vɔvɨ]

espelho (m)	lustro (n)	['lystrɔ]
tapete (m)	dywan (m)	['divan]
tapete (m) pequeno	dywanik (m)	[dɨ'vanik]

lareira (f)	kominek (m)	[kɔ'minɛk]
vela (f)	świeca (ż)	['ɕfetsa]
castiçal (m)	świecznik (m)	['ɕfetʃnik]

cortinas (f pl)	zasłony (l.mn.)	[zas'wɔnɨ]
papel (m) de parede	tapety (l.mn.)	[ta'pɛti]
persianas (f pl)	żaluzje (l.mn.)	[ʒa'lyzʰe]

luminária (f) de mesa	lampka (ż) na stół	['ʎampka na stɔw]
luminária (f) de parede	lampka (ż)	['ʎampka]

abajur (m) de pé	lampa (ż) stojąca	['ʎampa stɔˑˌtsa]
lustre (m)	żyrandol (m)	[ʒiˈrandɔʎ]

pé (de mesa, etc.)	noga (ż)	[ˈnɔga]
braço, descanso (m)	poręcz (ż)	[ˈpɔrɛ̃tʃ]
costas (f pl)	oparcie (n)	[ɔˈpartʃe]
gaveta (f)	szuflada (ż)	[ʃufˈʎada]

96. Quarto de dormir

roupa (f) de cama	pościel (ż)	[ˈpɔɕtʃeʎ]
travesseiro (m)	poduszka (ż)	[pɔˈduʃka]
fronha (f)	poszewka (ż)	[pɔˈʃɛfka]
cobertor (m)	kołdra (ż)	[ˈkɔwdra]
lençol (m)	prześcieradło (n)	[pʃɛɕtʃeˈradwɔ]
colcha (f)	narzuta (ż)	[naˈʒuta]

97. Cozinha

cozinha (f)	kuchnia (ż)	[ˈkuhɲa]
gás (m)	gaz (m)	[gas]
fogão (m) a gás	kuchenka (ż) gazowa	[kuˈhɛŋka gaˈzɔva]
fogão (m) elétrico	kuchenka (ż) elektryczna	[kuˈhɛŋka ɛlektˈritʃna]
forno (m)	piekarnik (m)	[peˈkarnik]
forno (m) de micro-ondas	mikrofalówka (ż)	[mikrɔfaˈlyfka]

geladeira (f)	lodówka (ż)	[lɜˈdufka]
congelador (m)	zamrażarka (ż)	[zamraˈʒarka]
máquina (f) de lavar louça	zmywarka (ż) do naczyń	[zmiˈvarka dɔ ˈnatʃiɲ]

moedor (m) de carne	maszynka (ż) do mięsa	[maˈʃiŋka dɔ ˈmensa]
espremedor (m)	sokowirówka (ż)	[sɔkɔviˈrufka]
torradeira (f)	toster (m)	[ˈtɔstɛr]
batedeira (f)	mikser (m)	[ˈmiksɛr]

máquina (f) de café	ekspres (m) do kawy	[ˈɛksprɛs dɔ ˈkavi]
cafeteira (f)	dzbanek (m) do kawy	[ˈdzbanɛk dɔ ˈkavi]
moedor (m) de café	młynek (m) do kawy	[ˈmwinɛk dɔ ˈkavi]

chaleira (f)	czajnik (m)	[ˈtʃajnik]
bule (m)	czajniczek (m)	[tʃajˈnitʃɛk]
tampa (f)	pokrywka (ż)	[pɔkˈrifka]
coador (m) de chá	sitko (n)	[ˈɕitkɔ]

colher (f)	łyżka (ż)	[ˈwiʃka]
colher (f) de chá	łyżeczka (ż)	[wiˈʒɛtʃka]
colher (f) de sopa	łyżka (ż) stołowa	[ˈwiʃka stɔˈwɔva]
garfo (m)	widelec (m)	[viˈdɛlɛts]
faca (f)	nóż (m)	[nuʃ]

louça (f)	naczynia (l.mn.)	[natˈʃiɲa]
prato (m)	talerz (m)	[ˈtaleʃ]

pires (m)	spodek (m)	['spɔdɛk]
cálice (m)	kieliszek (m)	[ke'liʃɛk]
copo (m)	szklanka (ż)	['ʃkʎaŋka]
xícara (f)	filiżanka (ż)	[fili'ʒaŋka]

açucareiro (m)	cukiernica (ż)	[tsuker'nitsa]
saleiro (m)	solniczka (ż)	[sɔʎ'nitʃka]
pimenteiro (m)	pieprzniczka (ż)	[pepʃ'nitʃka]
manteigueira (f)	maselniczka (ż)	[masɛʎ'nitʃka]

panela (f)	garnek (m)	['garnɛk]
frigideira (f)	patelnia (ż)	[pa'tɛʎɲa]
concha (f)	łyżka (ż) wazowa	['wiʃka va'zɔva]
coador (m)	durszlak (m)	['durʃʎak]
bandeja (f)	taca (ż)	['tatsa]

garrafa (f)	butelka (ż)	[bu'tɛʎka]
pote (m) de vidro	słoik (m)	['swɔik]
lata (~ de cerveja)	puszka (ż)	['puʃka]

abridor (m) de garrafa	otwieracz (m) do butelek	[ɔt'feratʃ dɛ bu'tɛlek]
abridor (m) de latas	otwieracz (m) do puszek	[ɔt'feratʃ dɛ 'puʃɛk]
saca-rolhas (m)	korkociąg (m)	[kɔr'kɔtʃɔ̃k]
filtro (m)	filtr (m)	[fiʎtr]
filtrar (vt)	filtrować	[fiʎt'rɔvatʃ]

| lixo (m) | odpadki (l.mn.) | [ɔt'patki] |
| lixeira (f) | kosz (m) na śmieci | [kɔʃ na 'ɕmetʃi] |

98. Casa de banho

banheiro (m)	łazienka (ż)	[wa'ʒeŋka]
água (f)	woda (ż)	['vɔda]
torneira (f)	kran (m)	[kran]
água (f) quente	gorąca woda (ż)	[gɔ'rɔ̃tsa 'vɔda]
água (f) fria	zimna woda (ż)	['ʒimna 'vɔda]

| pasta (f) de dente | pasta (ż) do zębów | ['pasta dɔ 'zɛ̃buʃ] |
| escovar os dentes | myć zęby | [mitʃ 'zɛ̃bi] |

barbear-se (vr)	golić się	['gɔlitʃ ɕɛ̃]
espuma (f) de barbear	pianka (ż) do golenia	['pʲaŋka dɔ gɔ'leɲa]
gilete (f)	maszynka (ż) do golenia	[ma'ʃiŋka dɔ gɔ'leɲa]

lavar (vt)	myć	[mitʃ]
tomar banho	myć się	['mitʃ ɕɛ̃]
chuveiro (m), ducha (f)	prysznic (m)	['priʃnits]
tomar uma ducha	brać prysznic	[bratʃ 'priʃnits]

banheira (f)	wanna (ż)	['vaɲa]
vaso (m) sanitário	sedes (m)	['sɛdɛs]
pia (f)	zlew (m)	[zlef]
sabonete (m)	mydło (n)	['midwɔ]
saboneteira (f)	mydelniczka (ż)	[midɛʎ'nitʃka]

esponja (f)	gąbka (ż)	['gõpka]
xampu (m)	szampon (m)	['ʃampɔn]
toalha (f)	ręcznik (m)	['rɛntʃnik]
roupão (m) de banho	szlafrok (m)	['ʃʎafrɔk]

lavagem (f)	pranie (n)	['prane]
lavadora (f) de roupas	pralka (ż)	['praʎka]
lavar a roupa	prać	[pratʃ]
detergente (m)	proszek (m) do prania	['prɔʃɛk dɔ 'praɲa]

99. Eletrodomésticos

televisor (m)	telewizor (m)	[tɛle'vizɔr]
gravador (m)	magnetofon (m)	[magnɛ'tɔfɔn]
videogravador (m)	magnetowid (m)	[magnɛ'tɔvid]
rádio (m)	odbiornik (m)	[ɔd'bɜrnik]
leitor (m)	odtwarzacz (m)	[ɔtt'vaʒatʃ]

projetor (m)	projektor (m) wideo	[prɔ'ektɔr vi'dɛɔ]
cinema (m) em casa	kino (n) domowe	['kinɔ dɔ'mɔvɛ]
DVD Player (m)	odtwarzacz DVD (m)	[ɔtt'vaʒatʃ di vi di]
amplificador (m)	wzmacniacz (m)	['vzmatsɲatʃ]
console (f) de jogos	konsola (ż) do gier	[kɔn'sɔʎa dɔ ger]

câmera (f) de vídeo	kamera (ż) wideo	[ka'mɛra vi'dɛɔ]
máquina (f) fotográfica	aparat (m) fotograficzny	[a'parat fɔtɔgra'fitʃni]
câmera (f) digital	aparat (m) cyfrowy	[a'parat tsif'rɔvi]

aspirador (m)	odkurzacz (m)	[ɔt'kuʒatʃ]
ferro (m) de passar	żelazko (n)	[ʒɛ'ʎaskɔ]
tábua (f) de passar	deska (ż) do prasowania	['dɛska dɔ prasɔ'vaɲa]

telefone (m)	telefon (m)	[tɛ'lefɔn]
celular (m)	telefon (m) komórkowy	[tɛ'lefɔn kɔmur'kɔvi]
máquina (f) de escrever	maszyna (ż) do pisania	[ma'ʃina dɔ pi'saɲa]
máquina (f) de costura	maszyna (ż) do szycia	[ma'ʃina dɔ 'ʃitʃa]

microfone (m)	mikrofon (m)	[mik'rɔfɔn]
fone (m) de ouvido	słuchawki (l.mn.)	[swu'hafki]
controle remoto (m)	pilot (m)	['pilɜt]

CD (m)	płyta CD (ż)	['pwita si'di]
fita (f) cassete	kaseta (ż)	[ka'sɛta]
disco (m) de vinil	płyta (ż)	['pwita]

100. Reparações. Renovação

renovação (f)	remont (m)	['rɛmɔnt]
renovar (vt), fazer obras	robić remont	['rɔbitʃ 'rɛmɔnt]
reparar (vt)	remontować	[rɛmɔn'tɔvatʃ]
consertar (vt)	doprowadzać do porządku	[dɔprɔ'vadzatʃ dɔ pɔ'ʒõtku]
refazer (vt)	przerabiać	[pʃɛ'rabʲatʃ]

tinta (f)	farba (ż)	['farba]
pintar (vt)	malować	[ma'lɜvatʃ]
pintor (m)	malarz (m)	['maʎaʃ]
pincel (m)	pędzel (m)	['pɛndzɛʎ]

cal (f)	wapno (n)	['vapnɔ]
caiar (vt)	bielić	['belitʃ]

papel (m) de parede	tapety (l.mn.)	[ta'pɛti]
colocar papel de parede	wytapetować	[vɨtapɛ'tɔvatʃ]
verniz (m)	lakier (m)	['ʎaker]
envernizar (vt)	lakierować	[ʎake'rɔvatʃ]

101. Canalizações

água (f)	woda (ż)	['vɔda]
água (f) quente	gorąca woda (ż)	[gɔ'rɔ̃tsa 'vɔda]
água (f) fria	zimna woda (ż)	['ʒimna 'vɔda]
torneira (f)	kran (m)	[kran]

gota (f)	kropla (ż)	['krɔpʎa]
gotejar (vi)	kapać	['kapatʃ]
vazar (vt)	cieknąć	['tʃeknɔ̃tʃ]
vazamento (m)	przeciek (m)	['pʃɛtʃek]
poça (f)	kałuża (ż)	[ka'wuʒa]

tubo (m)	rura (ż)	['rura]
válvula (f)	zawór (m)	['zavur]
entupir-se (vr)	zapchać się	['zaphatʃ ɕɛ̃]

ferramentas (f pl)	narzędzia (l.mn.)	[na'ʒɛ̃dʒ'a]
chave (f) inglesa	klucz (m) nastawny	[klytʃ nas'tavnɨ]
desenroscar (vt)	odkręcić	[ɔtk'rɛ̃tʃitʃ]
enroscar (vt)	zakręcić	[zak'rɛ̃tʃitʃ]

desentupir (vt)	przeczyszczać	[pʃɛt'ʃiʃtʃatʃ]
encanador (m)	hydraulik (m)	[hid'raulik]
porão (m)	piwnica (ż)	[piv'nitsa]
rede (f) de esgotos	kanalizacja (ż)	[kanali'zatsʰja]

102. Fogo. Deflagração

incêndio (m)	ogień (m)	['ɔgeɲ]
chama (f)	płomień (m)	['pwɔmeɲ]
faísca (f)	iskra (ż)	['iskra]
fumaça (f)	dym (m)	[dɨm]
tocha (f)	pochodnia (ż)	[pɔ'hɔdɲa]
fogueira (f)	ognisko (n)	[ɔg'niskɔ]

gasolina (f)	benzyna (ż)	[bɛn'zina]
querosene (m)	nafta (ż)	['nafta]
inflamável (adj)	łatwopalny	[watfɔ'paʎnɨ]

explosivo (adj) PROIBIDO FUMAR!	wybuchowy ZAKAZ PALENIA!	[vibu'hovi] ['zakas pa'lena]
segurança (f)	bezpieczeństwo (n)	[bɛspet'ʃɛɲstfɔ]
perigo (m)	niebezpieczeństwo (n)	[nebɛspet'ʃɛɲstfɔ]
perigoso (adj)	niebezpieczny	[nebɛs'petʃɲi]
incendiar-se (vr)	zapalić się	[za'palitʃ ɕɛ̃]
explosão (f)	wybuch (m)	['vibuh]
incendiar (vt)	podpalić	[pɔt'palitʃ]
incendiário (m)	podpalacza (m)	[pɔt'palatʃa]
incêndio (m) criminoso	podpalenie (n)	[pɔtpa'lene]
flamejar (vi)	płonąć	['pwɔ̃ɔɲtʃ]
queimar (vi)	palić się	['palitʃ ɕɛ̃]
queimar tudo (vi)	spłonąć	['spwɔ̃ɔɲtʃ]
bombeiro (m)	strażak (m)	['straʒak]
caminhão (m) de bombeiros	wóz (m) strażacki	[vus stra'ʒatski]
corpo (m) de bombeiros	jednostka (ż) straży pożarnej	[ed'nɔstka 'straʒi pɔ'ʒarnɛj]
escada (f) extensível	drabina (ż) wozu strażackiego	[dra'bina 'vɔzu stra'ʒatskegɔ]
mangueira (f)	wąż (m)	[vɔ̃ʃ]
extintor (m)	gaśnica (ż)	[gaɕ'nitsa]
capacete (m)	kask (m)	[kask]
sirene (f)	syrena (ż)	[si'rɛna]
gritar (vi)	krzyczeć	['kʃitʃɛtʃ]
chamar por socorro	wzywać pomocy	['vzivatʃ pɔ'mɔtsi]
socorrista (m)	ratownik (m)	[ra'tɔvnik]
salvar, resgatar (vt)	ratować	[ra'tɔvatʃ]
chegar (vi)	przyjechać	[pʃi'ehatʃ]
apagar (vt)	gasić	['gaɕitʃ]
água (f)	woda (ż)	['vɔda]
areia (f)	piasek (m)	['pʲasɛk]
ruínas (f pl)	zgliszcza (l.mn.)	['zgliʃʃa]
ruir (vi)	runąć	['runɔ̃tʃ]
desmoronar (vi)	zawalić się	[za'valitʃ ɕɛ̃]
desabar (vi)	runąć	['runɔ̃tʃ]
fragmento (m)	odłamek (m)	[ɔd'wamɛk]
cinza (f)	popiół (m)	['pɔpyw]
sufocar (vi)	udusić się	[u'duɕitʃ ɕɛ̃]
perecer (vi)	zginąć	['zginɔ̃tʃ]

ATIVIDADES HUMANAS

Emprego. Negócios. Parte 1

103. Escritório. O trabalho no escritório

escritório (~ de advogados)	biuro (n)	['byrɔ]
escritório (do diretor, etc.)	biuro (n)	['byrɔ]
secretário (m)	sekretarka (ż)	[sɛkrɛ'tarka]
diretor (m)	dyrektor (m)	[di'rɛktɔr]
gerente (m)	menedżer (m)	[mɛ'nɛdʒɛr]
contador (m)	księgowy (m)	[kɕɛ̃'gɔvɨ]
empregado (m)	pracownik (ż)	[pra'ʦɔvnik]
mobiliário (m)	meble (l.mn.)	['mɛble]
mesa (f)	biurko (n)	['byrkɔ]
cadeira (f)	fotel (m)	['fɔtɛʎ]
gaveteiro (m)	kontener (m)	[kɔn'tɛnɛr]
cabideiro (m) de pé	wieszak (m)	['veʃak]
computador (m)	komputer (m)	[kɔm'putɛr]
impressora (f)	drukarka (ż)	[dru'karka]
fax (m)	faks (m)	[faks]
fotocopiadora (f)	kserokopiarka (ż)	[ksɛrɔkɔ'pʲarka]
papel (m)	papier (m)	['papɛr]
artigos (m pl) de escritório	materiały (l.mn.) biurowe	[matɛrʰ'jawɨ by'rɔvɛ]
tapete (m) para mouse	podkładka (ż) pod myszkę	[pɔtk'watka pɔd 'miʃkɛ]
folha (f)	kartka (ż)	['kartka]
pasta (f)	teczka (ż)	['tɛʧka]
catálogo (m)	katalog (m)	[ka'talɔk]
lista (f) telefônica	informator (m)	[infɔr'matɔr]
documentação (f)	dokumentacja (ż)	[dɔkumɛn'taʦʰja]
brochura (f)	broszura (ż)	[brɔ'ʃura]
panfleto (m)	ulotka (ż)	[u'lɔtka]
amostra (f)	próbka (ż)	['prɔbka]
formação (f)	szkolenie (n)	[ʃkɔ'lene]
reunião (f)	narada (ż)	[na'rada]
hora (f) de almoço	przerwa (ż) obiadowa	['pʃɛrva ɔbʲa'dɔva]
fazer uma cópia	kopiować	[kɔ'pʲɔvaʧ]
tirar cópias	skopiować	[skɔ'pʲɔvaʧ]
receber um fax	dostawać faks	[dɔs'tavaʧ 'faks]
enviar um fax	wysyłać faks	[vɨ'ɕiwaʧ faks]
fazer uma chamada	zadzwonić	[zadz'vɔniʧ]
responder (vt)	odpowiedzieć	[ɔtpɔ'vedʑeʧ]

passar (vt)	połączyć	[pɔ'wõtʃitʃ]
marcar (vt)	umówić	[u'muvitʃ]
demonstrar (vt)	przedstawiać	[pʃɛts'taviatʃ]
estar ausente	być nieobecnym	[bitʃ neɔ'bɛtsnim]
ausência (f)	nieobecność (ż)	[neɔ'bɛtsnɔɕtʃ]

104. Processos negociais. Parte 1

ocupação (f)	zajęcie (n)	[za'ɛ̃tʃɛ]
firma, empresa (f)	firma (ż)	['firma]
companhia (f)	spółka (ż)	['spuwka]
corporação (f)	korporacja (ż)	[kɔrpɔ'ratsʰja]
empresa (f)	przedsiębiorstwo (n)	[pʃɛtɕɛ̃'bɜrstfɔ]
agência (f)	agencja (ż)	[a'gɛntsʰja]

acordo (documento)	umowa (ż)	[u'mɔva]
contrato (m)	kontrakt (m)	['kɔntrakt]
acordo (transação)	umowa (ż)	[u'mɔva]
pedido (m)	zamówienie (n)	[zamu'vene]
termos (m pl)	warunek (m)	[va'runɛk]

por atacado	hurtem	['hurtɛm]
por atacado (adj)	hurtowy	[hur'tɔvi]
venda (f) por atacado	sprzedaż (ż) hurtowa	['spʃɛdaʃ hur'tɔva]
a varejo	detaliczny	[dɛta'litʃni]
venda (f) a varejo	sprzedaż (ż) detaliczna	['spʃɛdaʃ dɛta'litʃna]

concorrente (m)	konkurent (m)	[kɔ'ŋkurɛnt]
concorrência (f)	konkurencja (ż)	[kɔŋku'rɛntsʰja]
competir (vi)	konkurować	[kɔŋku'rɔvatʃ]

| sócio (m) | wspólnik (m) | ['fspɔʎnik] |
| parceria (f) | partnerstwo (n) | [part'nɛrstfɔ] |

crise (f)	kryzys (m)	['krizis]
falência (f)	bankructwo (n)	[baŋk'rutstfɔ]
entrar em falência	zbankrutować	[zbaŋkru'tɔvatʃ]
dificuldade (f)	trudności (l.mn.)	[trud'nɔɕtʃi]
problema (m)	problem (m)	['prɔblem]
catástrofe (f)	katastrofa (ż)	[katast'rɔfa]

economia (f)	gospodarka (ż)	[gɔspɔ'darka]
econômico (adj)	gospodarczy	[gɔspɔ'dartʃi]
recessão (f) econômica	recesja (ż)	[rɛ'tsɛsʰja]

| objetivo (m) | cel (m) | [tsɛʎ] |
| tarefa (f) | zadanie (n) | [za'dane] |

comerciar (vi, vt)	handlować	[hand'lɔvatʃ]
rede (de distribuição)	sieć (ż)	[ɕetʃ]
estoque (m)	skład (m)	[skwat]
sortimento (m)	asortyment (m)	[asɔr'timɛnt]
líder (m)	lider (m)	['lidɛr]
grande (~ empresa)	duży	['duʒi]

monopólio (m)	monopol (m)	[mɔ'nɔpɔʎ]
teoria (f)	teoria (ż)	[tɛ'ɔrʰja]
prática (f)	praktyka (ż)	['praktɨka]
experiência (f)	doświadczenie (n)	[dɔɕvʲatt'ʃɛne]
tendência (f)	tendencja (ż)	[tɛn'dɛnts ʰja]
desenvolvimento (m)	rozwój (m)	['rɔzvuj]

105. Processos negociais. Parte 2

rentabilidade (f)	korzyści (l.mn.)	[kɔ'ʒiɕtʃi]
rentável (adj)	korzystny	[kɔ'ʒistnɨ]
delegação (f)	delegacja (ż)	[dɛle'gatsʰja]
salário, ordenado (m)	pensja (ż)	['pɛnsʰja]
corrigir (~ um erro)	naprawiać	[nap'ravʲatʃ]
viagem (f) de negócios	wyjazd (m) służbowy	['vijast swuʒ'bɔvi]
comissão (f)	komisja (ż)	[kɔ'misʰja]
controlar (vt)	kontrolować	[kɔntrɔ'lɔvatʃ]
conferência (f)	konferencja (ż)	[kɔnfɛ'rɛntsʰja]
licença (f)	licencja (ż)	[li'tsɛntsʰja]
confiável (adj)	pewny	['pɛvnɨ]
empreendimento (m)	przedsięwzięcie (n)	[pʃɛdɕenv'ʒentʃe]
norma (f)	norma (ż)	['nɔrma]
circunstância (f)	okoliczność (ż)	[ɔkɔ'litʃnɔɕtʃ]
dever (do empregado)	obowiązek (m)	[ɔbɔvɔ̃zɛk]
empresa (f)	organizacja (m)	[ɔrgani'zatsja]
organização (f)	organizacja (m)	[ɔrgani'zatsja]
organizado (adj)	zorganizowany	[zɔrganizɔ'vanɨ]
anulação (f)	odwołanie (n)	[ɔdvɔ'wane]
anular, cancelar (vt)	odwołać	[ɔd'vɔwatʃ]
relatório (m)	sprawozdanie (n)	[spravɔz'dane]
patente (f)	patent (m)	['patɛnt]
patentear (vt)	opatentować	[ɔpatɛn'tɔvatʃ]
planejar (vt)	planować	[pʎa'nɔvatʃ]
bônus (m)	premia (ż)	['prɛmʰja]
profissional (adj)	profesjonalny	[prɔfɛsʰ'ɜ'naʎni]
procedimento (m)	procedura (ż)	[prɔtsɛ'dura]
examinar (~ a questão)	rozpatrzyć	[rɔs'patʃitʃ]
cálculo (m)	wyliczenie (n)	[vɨli'tʃenie]
reputação (f)	reputacja (ż)	[rɛpu'tatsʰja]
risco (m)	ryzyko (n)	['riziko]
dirigir (~ uma empresa)	kierować	[ke'rɔvatʃ]
informação (f)	wiadomości (l.mn.)	[vʲadɔ'mɔɕtʃi]
propriedade (f)	własność (ż)	['vwasnɔɕtʃ]
união (f)	związek (m)	[zvɔ̃zɛk]
seguro (m) de vida	ubezpieczenie (n) na życie	[ubɛspet'ʃene na 'ʒitʃe]
fazer um seguro	ubezpieczać	[ubɛs'petʃatʃ]

seguro (m)	ubezpieczenie (n)	[ubɛspet'ʃɛne]
leilão (m)	przetarg (m)	['pʃɛtark]
notificar (vt)	powiadomić	[pɔvʲa'dɔmitʃ]
gestão (f)	zarządzanie (n)	[zaʒɔ̃'dzane]
serviço (indústria de ~s)	usługa (ż)	[us'wuga]

fórum (m)	forum (n)	['fɔrum]
funcionar (vi)	funkcjonować	[fuŋktsʰɜ'nɔvatʃ]
estágio (m)	etap (m)	['ɛtap]
jurídico, legal (adj)	prawny	['pravnɨ]
advogado (m)	prawnik (m)	['pravnik]

106. Produção. Trabalhos

usina (f)	zakład (m)	['zakwat]
fábrica (f)	fabryka (ż)	['fabrɨka]
oficina (f)	cech (m)	[tsɛh]
local (m) de produção	zakład (m)	['zakwat]

indústria (f)	przemysł (m)	['pʃɛmɨsw]
industrial (adj)	przemysłowy	[pʃɛmis'wɔvɨ]
indústria (f) pesada	przemysł (m) ciężki	['pʃɛmɨsw 'tʃenʃki]
indústria (f) ligeira	przemysł (m) lekki	['pʃɛmɨsw 'lekki]

produção (f)	produkcja (ż)	[prɔ'duktsʰja]
produzir (vt)	produkować	[prɔdu'kɔvatʃ]
matérias-primas (f pl)	surowiec (m)	[su'rɔvets]

chefe (m) de obras	brygadzista (m)	[briga'dʒista]
equipe (f)	brygada (m)	[bri'gada]
operário (m)	robotnik (m)	[rɔ'bɔtnik]

dia (m) de trabalho	dzień (m) roboczy	[dʒeɲ rɔ'bɔtʃi]
intervalo (m)	przerwa (ż)	['pʃɛrva]
reunião (f)	zebranie (n)	[zɛb'rane]
discutir (vt)	omawiać	[ɔ'mavʲatʃ]

plano (m)	plan (m)	[pʎan]
cumprir o plano	wykonywać plan	[vikɔ'nivatʃ pʎan]
taxa (f) de produção	norma (ż)	['nɔrma]
qualidade (f)	jakość (ż)	['jakɔɕtʃ]
controle (m)	kontrola (ż)	[kɔnt'rɔʎa]
controle (m) da qualidade	kontrola (ż) jakości	[kɔnt'rɔʎa ja'kɔɕtʃi]

segurança (f) no trabalho	bezpieczeństwo (n) pracy	[bɛspet'ʃɛɲstfɔ 'pratsi]
disciplina (f)	dyscyplina (ż)	[distsip'lina]
infração (f)	naruszenie (n)	[naru'ʃɛne]
violar (as regras)	naruszać	[na'ruʃatʃ]

greve (f)	strajk (m)	[strajk]
grevista (m)	strajkujący (m)	[strajkuɔ̃tsi]
estar em greve	strajkować	[straj'kɔvatʃ]
sindicato (m)	związek (m) zawodowy	[zvjɔ̃zɛk zavɔ'dɔvɨ]
inventar (vt)	wynalazać	[vina'ʎazatʃ]

invenção (f)	wynalazek (m)	[vina'ʎazɛk]
pesquisa (f)	badanie (ż)	[ba'dane]
melhorar (vt)	udoskonalać	[udɔskɔ'naʎatʃ]
tecnologia (f)	technologia (ż)	[tɛhnɔ'lɔgʰja]
desenho (m) técnico	rysunek (m) techniczny	[ri'sunɛk tɛh'nitʃnɛ]

carga (f)	ładunek (m)	[wa'dunɛk]
carregador (m)	ładowacz (m)	[wa'dɔvatʃ]
carregar (o caminhão, etc.)	ładować	[wa'dɔvatʃ]
carregamento (m)	załadunek (m)	[zawa'dunɛk]

| descarregar (vt) | rozładowywać | [rɔzwadɔ'vivatʃ] |
| descarga (f) | rozładunek (m) | [rɔzwa'dunɛk] |

transporte (m)	transport (m)	['transpɔrt]
companhia (f) de transporte	firma (ż) transportowa	['firma transpɔr'tɔva]
transportar (vt)	przewozić	[pʃɛ'vɔʒitʃ]

vagão (m) de carga	wagon (m) towarowy	['vagɔn tɔva'rɔvi]
tanque (m)	cysterna (ż)	[tsis'tɛrna]
caminhão (m)	ciężarówka (ż)	[tʃɛ̃ʒa'rufka]

| máquina (f) operatriz | obrabiarka (ż) | [ɔbra'bʲarka] |
| mecanismo (m) | mechanizm (m) | [mɛ'hanizm] |

resíduos (m pl) industriais	odpady (l.mn.)	[ɔt'padi]
embalagem (f)	pakowanie (n)	[pakɔ'vane]
embalar (vt)	zapakować	[zapa'kɔvatʃ]

107. Contrato. Acordo

contrato (m)	kontrakt (m)	['kɔntrakt]
acordo (m)	umowa (ż)	[u'mɔva]
adendo, anexo (m)	załącznik (m)	[za'wɔ̃tʃnik]

| assinar o contrato | zawrzeć kontrakt | ['zavʒɛtʃ 'kɔntrakt] |
| assinatura (f) | podpis (m) | ['pɔdpis] |

| assinar (vt) | podpisać | [pɔd'pisatʃ] |
| carimbo (m) | pieczęć (ż) | [pet'ʃɛ̃tʃ] |

| objeto (m) do contrato | przedmiot (m) umowy | ['pʃɛdmɔt u'mɔvi] |
| cláusula (f) | punkt (m) | [puŋkt] |

| partes (f pl) | strony (l.mn.) | ['strɔni] |
| domicílio (m) legal | adres (m) prawny | ['adrɛs 'pravni] |

| violar o contrato | naruszyć kontrakt | [na'ruʃitʃ 'kɔntrakt] |
| obrigação (f) | zobowiązanie (n) | [zɔbɔvɔ̃'zane] |

responsabilidade (f)	odpowiedzialność (ż)	[ɔtpɔve'dʒʲaʎnɔɕtʃ]
força (f) maior	siła (ż) wyższa	['ɕiwa 'viʃa]
litígio (m), disputa (f)	spór (m)	[spur]
multas (f pl)	sankcje (l.mn.) karne	['saŋktsʰe 'karnɛ]

108. Importação & Exportação

importação (f)	import (m)	['impɔrt]
importador (m)	importer (m)	[im'pɔrtɛr]
importar (vt)	importować	[impɔr'tɔvatʃ]
de importação	importowany	[impɔrtɔ'vanɨ]
exportador (m)	eksporter (m)	[ɛks'pɔrtɛr]
exportar (vt)	eksportować	[ɛkspɔr'tɔvatʃ]
mercadoria (f)	towar (m)	['tɔvar]
lote (de mercadorias)	partia (ż) towaru	['partʲja tɔ'varu]
peso (m)	waga (ż)	['vaga]
volume (m)	objętość (ż)	[ɔbʲʰentɔçtʃ]
metro (m) cúbico	metr (m) sześcienny	[mɛtr ʃɛç'tʃeɲi]
produtor (m)	producent (m)	[prɔ'dutsɛnt]
companhia (f) de transporte	firma (ż) transportowa	['firma transpɔr'tɔva]
contêiner (m)	kontener (m)	[kɔn'tɛnɛr]
fronteira (f)	granica (ż)	[gra'nitsa]
alfândega (f)	urząd (m) celny	['uʒɔ̃t 'tsɛʌnɨ]
taxa (f) alfandegária	cło (n)	[tswɔ]
funcionário (m) da alfândega	celnik (m)	['tsɛʌnik]
contrabando (atividade)	przemyt (m)	['pʃɛmɨt]
contrabando (produtos)	kontrabanda (ż)	[kɔntra'banda]

109. Finanças

ação (f)	akcja (ż)	['aktsʲʰja]
obrigação (f)	obligacja (ż)	[ɔbli'gatsʲʰja]
nota (f) promissória	weksel (m)	['vɛksɛʌ]
bolsa (f) de valores	giełda (ż) finansowa	['gewda finan'sɔva]
cotação (m) das ações	notowania (l.mn.) akcji	[nɔtɔ'vaɲa 'aktsʲʰi]
tornar-se mais barato	stanieć	['stanetʃ]
tornar-se mais caro	zdrożeć	['zdrɔʒɛtʃ]
parte (f)	udział (m)	['udʒʲaw]
participação (f) majoritária	pakiet (m) kontrolny	['paket kɔnt'rɔʌnɨ]
investimento (m)	inwestycje (l.mn.)	[invɛs'tɨtsʲʰe]
investir (vt)	inwestować	[invɛs'tɔvatʃ]
porcentagem (f)	procent (m)	['prɔtsɛnt]
juros (m pl)	procenty (l.mn.)	[prɔ'tsɛntɨ]
lucro (m)	zysk (m)	[zɨsk]
lucrativo (adj)	dochodowy	[dɔhɔ'dɔvɨ]
imposto (m)	podatek (m)	[pɔ'datɛk]
divisa (f)	waluta (ż)	[va'lɨta]
nacional (adj)	narodowy	[narɔ'dɔvɨ]

98

câmbio (m)	wymiana (ż)	[vi'mʲana]
contador (m)	księgowy (m)	[kɕɛ̃'gɔvi]
contabilidade (f)	księgowość (ż)	[kɕɛ̃'gɔvɔɕtʃ]

falência (f)	bankructwo (n)	[baŋk'ruʦtfɔ]
falência, quebra (f)	krach (m)	[krah]
ruína (f)	upadłość (ż)	[u'padwɔɕtʃ]
estar quebrado	rujnować się	[rui'nɔvatʃ ɕɛ̃]
inflação (f)	inflacja (ż)	[inf'ʎaʦʲja]
desvalorização (f)	dewaluacja (ż)	[dɛvaly'aʦʲja]

capital (m)	kapitał (m)	[ka'pitaw]
rendimento (m)	dochód (m)	['dɔhut]
volume (m) de negócios	obrót (m)	['ɔbrut]
recursos (m pl)	zasoby (l.mn.)	[za'sɔbi]
recursos (m pl) financeiros	środki (l.mn.) pieniężne	['ɕrɔtki pe'nenʒnɛ]
reduzir (vt)	obniżyć	[ɔb'niʒitʃ]

110. Marketing

marketing (m)	marketing (m)	[mar'kɛtiŋk]
mercado (m)	rynek (m)	['rinɛk]
segmento (m) do mercado	segment (m) rynku	['sɛgmɛnt 'riŋku]
produto (m)	produkt (m)	['prɔdukt]
mercadoria (f)	towar (m)	['tɔvar]

marca (f) registrada	marka (ż) handlowa	['marka hand'lɔva]
logotipo (m)	znak (m) firmowy	[znak fir'mɔvi]
logo (m)	logo (n)	['lɔgɔ]

demanda (f)	popyt (m)	['pɔpit]
oferta (f)	podaż (ż)	['pɔdaʃ]
necessidade (f)	potrzeba (ż)	[pɔt'ʃɛba]
consumidor (m)	konsument (m)	[kɔn'sumɛnt]

análise (f)	analiza (ż)	[ana'liza]
analisar (vt)	analizować	[anali'zɔvatʃ]
posicionamento (m)	pozycjonowanie (n)	[pɔʑitsʰʒnɔ'vane]
posicionar (vt)	pozycjonować	[pɔʑitsʰʒ'nɔvatʃ]

preço (m)	cena (ż)	['ʦɛna]
política (f) de preços	polityka (ż) cenowa	[pɔ'litika ʦɛ'nɔva]
formação (f) de preços	kształtowanie (n) cen	[kʃtawtɔ'vane ʦɛn]

111. Publicidade

publicidade (f)	reklama (ż)	[rɛk'ʎama]
fazer publicidade	reklamować	[rɛkʎa'mɔvatʃ]
orçamento (m)	budżet (m)	['budʒɛt]

anúncio (m)	reklama (ż)	[rɛk'ʎama]
publicidade (f) na TV	reklama (ż) telewizyjna	[rɛk'ʎama tɛlevi'zijna]

publicidade (f) na rádio	reklama (ż) radiowa	[rɛk'ʎama rad^hɔva]

publicidade (f) na rádio — reklama (ż) radiowa — [rɛk'ʎama radʰɔva]
publicidade (f) exterior — reklama (ż) zewnętrzna — [rɛk'ʎama zɛv'nɛntʃna]

comunicação (f) de massa — środki (l.mn.) masowego przekazu — ['ɕrɔtki masɔ'vɛgɔ pʃɛ'kazu]
periódico (m) — periodyk (m) — [pɛrʰɔdik]
imagem (f) — wizerunek (m) — [vizɛ'runɛk]

slogan (m) — slogan (m) — ['slɔgan]
mote (m), lema (f) — hasło (n) — ['haswɔ]

campanha (f) — kampania (ż) — [kam'paɲja]
campanha (f) publicitária — kampania (ż) reklamowa — [kam'paɲja rɛkʎa'mɔva]
grupo (m) alvo — odbiorca (m) docelowy — [ɔd'bɜrtsa dɔtsɛ'lɜvi]

cartão (m) de visita — wizytówka (ż) — [vizi'tufka]
panfleto (m) — ulotka (ż) — [u'lɔtka]
brochura (f) — broszura (ż) — [brɔ'ʃura]
folheto (m) — folder (m) — ['fɔʎdɛr]
boletim (~ informativo) — biuletyn (m) — [by'letin]

letreiro (m) — szyld (m) — [ʃiʎt]
cartaz, pôster (m) — plakat (m) — ['pʎakat]
painel (m) publicitário — billboard (m) — ['biʎbɔrt]

112. Banca

banco (m) — bank (m) — [baŋk]
balcão (f) — filia (ż) — ['fiʎja]

consultor (m) bancário — konsultant (m) — [kɔn'suʎtant]
gerente (m) — kierownik (m) — [ke'rɔvnik]

conta (f) — konto (n) — ['kɔntɔ]
número (m) da conta — numer (m) konta — ['numɛr 'kɔnta]
conta (f) corrente — rachunek (m) bieżący — [ra'hunɛk be'ʒɔ̃tsi]
conta (f) poupança — rachunek (m) oszczędnościowy — [ra'hunɛk ɔʃʧɛ̃dnɔɕ'ʧɔvi]

abrir uma conta — założyć konto — [za'wɔʒiʧ 'kɔntɔ]
fechar uma conta — zamknąć konto — ['zamknɔɲʧ 'kɔ̃tɔ]
depositar na conta — wpłacić na konto — ['vpwaʧiʧ na 'kɔntɔ]
sacar (vt) — podjąć z konta — ['pɔdʰɔ̃ʧ s 'kɔnta]

depósito (m) — wkład (m) — [fkwat]
fazer um depósito — dokonać wpłaty — [dɔ'kɔnaʧ 'fpwati]
transferência (f) bancária — przelew (m) — ['pʃɛlev]
transferir (vt) — dokonać przelewu — [dɔ'kɔnaʧ pʃɛ'levu]

soma (f) — suma (ż) — ['suma]
Quanto? — Ile? — ['ile]

assinatura (f) — podpis (m) — ['pɔdpis]
assinar (vt) — podpisać — [pɔd'pisaʧ]

cartão (m) de crédito	karta (ż) kredytowa	['karta krɛdi'tɔva]
senha (f)	kod (m)	[kɔd]
número (m) do cartão de crédito	numer (m) karty kredytowej	['numɛr 'karti̯ krɛdi'tɔvɛj]
caixa (m) eletrônico	bankomat (m)	[ba'ŋkɔmat]
cheque (m)	czek (m)	[ʧɛk]
passar um cheque	wystawić czek	[vis'taviʧ ʧɛk]
talão (m) de cheques	książeczka (ż) czekowa	[kɕɔ̃'ʒɛʧka ʧɛ'kɔva]
empréstimo (m)	kredyt (m)	['krɛdit]
pedir um empréstimo	wystąpić o kredyt	[vis'tɔ̃piʧ ɔ 'krɛdit]
obter empréstimo	brać kredyt	[braʧ 'krɛdit]
dar um empréstimo	udzielać kredytu	[u'ʥeʎaʧ krɛ'ditu]
garantia (f)	gwarancja (ż)	[gva'rantsʰja]

113. Telefone. Conversação telefônica

telefone (m)	telefon (m)	[tɛ'lefɔn]
celular (m)	telefon (m) komórkowy	[tɛ'lefɔn kɔmur'kɔvi̯]
secretária (f) eletrônica	sekretarka (ż)	[sɛkrɛ'tarka]
fazer uma chamada	dzwonić	['ʣvɔniʧ]
chamada (f)	telefon (m)	[tɛ'lefɔn]
discar um número	wybrać numer	['vibraʧ 'numɛr]
Alô!	Halo!	['halɔ]
perguntar (vt)	zapytać	[za'pitaʧ]
responder (vt)	odpowiedzieć	[ɔtpɔ'veʥeʧ]
ouvir (vt)	słyszeć	['swiʃɛʧ]
bem	dobrze	['dɔbʒɛ]
mal	źle	[ʑˈle]
ruído (m)	zakłócenia (l.mn.)	[zakwu'tsɛɲa]
fone (m)	słuchawka (ż)	[swu'hafka]
pegar o telefone	podnieść słuchawkę	['pɔdneɕʧ swu'hafkɛ̃]
desligar (vi)	odłożyć słuchawkę	[ɔd'wɔʒiʧ swu'hafkɛ̃]
ocupado (adj)	zajęty	[za'enti]
tocar (vi)	dzwonić	['ʣvɔniʧ]
lista (f) telefônica	książka (ż) telefoniczna	[kɕɔ̃ʃka tɛlefɔ'niʧna]
local (adj)	miejscowy	[mejs'tsɔvi̯]
de longa distância	międzymiastowy	[mɛ̃ʥimˈjas'tɔvi̯]
internacional (adj)	międzynarodowy	[mɛ̃ʥinarɔ'dɔvi̯]

114. Telefone móvel

celular (m)	telefon (m) komórkowy	[tɛ'lefɔn kɔmur'kɔvi̯]
tela (f)	wyświetlacz (m)	[viɕ'fetʎaʧ]
botão (m)	klawisz (m)	['kʎaviʃ]

cartão SIM (m)	karta (ż) SIM	['karta sim]
bateria (f)	bateria (ż)	[ba'tɛrʰja]
descarregar-se (vr)	rozładować się	[rɔzwa'dɔvatʃ ɕɛ̃]
carregador (m)	ładowarka (ż)	[wadɔ'varka]

menu (m)	menu (n)	['menu]
configurações (f pl)	ustawienia (l.mn.)	[usta'vɛ̃na]
melodia (f)	melodia (ż)	[mɛ'lɜdʰja]
escolher (vt)	wybrać	['vibratʃ]

calculadora (f)	kalkulator (m)	[kaʎku'ʎatɔr]
correio (m) de voz	sekretarka (ż)	[sɛkrɛ'tarka]
despertador (m)	budzik (m)	['budʒik]
contatos (m pl)	kontakty (l.mn.)	[kɔn'takti]

| mensagem (f) de texto | SMS (m) | [ɛs ɛm ɛs] |
| assinante (m) | abonent (m) | [a'bɔnɛnt] |

115. Estacionário

| caneta (f) | długopis (m) | [dwu'gɔpis] |
| caneta (f) tinteiro | pióro (n) | ['pyrɔ] |

lápis (m)	ołówek (m)	[ɔ'wuvɛk]
marcador (m) de texto	marker (m)	['markɛr]
caneta (f) hidrográfica	flamaster (m)	[fʎa'mastɛr]

| bloco (m) de notas | notes (m) | ['nɔtɛs] |
| agenda (f) | kalendarz (m) | [ka'lendaʃ] |

régua (f)	linijka (ż)	[li'nijka]
calculadora (f)	kalkulator (m)	[kaʎku'ʎatɔr]
borracha (f)	gumka (ż)	['gumka]
alfinete (m)	pinezka (ż)	[pi'nɛska]
clipe (m)	spinacz (m)	['spinatʃ]

cola (f)	klej (m)	[klej]
grampeador (m)	zszywacz (m)	['sʃivatʃ]
furador (m) de papel	dziurkacz (m)	['dʒyrkatʃ]
apontador (m)	temperówka (ż)	[tɛmpɛ'rufka]

116. Vários tipos de documentos

relatório (m)	sprawozdanie (n)	[spravɔz'dane]
acordo (m)	umowa (ż)	[u'mɔva]
ficha (f) de inscrição	zgłoszenie (n)	[zgwɔ'ʃɛne]
autêntico (adj)	oryginalny	[ɔrigi'naʎnɨ]
crachá (m)	plakietka (ż)	[pʎa'ketka]
cartão (m) de visita	wizytówka (ż)	[vizi'tufka]

| certificado (m) | certyfikat (m) | [tsɛrti'fikat] |
| cheque (m) | czek (m) | [tʃɛk] |

conta (f)	rachunek (m)	[ra'hunɛk]
constituição (f)	konstytucja (ż)	[kɔnsti'tutsʰja]
contrato (m)	umowa (ż)	[u'mɔva]
cópia (f)	kopia (ż)	['kɔpʰja]
exemplar (~ assinado)	egzemplarz (m)	[ɛg'zɛmpʎaʃ]
declaração (f) alfandegária	deklaracja (ż)	[dɛkʎa'ratsʰja]
documento (m)	dokument (m)	[dɔ'kumɛnt]
carteira (f) de motorista	prawo (n) jazdy	['pravɔ 'jazdi]
adendo, anexo (m)	załącznik (m)	[za'wɔ̃tʃnik]
questionário (m)	ankieta (ż)	[a'ŋketa]
carteira (f) de identidade	dowód (m) osobisty	['dɔvɔt ɔsɔ'bisti]
inquérito (m)	zapytanie (n)	[zapi'tane]
convite (m)	zaproszenie (n)	[zaprɔ'ʃɛne]
fatura (f)	rachunek (m)	[ra'hunɛk]
lei (f)	ustawa (ż)	[us'tava]
carta (correio)	list (m)	[list]
papel (m) timbrado	formularz (m)	[fɔr'muʎaʃ]
lista (f)	lista (ż)	['lista]
manuscrito (m)	rękopis (m)	[rɛ̃'kɔpis]
boletim (~ informativo)	biuletyn (m)	[by'letin]
bilhete (mensagem breve)	notatka (ż)	[nɔ'tatka]
passe (m)	przepustka (ż)	[pʃɛ'pustka]
passaporte (m)	paszport (m)	['paʃpɔrt]
permissão (f)	zezwolenie (n)	[zɛzvɔ'lene]
currículo (m)	CV (n), życiorys (m)	[tsɛ 'fau], [ʒi'tʃɔris]
nota (f) promissória	weksel (m)	['vɛksɛʎ]
recibo (m)	pokwitowanie (n)	[pɔkfitɔ'vane]
talão (f)	paragon (m)	[pa'ragɔn]
relatório (m)	raport (m)	['rapɔrt]
mostrar (vt)	okazywać	[ɔka'zivatʃ]
assinar (vt)	podpisać	[pɔd'pisatʃ]
assinatura (f)	podpis (m)	['pɔdpis]
carimbo (m)	pieczęć (ż)	[pet'ʃɛ̃tʃ]
texto (m)	tekst (m)	[tɛkst]
ingresso (m)	bilet (m)	['bilet]
riscar (vt)	skreślić	['skrɛɕlitʃ]
preencher (vt)	wypełnić	[vi'pɛwnitʃ]
carta (f) de porte	list (m) przewozowy	[list pʃɛvɔ'zɔvi]
testamento (m)	testament (m)	[tɛs'tamɛnt]

117. Tipos de negócios

serviços (m pl) de contabilidade	usługi (l.mn.) księgowe	[us'wugi kɕɛ̃'gɔvɛ]
publicidade (f)	reklama (ż)	[rɛk'ʎama]
agência (f) de publicidade	agencja (ż) reklamowa	[a'gɛntsʰja rɛkʎamɔva]

ar (m) condicionado	klimatyzatory (l.mn.)	[klimatiza'tɔri]
companhia (f) aérea	linie (l.mn.) lotnicze	['linje lɔt'nitʃɛ]

bebidas (f pl) alcoólicas	napoje (l.mn.) alkoholowe	[na'pɔe aʎkɔhɔ'lɔvɛ]
comércio (m) de antiguidades	antykwariat (m)	[antik'varʰjat]
galeria (f) de arte	galeria (ż) sztuki	[ga'lɛrʰja 'ʃtuki]
serviços (m pl) de auditoria	usługi (l.mn.) audytorskie	[us'wugi audi'tɔrskie]

negócios (m pl) bancários	bankowość (ż)	[ba'ŋkɔvɔɕʧ]
bar (m)	bar (m)	[bar]
salão (m) de beleza	salon (m) piękności	[sa'lɔn pʲĕk'nɔʃʧi]
livraria (f)	księgarnia (ż)	[kɕɛ̆'garɲa]
cervejaria (f)	browar (m)	['brɔvar]
centro (m) de escritórios	centrum (n) biznesowe	['ʦɛntrum biznɛ'sɔvɛ]
escola (f) de negócios	szkoła (ż) biznesu	['ʃkɔwa biz'nɛsu]

cassino (m)	kasyno (n)	[ka'sinɔ]
construção (f)	budownictwo (n)	[budɔv'niʦtvɔ]
consultoria (f)	konsultacje (ż)	[kɔnsuʎ'taʦie]

clínica (f) dentária	stomatologia (ż)	[stɔmatɔ'lɔgʰja]
design (m)	wzornictwo (n)	[vzɔr'niʦtfɔ]
drogaria (f)	apteka (ż)	[ap'tɛka]
lavanderia (f)	pralnia (ż) chemiczna	['praʎna hɛ'miʧna]
agência (f) de emprego	firma (ż) rekrutacyjna	['firma rɛkruta'ʦijna]

serviços (m pl) financeiros	usługi (l.mn.) finansowe	[us'wugi finan'sɔvɛ]
alimentos (m pl)	artykuły (l.mn.) żywnościowe	[arti'kuwi ʑivnɔɕ'ʧɔvɛ]
funerária (f)	zakład (m) pogrzebowy	['zakwat pɔgʒɛ'bɔvi]
mobiliário (m)	meble (l.mn.)	['mɛble]
roupa (f)	odzież (ż)	['ɔdʒeʃ]
hotel (m)	hotel (m)	['hɔtɛʎ]

sorvete (m)	lody (l.mn.)	['lɔdi]
indústria (f)	przemysł (m)	['pʃɛmisw]
seguro (~ de vida, etc.)	ubezpieczenie (n)	[ubɛspet'ʃɛne]
internet (f)	Internet (m)	[in'tɛrnɛt]
investimento (m)	inwestycje (l.mn.)	[invɛs'tiʦʰe]

joalheiro (m)	jubiler (m)	[ju'biler]
joias (f pl)	wyroby (l.mn.) jubilerskie	[vi'rɔbi jubi'lerske]
lavanderia (f)	pralnia (ż)	['praʎna]
assessorias (f pl) jurídicas	usługi (l.mn.) prawne	[us'wugi 'pravnɛ]
indústria (f) ligeira	przemysł (m) lekki	['pʃɛmisw 'lekki]

revista (f)	czasopismo (n)	[ʧasɔ'pismɔ]
vendas (f pl) por catálogo	sprzedaż (ż) wysyłkowa	['spʃɛdaʃ visiw'kɔva]
medicina (f)	medycyna (ż)	[mɛdi'ʦina]
cinema (m)	kino (n)	['kinɔ]
museu (m)	muzeum (n)	[mu'zɛum]

agência (f) de notícias	agencja (ż) prasowa	[a'gɛnʦʰja pra'sɔva]
jornal (m)	gazeta (ż)	[ga'zɛta]
boate (casa noturna)	klub (m) nocny	[klyp 'nɔtsni]
petróleo (m)	ropa (ż) naftowa	['rɔpa naf'tɔva]
serviços (m pl) de remessa	usługi (l.mn.) kurierskie	[us'wugi kurʰ'erske]

indústria (f) farmacêutica	farmacja (ż)	[far'matsʰja]
tipografia (f)	poligrafia (ż)	[polig'rafʰja]
editora (f)	wydawnictwo (n)	[vidav'nitstfɔ]
rádio (m)	radio (n)	['radʰɜ]
imobiliário (m)	nieruchomość (ż)	[neru'hɔmɔɕtʃ]
restaurante (m)	restauracja (ż)	[rɛstau'ratsʰja]
empresa (f) de segurança	agencja (ż) ochrony	[a'gɛntsʰja ɔh'rɔni]
esporte (m)	sport (m)	[spɔrt]
bolsa (f) de valores	giełda (ż) finansowa	['gewda finan'sɔva]
loja (f)	sklep (m)	[sklep]
supermercado (m)	supermarket (m)	[supɛr'markɛt]
piscina (f)	basen (m)	['basɛn]
alfaiataria (f)	atelier (n)	[atɛ'ʎje]
televisão (f)	telewizja (ż)	[tɛle'vizʰja]
teatro (m)	teatr (m)	['tɛatr]
comércio (m)	handel (m)	['handɛʎ]
serviços (m pl) de transporte	przewozy (l.mn.)	[pʃɛ'vɔzi]
viagens (f pl)	podróż (ż)	['pɔdruʃ]
veterinário (m)	weterynarz (m)	[vɛtɛ'rinaʃ]
armazém (m)	magazyn (m)	[ma'gazin]
recolha (f) do lixo	wywóz (m) śmieci	['vivus 'ɕmetʃi]

Emprego. Negócios. Parte 2

118. Espetáculo. Feira

feira, exposição (f)	wystawa (ż)	[vis'tava]
feira (f) comercial	wystawa (ż) handlowa	[vis'tava hand'lɔva]
participação (f)	udział (m)	['udʑiaw]
participar (vi)	uczestniczyć	[utʃɛst'nitʃitʃ]
participante (m)	uczestnik (m)	[ut'ʃɛstnik]
diretor (m)	dyrektor (m)	[di'rɛktɔr]
direção (f)	dyrekcja (ż)	[di'rɛktsʰja]
organizador (m)	organizator (m)	[ɔrgani'zatɔr]
organizar (vt)	organizować	[ɔrgani'zɔvatʃ]
ficha (f) de inscrição	zgłoszenie (n) udziału	[zgwɔ'ʃɛne u'dʑiawu]
preencher (vt)	wypełnić	[vi'pɛwnitʃ]
detalhes (m pl)	detale (l.mn.)	[dɛ'tale]
informação (f)	informacja (ż)	[infɔr'matsʰja]
preço (m)	cena (ż)	['tsɛna]
incluindo	inkluzja	[iŋk'lyzija]
incluir (vt)	wliczać	['vlitʃatʃ]
pagar (vt)	płacić	['pwatʃitʃ]
taxa (f) de inscrição	wpisowe (n)	[fpi'sɔvɛ]
entrada (f)	wejście (n)	['vɛjctʃe]
pavilhão (m), salão (f)	pawilon (m)	[pa'vilɔn]
inscrever (vt)	rejestrować	[rɛest'rɔvatʃ]
crachá (m)	plakietka (ż)	[pʎa'ketka]
stand (m)	stoisko (n)	[stɔ'iskɔ]
reservar (vt)	rezerwować	[rɛzɛr'vɔvatʃ]
vitrine (f)	witryna (ż)	[vit'rina]
lâmpada (f)	lampka (ż)	['ʎampka]
design (m)	wzornictwo (n)	[vzɔr'nitstfɔ]
pôr (posicionar)	umieszczać	[u'meʃtʃatʃ]
distribuidor (m)	dystrybutor (m)	[distri'butɔr]
fornecedor (m)	dostawca (m)	[dɔs'tafsa]
país (m)	kraj (m)	[kraj]
estrangeiro (adj)	zagraniczny	[zagra'nitʃni]
produto (m)	produkt (m)	['prɔdukt]
associação (f)	stowarzyszenie (n)	[stɔvaʑi'ʃɛne]
sala (f) de conferência	sala (ż) konferencyjna	['saʎa kɔnfɛrɛn'tsijna]
congresso (m)	kongres (m)	['kɔŋrɛs]

concurso (m)	konkurs (m)	['kɔŋkurs]
visitante (m)	zwiedzający (m)	[zvedzaɔ̃tsi]
visitar (vt)	zwiedzać	['zvedzatɕ]
cliente (m)	zamawiający (m)	[zamavjaɔ̃tsi]

119. Media

jornal (m)	gazeta (ż)	[ga'zɛta]
revista (f)	czasopismo (n)	[tʃasɔ'pismɔ]
imprensa (f)	prasa (ż)	['prasa]
rádio (m)	radio (n)	['radʰɔ]
estação (f) de rádio	stacja (ż) radiowa	['statsʰja radʰɔva]
televisão (f)	telewizja (ż)	[tɛle'vizʰja]

apresentador (m)	prezenter (m)	[prɛ'zɛntɛr]
locutor (m)	spiker (m)	['spikɛr]
comentarista (m)	komentator (m)	[kɔmɛn'tatɔr]

jornalista (m)	dziennikarz (m)	[dʑe'ɲikaʃ]
correspondente (m)	korespondent (m)	[kɔrɛs'pɔndɛnt]
repórter (m) fotográfico	fotoreporter (m)	[fɔtɔrɛ'pɔrtɛr]
repórter (m)	reporter (m)	[rɛ'pɔrtɛr]

redator (m)	redaktor (m)	[rɛ'daktɔr]
redator-chefe (m)	redaktor (m) naczelny	[rɛ'daktɔr natʃɛʎɲi]
assinar a ...	zaprenumerować	[zaprɛnumɛ'rɔvatɕ]
assinatura (f)	prenumerata (ż)	[prɛnumɛ'rata]
assinante (m)	prenumerator (m)	[prɛnumɛ'ratɔr]
ler (vt)	czytać	['tʃitatɕ]
leitor (m)	czytelnik (m)	[tʃi'tɛʎnik]

tiragem (f)	nakład (m)	['nakwat]
mensal (adj)	comiesięczny	[tsɔme'ɕɛntʃɲi]
semanal (adj)	cotygodniowy	[tsɔtigɔd'nɔvi]
número (jornal, revista)	numer (m)	['numɛr]
recente, novo (adj)	najnowszy	[naj'nɔfʃi]

manchete (f)	nagłówek (m)	[nag'wuvɛk]
pequeno artigo (m)	notatka (ż) prasowa	[nɔ'tatka pra'sɔva]
coluna (~ semanal)	rubryka (ż)	['rubrika]
artigo (m)	artykuł (m)	[ar'tikuw]
página (f)	strona (ż)	['strɔna]

reportagem (f)	reportaż (m)	[rɛ'pɔrtaʃ]
evento (festa, etc.)	wydarzenie (n)	[vida'ʒɛne]
sensação (f)	sensacja (ż)	[sɛn'satsʰja]
escândalo (m)	skandal (m)	['skandaʎ]
escandaloso (adj)	skandaliczny	[skanda'litʃɲi]
grande (adj)	głośny	['gwɔɕɲi]

programa (m)	program (m) telewizyjny	['prɔgram tɛlevi'zijɲi]
entrevista (f)	wywiad (m)	['viviat]
transmissão (f) ao vivo	bezpośrednia transmisja (ż)	[bɛspɔɕ'rɛdɲa trans'misʰja]
canal (m)	kanał (m) telewizyjny	['kanaw tɛlevi'zijɲi]

120. Agricultura

agricultura (f)	rolnictwo (n)	[rɔʎ'niʦtfɔ]
camponês (m)	rolnik (m)	['rɔʎnik]
camponesa (f)	rolniczka (ż)	[rɔʎ'niʧka]
agricultor, fazendeiro (m)	farmer (m)	['farmɛr]
trator (m)	traktor (m)	['traktɔr]
colheitadeira (f)	kombajn (m)	['kɔmbajn]
arado (m)	pług (m)	[pwuk]
arar (vt)	orać	['ɔraʧ]
campo (m) lavrado	rola (ż)	['rɔʎa]
sulco (m)	bruzda (ż)	['bruzda]
semear (vt)	siać	[ɕaʧ]
plantadeira (f)	siewnik (m)	['ɕevnik]
semeadura (f)	zasiew (m)	['zaɕef]
foice (m)	kosa (ż)	['kɔsa]
cortar com foice	kosić	['kɔɕiʧ]
pá (f)	łopata (ż)	[wɔ'pata]
cavar (vt)	kopać	['kɔpaʧ]
enxada (f)	motyka (ż)	[mɔ'tika]
capinar (vt)	plewić	['pleviʧ]
erva (f) daninha	chwast (m)	[hfast]
regador (m)	konewka (ż)	[kɔ'nɛfka]
regar (plantas)	podlewać	[pɔd'levaʧ]
rega (f)	podlewanie (n)	[pɔdle'vane]
forquilha (f)	widły (l.mn.)	['vidwɨ]
ancinho (m)	grabie (l.mn.)	['grabe]
fertilizante (m)	nawóz (m)	['navus]
fertilizar (vt)	nawozić	[na'vɔʒiʧ]
estrume, esterco (m)	obornik (m)	[ɔ'bɔrnik]
campo (m)	pole (n)	['pɔle]
prado (m)	łąka (ż)	['wɔ̃ka]
horta (f)	ogród (m)	['ɔgrut]
pomar (m)	sad (m)	[sat]
pastar (vt)	paść	[paɕʧ]
pastor (m)	pastuch (m)	['pastuh]
pastagem (f)	pastwisko (n)	[past'fiskɔ]
pecuária (f)	hodowla (ż) zwierząt	[hɔ'dɔvʎa 'zveʒɔ̃t]
criação (f) de ovelhas	hodowla (ż) owiec	[hɔ'dɔvʎa 'ɔveʦ]
plantação (f)	plantacja (ż)	[pʎan'taʦʰja]
canteiro (m)	grządka (ż)	['gʒɔ̃tka]
estufa (f)	inspekt (m)	['inspɛkt]

| seca (f) | susza (ż) | ['suʃa] |
| seco (verão ~) | suchy | ['suhɨ] |

| cereais (m pl) | rośliny (l.mn.) zbożowe | [rɔɕ'linɨ zbɔ'ʒɔvɛ] |
| colher (vt) | zbierać plony | ['zberatʃ 'plɜnɨ] |

moleiro (m)	młynarz (m)	['mwɨnaʃ]
moinho (m)	młyn (m)	[mwɨn]
moer (vt)	mleć zboże	[mletʃ 'zbɔʒɛ]
farinha (f)	mąka (ż)	['mɔ̃ka]
palha (f)	słoma (ż)	['swɔma]

121. Construção. Processo de construção

canteiro (m) de obras	budowa (ż)	[bu'dɔva]
construir (vt)	budować	[bu'dɔvatʃ]
construtor (m)	budowniczy (m)	[budɔv'nitʃi]

projeto (m)	projekt (m)	['prɔekt]
arquiteto (m)	architekt (m)	[ar'hitɛkt]
operário (m)	robotnik (m)	[rɔ'bɔtnik]

fundação (f)	fundament (m)	[fun'damɛnt]
telhado (m)	dach (m)	[dah]
estaca (f)	pal (m)	[paʎ]
parede (f)	ściana (ż)	['ɕtʃana]

| colunas (f pl) de sustentação | zbrojenie (n) | [zbrɔ'ene] |
| andaime (m) | rusztowanie (n) | [ruʃtɔ'vane] |

concreto (m)	beton (m)	['bɛtɔn]
granito (m)	granit (m)	['granit]
pedra (f)	kamień (m)	['kameɲ]
tijolo (m)	cegła (ż)	['tsɛgwa]

| areia (f) | piasek (m) | ['piasɛk] |
| cimento (m) | cement (m) | ['tsɛmɛnt] |

| emboço, reboco (m) | tynk (m) | [tɨŋk] |
| emboçar, rebocar (vt) | tynkować | [tɨ'ŋkɔvatʃ] |

tinta (f)	farba (ż)	['farba]
pintar (vt)	malować	[ma'lɜvatʃ]
barril (m)	beczka (ż)	['bɛtʃka]

grua (f), guindaste (m)	dźwig (m)	[dʒivik]
erguer (vt)	podnosić	[pɔd'nɔɕitʃ]
baixar (vt)	opuszczać	[ɔ'puʃtʃatʃ]

buldózer (m)	spychacz (m)	['spihatʃ]
escavadora (f)	koparka (ż)	[kɔ'parka]
caçamba (f)	łyżka (ż)	['wiʃka]
escavar (vt)	kopać	['kɔpatʃ]
capacete (m) de proteção	kask (m)	[kask]

122. Ciência. Investigação. Cientistas

ciência (f)	nauka (ż)	[naˈuka]
científico (adj)	naukowy	[nauˈkɔvɨ]
cientista (m)	naukowiec (m)	[nauˈkɔvets]
teoria (f)	teoria (ż)	[tɛˈɔrʲja]
axioma (m)	aksjomat (m)	[aksˈjɔmat]
análise (f)	analiza (ż)	[anaˈliza]
analisar (vt)	analizować	[analiˈzɔvatʃ]
argumento (m)	argument (m)	[arˈɡumɛnt]
substância (f)	substancja (ż)	[supsˈtantsʲja]
hipótese (f)	hipoteza (ż)	[hipɔˈtɛza]
dilema (m)	dylemat (m)	[dɨˈlemat]
tese (f)	rozprawa (ż)	[rɔspˈrava]
dogma (m)	dogmat (m)	[ˈdɔɡmat]
doutrina (f)	doktryna (ż)	[dɔktˈrɨna]
pesquisa (f)	badanie (ż)	[baˈdane]
pesquisar (vt)	badać	[ˈbadatʃ]
testes (m pl)	testowanie (n)	[tɛstɔˈvane]
laboratório (m)	laboratorium (n)	[ʎabɔraˈtɔrʲjum]
método (m)	metoda (ż)	[mɛˈtɔda]
molécula (f)	molekuła (ż)	[mɔleˈkuwa]
monitoramento (m)	monitorowanie (n)	[mɔnitɔrɔˈvane]
descoberta (f)	odkrycie (n)	[ɔtkˈritʃe]
postulado (m)	postulat (m)	[pɔsˈtuʎat]
princípio (m)	zasada (ż)	[zaˈsada]
prognóstico (previsão)	prognoza (ż)	[prɔɡˈnɔza]
prognosticar (vt)	prognozować	[prɔɡnɔˈzɔvatʃ]
síntese (f)	synteza (ż)	[sinˈtɛza]
tendência (f)	tendencja (ż)	[tɛnˈdɛntsʲja]
teorema (m)	teoremat (m)	[tɛɔˈrɛmat]
ensinamentos (m pl)	nauczanie (n)	[nautˈʃane]
fato (m)	fakt (m)	[fakt]
expedição (f)	ekspedycja (ż)	[ɛkspɛˈditsʲja]
experiência (f)	eksperyment (m)	[ɛkspɛˈrimɛnt]
acadêmico (m)	akademik (m)	[akaˈdɛmik]
bacharel (m)	bakałarz (m)	[baˈkawaʃ]
doutor (m)	doktor (m)	[ˈdɔktɔr]
professor (m) associado	docent (m)	[ˈdɔtsɛnt]
mestrado (m)	magister (m)	[maˈɡistɛr]
professor (m)	profesor (m)	[prɔˈfɛsɔr]

Profissões e ocupações

123. Procura de emprego. Demissão

trabalho (m)	praca (ż)	['pratsa]
equipe (f)	etat (m)	['ɛtat]
carreira (f)	kariera (ż)	[karʰ'era]
perspectivas (f pl)	perspektywa (ż)	[pɛrspɛk'tiva]
habilidades (f pl)	profesjonalizm (m)	[prɔfɛsʰɔ'nalizm]
seleção (f)	wybór (m)	['vibur]
agência (f) de emprego	agencja (ż) rekrutacyjna	[a'gɛntsʰja rɛkruta'tsijna]
currículo (m)	CV (n), życiorys (m)	[tsɛ 'fau], [ʒi'tʂɔris]
entrevista (f) de emprego	rozmowa (ż) kwalifikacyjna	[rɔz'mɔva kfalifika'tsijna]
vaga (f)	wakat (m)	['vakat]
salário (m)	pensja (ż)	['pɛnsʰja]
salário (m) fixo	stałe wynagrodzenie (n)	['stawɛ vinagrɔ'dzɛne]
pagamento (m)	opłata (ż)	[ɔp'wata]
cargo (m)	stanowisko (n)	[stanɔ'viskɔ]
dever (do empregado)	obowiązek (m)	[ɔbɔvɔ̃zɛk]
gama (f) de deveres	zakres (m) obowiazkow	['zakrɛs ɔbɔ'vʲazkɔf]
ocupado (adj)	zajęty	[za'enti]
despedir, demitir (vt)	zwolnić	['zvɔʎniʧ]
demissão (f)	zwolnienie (n)	[zvɔʎ'nene]
desemprego (m)	bezrobocie (n)	[bɛzrɔ'bɔʧe]
desempregado (m)	bezrobotny (m)	[bɛzrɔ'bɔtni]
aposentadoria (f)	emerytura (ż)	[ɛmɛri'tura]
aposentar-se (vr)	przejść na emeryturę	['pʂɛjʧ na ɛmɛri'turɛ̃]

124. Gente de negócios

diretor (m)	dyrektor (m)	[di'rɛktɔr]
gerente (m)	kierownik (m)	[ke'rɔvnik]
patrão, chefe (m)	szef (m)	[ʃɛf]
superior (m)	kierownik (m)	[ke'rɔvnik]
superiores (m pl)	kierownictwo (n)	[kerɔv'nitstfɔ]
presidente (m)	prezes (m)	['prɛzɛs]
chairman (m)	przewodniczący (m)	[pʂɛvɔdnit'ʃɔ̃tsi]
substituto (m)	zastępca (m)	[zas'tɛptsa]
assistente (m)	pomocnik (m)	[pɔ'mɔtsnik]
secretário (m)	sekretarka (ż)	[sɛkrɛ'tarka]

secretário (m) pessoal	sekretarz (m) osobisty	[sɛk'rɛtaʃ ɔsɔ'bisti]
homem (m) de negócios	biznesmen (m)	['biznɛsmɛn]
empreendedor (m)	przedsiębiorca (m)	[pʃɛdɕɛ̃'bɔrtsa]
fundador (m)	założyciel (m)	[zawɔ'ʑitʃeʎ]
fundar (vt)	założyć	[za'wɔʑitʃ]

principiador (m)	wspólnik (m)	['fspɔʎnik]
parceiro, sócio (m)	partner (m)	['partnɛr]
acionista (m)	akcjonariusz (m)	[aktsʰɜ'narʰjuʃ]

milionário (m)	milioner (m)	[mi'ʎjɔnɛr]
bilionário (m)	miliarder (m)	[mi'ʎjardɛr]
proprietário (m)	właściciel (m)	[vwaɕ'tʃitʃeʎ]
proprietário (m) de terras	właściciel (m) ziemski	[vwaɕ'tʃitʃeʎ 'ʑemski]

cliente (m)	klient (m)	['klient]
cliente (m) habitual	stały klient (m)	['stawɨ 'klient]
comprador (m)	kupujący (m)	[kupuɔ̃tsɨ]
visitante (m)	zwiedzający (m)	[zvedzaɔ̃tsɨ]

profissional (m)	profesjonalista (m)	[prɔfɛsʰɜna'lista]
perito (m)	ekspert (m)	['ɛkspɛrt]
especialista (m)	specjalista (m)	[spɛtsʰja'lista]

banqueiro (m)	bankier (m)	['baŋker]
corretor (m)	broker (m)	['brɔkɛr]

caixa (m, f)	kasjer (m), kasjerka (ż)	['kasʰer], [kasʰʲerka]
contador (m)	księgowy (m)	[kɕɛ̃'gɔvɨ]
guarda (m)	ochroniarz (m)	[ɔh'rɔɲaʃ]

investidor (m)	inwestor (m)	[in'vɛstɔr]
devedor (m)	dłużnik (m)	['dwuʒnik]
credor (m)	kredytodawca (m)	[krɛditɔ'daftsa]
mutuário (m)	pożyczkobiorca (m)	[pɔʑitʃkɔ'bɔrtsa]

importador (m)	importer (m)	[im'pɔrtɛr]
exportador (m)	eksporter (m)	[ɛks'pɔrtɛr]

produtor (m)	producent (m)	[prɔ'dutsɛnt]
distribuidor (m)	dystrybutor (m)	[distri'butɔr]
intermediário (m)	pośrednik (m)	[pɔɕ'rɛdnik]

consultor (m)	konsultant (m)	[kɔn'suʎtant]
representante comercial	przedstawiciel (m)	[pʃɛtsta'vitʃeʎ]
agente (m)	agent (m)	['agɛnt]
agente (m) de seguros	agent (m) ubezpieczeniowy	['agent ubɛspetʃɛ'nɜvɨ]

125. Profissões de serviços

cozinheiro (m)	kucharz (m)	['kuhaʃ]
chefe (m) de cozinha	szef (m) kuchni	[ʃɛf 'kuhni]
padeiro (m)	piekarz (m)	['pekaʃ]
barman (m)	barman (m)	['barman]

| garçom (m) | kelner (m) | ['kɛʎnɛr] |
| garçonete (f) | kelnerka (ż) | [kɛʎ'nɛrka] |

advogado (m)	adwokat (m)	[ad'vɔkat]
jurista (m)	prawnik (m)	['pravnik]
notário (m)	notariusz (m)	[nɔ'tarʰjuʃ]

eletricista (m)	elektryk (m)	[ɛ'lektrik]
encanador (m)	hydraulik (m)	[hid'raulik]
carpinteiro (m)	cieśla (m)	['ʧeɕʎa]

massagista (m)	masażysta (m)	[masa'ʒista]
massagista (f)	masażystka (ż)	[masa'ʒistka]
médico (m)	lekarz (m)	['lekaʃ]

taxista (m)	taksówkarz (m)	[tak'sufkaʃ]
condutor (automobilista)	kierowca (m)	[ke'rɔftsa]
entregador (m)	kurier (m)	['kurʰer]

camareira (f)	pokojówka (ż)	[pɔkɔ'jufka]
guarda (m)	ochroniarz (m)	[ɔh'rɔɲaʃ]
aeromoça (f)	stewardessa (ż)	[stʰjuar'dɛsa]

professor (m)	nauczyciel (m)	[naut'ʃiʧeʎ]
bibliotecário (m)	bibliotekarz (m)	[bibʎɔ'tɛkaʃ]
tradutor (m)	tłumacz (m)	['twumaʧ]
intérprete (m)	tłumacz (m)	['twumaʧ]
guia (m)	przewodnik (m)	[pʃɛ'vɔdnik]

cabeleireiro (m)	fryzjer (m)	['fryzʰer]
carteiro (m)	listonosz (m)	[lis'tɔnɔʃ]
vendedor (m)	sprzedawca (m)	[spʃɛ'daftsa]

jardineiro (m)	ogrodnik (m)	[ɔg'rɔdnik]
criado (m)	służący (m)	[swu'ʒõtsi]
criada (f)	służąca (ż)	[swu'ʒõtsa]
empregada (f) de limpeza	sprzątaczka (ż)	[spʃɔ̃'taʧka]

126. Profissões militares e postos

soldado (m) raso	szeregowy (m)	[ʃɛrɛ'gɔvi]
sargento (m)	sierżant (m)	['ɕerʒant]
tenente (m)	podporucznik (m)	[pɔtpɔ'ruʧnik]
capitão (m)	kapitan (m)	[ka'pitan]

major (m)	major (m)	['majɔr]
coronel (m)	pułkownik (m)	[puw'kɔvnik]
general (m)	generał (m)	[gɛ'nɛraw]
marechal (m)	marszałek (m)	[mar'ʃawɛk]
almirante (m)	admirał (m)	[ad'miraw]

militar (m)	wojskowy (m)	[vɔjs'kɔvi]
soldado (m)	żołnierz (m)	['ʒɔwneʃ]
oficial (m)	oficer (m)	[ɔ'fitsɛr]

113

comandante (m)	dowódca (m)	[dɔ'vuttsa]
guarda (m) de fronteira	pogranicznik (m)	[pɔgra'nitʃnik]
operador (m) de rádio	radiooperator (m)	[radʰɜːpɛ'ratɔr]
explorador (m)	zwiadowca (m)	[zvʲa'dɔftsa]
sapador-mineiro (m)	saper (m)	['sapɛr]
atirador (m)	strzelec (m)	['stʃɛlɛts]
navegador (m)	nawigator (m)	[navi'gatɔr]

127. Oficiais. Padres

rei (m)	król (m)	[kruʎ]
rainha (f)	królowa (ż)	[kru'lɜva]
príncipe (m)	książę (m)	[kɕɔ̃ʒɛ̃]
princesa (f)	księżniczka (ż)	[kɕɛ̃ʒ'nitʃka]
czar (m)	car (m)	[tsar]
czarina (f)	caryca (ż)	[tsa'ritsa]
presidente (m)	prezydent (m)	[prɛ'zidɛnt]
ministro (m)	minister (m)	[mi'nistɛr]
primeiro-ministro (m)	premier (m)	['prɛmʰer]
senador (m)	senator (m)	[sɛ'natɔr]
diplomata (m)	dyplomata (m)	[diplɜ'mata]
cônsul (m)	konsul (m)	['kɔnsuʎ]
embaixador (m)	ambasador (m)	[amba'sadɔr]
conselheiro (m)	doradca (m)	[dɔ'rattsa]
funcionário (m)	pracownik (m)	[pra'tsɔvnik]
prefeito (m)	burmistrz (m) dzielnicy	['burmistʃ dʒɛʎ'nitɕi]
Presidente (m) da Câmara	mer (m)	[mɛr]
juiz (m)	sędzia (m)	['sɛ̃dʒʲa]
procurador (m)	prokurator (m)	[prɔku'ratɔr]
missionário (m)	misjonarz (m)	[misʰɜnaʃ]
monge (m)	zakonnik (m)	[za'kɔɲik]
abade (m)	opat (m)	['ɔpat]
rabino (m)	rabin (m)	['rabin]
vizir (m)	wezyr (m)	['vɛzir]
xá (m)	szach (m)	[ʃah]
xeique (m)	szejk (m)	[ʃɛjk]

128. Profissões agrícolas

abelheiro (m)	pszczelarz (m)	['pʃtʃɛʎaʃ]
pastor (m)	pastuch (m)	['pastuh]
agrônomo (m)	agronom (m)	[ag'rɔnɔm]
criador (m) de gado	hodowca (m) zwierząt	[hɔ'dɔfsa 'zvezɔ̃t]
veterinário (m)	weterynarz (m)	[vɛtɛ'rinaʃ]

agricultor, fazendeiro (m)	farmer (m)	['farmɛr]
vinicultor (m)	winiarz (m)	['viɲaʃ]
zoólogo (m)	zoolog (m)	[zɔ'ɔlɜk]
vaqueiro (m)	kowboj (m)	['kɔvbɔj]

129. Profissões artísticas

ator (m)	aktor (m)	['aktɔr]
atriz (f)	aktorka (ż)	[ak'tɔrka]
cantor (m)	śpiewak (m)	['ɕpevak]
cantora (f)	śpiewaczka (ż)	[ɕpe'vatʃka]
bailarino (m)	tancerz (m)	['tantsɛʃ]
bailarina (f)	tancerka (ż)	[tan'tsɛrka]
artista (m)	artysta (m)	[ar'tista]
artista (f)	artystka (ż)	[ar'tistka]
músico (m)	muzyk (m)	['muzɨk]
pianista (m)	pianista (m)	[pʰja'nista]
guitarrista (m)	gitarzysta (m)	[gita'ʒista]
maestro (m)	dyrygent (m)	[di'rigɛnt]
compositor (m)	kompozytor (m)	[kɔmpɔ'zitɔr]
empresário (m)	impresario (m)	[imprɛ'sarʰɔ]
diretor (m) de cinema	reżyser (m)	[rɛ'ʒisɛr]
produtor (m)	producent (m)	[prɔ'dutsɛnt]
roteirista (m)	scenarzysta (m)	[stsɛna'ʒista]
crítico (m)	krytyk (m)	['kritɨk]
escritor (m)	pisarz (m)	['pisaʃ]
poeta (m)	poeta (m)	[pɔ'ɛta]
escultor (m)	rzeźbiarz (m)	['ʒɛzʲbʲaʃ]
pintor (m)	malarz (m)	['maʎaʃ]
malabarista (m)	żongler (m)	['ʒɔɲler]
palhaço (m)	klown (m)	['kʎaun]
acrobata (m)	akrobata (m)	[akrɔ'bata]
ilusionista (m)	sztukmistrz (m)	['ʃtukmistʃ]

130. Várias profissões

médico (m)	lekarz (m)	['lekaʃ]
enfermeira (f)	pielęgniarka (ż)	[pelɛ̃g'ɲarka]
psiquiatra (m)	psychiatra (m)	[psɨhʰʲatra]
dentista (m)	dentysta (m)	[dɛn'tista]
cirurgião (m)	chirurg (m)	['hirurk]
astronauta (m)	astronauta (m)	[astrɔ'nauta]
astrônomo (m)	astronom (m)	[ast'rɔnɔm]

motorista (m)	kierowca (m)	[ke'rɔftsa]
maquinista (m)	maszynista (m)	[maʃi'nista]
mecânico (m)	mechanik (m)	[mɛ'hanik]

mineiro (m)	górnik (m)	['gurnik]
operário (m)	robotnik (m)	[rɔ'bɔtnik]
serralheiro (m)	ślusarz (m)	['ɕlysaʃ]
marceneiro (m)	stolarz (m)	['stɔʎaʃ]
torneiro (m)	tokarz (m)	['tɔkaʃ]
construtor (m)	budowniczy (m)	[budɔv'niʧi]
soldador (m)	spawacz (m)	['spavaʧ]

professor (m)	profesor (m)	[prɔ'fɛsɔr]
arquiteto (m)	architekt (m)	[ar'hitɛkt]
historiador (m)	historyk (m)	[his'tɔrik]
cientista (m)	naukowiec (m)	[nau'kɔvets]
físico (m)	fizyk (m)	['fizik]
químico (m)	chemik (m)	['hɛmik]

arqueólogo (m)	archeolog (m)	[arhɛ'ɔlɔk]
geólogo (m)	geolog (m)	[gɛ'ɔlɔk]
pesquisador (cientista)	badacz (m)	['badaʧ]

babysitter, babá (f)	opiekunka (ż) do dziecka	[ɔpe'kuŋka dɔ 'dʑetska]
professor (m)	pedagog (m)	[pɛ'dagɔk]

redator (m)	redaktor (m)	[rɛ'daktɔr]
redator-chefe (m)	redaktor (m) naczelny	[rɛ'daktɔr nat'ʃɛʎni]
correspondente (m)	korespondent (m)	[kɔrɛs'pɔndɛnt]
datilógrafa (f)	maszynistka (ż)	[maʃi'nistka]

designer (m)	projektant (m)	[prɔ'ektant]
especialista (m) em informática	komputerowiec (m)	[kɔmputɛ'rɔvets]
programador (m)	programista (m)	[prɔgra'mista]
engenheiro (m)	inżynier (m)	[in'ʒiner]

marujo (m)	marynarz (m)	[ma'rinaʃ]
marinheiro (m)	marynarz (m)	[ma'rinaʃ]
socorrista (m)	ratownik (m)	[ra'tɔvnik]

bombeiro (m)	strażak (m)	['straʒak]
polícia (m)	policjant (m)	[pɔ'litsʰjant]
guarda-noturno (m)	stróż (m)	[struʃ]
detetive (m)	detektyw (m)	[dɛ'tɛktiv]

funcionário (m) da alfândega	celnik (m)	['tsɛʎnik]
guarda-costas (m)	ochroniarz (m)	[ɔh'rɔɲaʃ]
guarda (m) prisional	nadzorca (m)	[na'dzɔrtsa]
inspetor (m)	inspektor (m)	[ins'pɛktɔr]

esportista (m)	sportowiec (m)	[spɔr'tɔvets]
treinador (m)	trener (m)	['trɛnɛr]
açougueiro (m)	rzeźnik (m)	['ʒɛʑʲnik]
sapateiro (m)	szewc (m)	[ʃɛfts]
comerciante (m)	handlowiec (m)	[hand'lɔvets]

carregador (m)	ładowacz (m)	[wa'dɔvat͡ʃ]
estilista (m)	projektant (m) mody	[prɔ'ektant 'mɔdi]
modelo (f)	modelka (ż)	[mɔ'dɛʎka]

131. Ocupações. Estatuto social

| estudante (~ de escola) | uczeń (m) | ['ut͡ʃɛɲ] |
| estudante (~ universitária) | student (m) | ['studɛnt] |

filósofo (m)	filozof (m)	[fi'lɔzɔf]
economista (m)	ekonomista (m)	[ɛkɔnɔ'mista]
inventor (m)	wynalazca (m)	[vina'ʎast͡sa]

desempregado (m)	bezrobotny (m)	[bɛzrɔ'bɔtnɨ]
aposentado (m)	emeryt (m)	[ɛ'mɛrit]
espião (m)	szpieg (m)	[ʃpek]

preso, prisioneiro (m)	więzień (m)	['veɲʒɛ̃]
grevista (m)	strajkujący (m)	[strajku͡ɔt͡si]
burocrata (m)	biurokrata (m)	[byrɔk'rata]
viajante (m)	podróżnik (m)	[pɔd'ruʒnik]

| homossexual (m) | homoseksualista (m) | [hɔmɔsɛksua'lista] |
| hacker (m) | haker (m) | ['hakɛr] |

bandido (m)	bandyta (m)	[ban'dɨta]
assassino (m)	płatny zabójca (m)	['pwatnɨ za'bɔjt͡sa]
drogado (m)	narkoman (m)	[nar'kɔman]
traficante (m)	handlarz (m) narkotyków	['handʎaʒ narkɔ'tikuf]
prostituta (f)	prostytutka (ż)	[prɔsti'tutka]
cafetão (m)	sutener (m)	[su'tɛnɛr]

bruxo (m)	czarodziej (m)	[t͡ʃa'rɔd͡ʒej]
bruxa (f)	czarodziejka (ż)	[t͡ʃarɔ'd͡ʒejka]
pirata (m)	pirat (m)	['pirat]
escravo (m)	niewolnik (m)	[ne'vɔʎnik]
samurai (m)	samuraj (m)	[sa'muraj]
selvagem (m)	dzikus (m)	['d͡ʒikus]

Desportos

132. Tipos de desportos. Desportistas

esportista (m)	sportowiec (m)	[spɔr'tɔveɪs]
tipo (m) de esporte	rodzaj (m) sportu	['rɔdzaj 'spɔrtu]
basquete (m)	koszykówka (ż)	[kɔʃi'kufka]
jogador (m) de basquete	koszykarz (m)	[kɔ'ʃikaʃ]
beisebol (m)	baseball (m)	['bɛjzbɔʎ]
jogador (m) de beisebol	bejsbolista (m)	[bɛjzbɔ'lista]
futebol (m)	piłka (ż) nożna	['piwka 'nɔʒna]
jogador (m) de futebol	piłkarz (m)	['piwkaʃ]
goleiro (m)	bramkarz (m)	['bramkaʃ]
hóquei (m)	hokej (m)	['hɔkɛj]
jogador (m) de hóquei	hokeista (m)	[hɔkɛ'ista]
vôlei (m)	siatkówka (ż)	[ɕat'kufka]
jogador (m) de vôlei	siatkarz (m)	['ɕatkaʃ]
boxe (m)	boks (m)	[bɔks]
boxeador (m)	bokser (m)	['bɔksɛr]
luta (f)	zapasy (l.mn.)	[za'pasɪ]
lutador (m)	zapaśnik (m)	[za'paɕnik]
caratê (m)	karate (n)	[ka'ratɛ]
carateca (m)	karateka (m)	[kara'tɛka]
judô (m)	judo (n)	['dʒudɔ]
judoca (m)	judoka (m)	[dʒu'dɔka]
tênis (m)	tenis (m)	['tɛnis]
tenista (m)	tenisista (m)	[tɛni'ɕista]
natação (f)	pływanie (n)	[pwi'vane]
nadador (m)	pływak (m)	['pwivak]
esgrima (f)	szermierka (ż)	[ʃɛr'merka]
esgrimista (m)	szermierz (m)	['ʃɛrmeʃ]
xadrez (m)	szachy (l.mn.)	['ʃahɪ]
jogador (m) de xadrez	szachista (m)	[ʃa'hista]
alpinismo (m)	alpinizm (m)	[aʎpi'nism]
alpinista (m)	alpinista (m)	[aʎpi'nista]
corrida (f)	bieganie (m)	['begane]

corredor (m)	biegacz (m)	['begatʃ]
atletismo (m)	lekkoatletyka (ż)	[lekkɔat'letika]
atleta (m)	lekkoatleta (m)	[lekkɔat'leta]

hipismo (m)	jeździectwo (n)	[eʑ'dʒeɪsstfɔ]
cavaleiro (m)	jeździec (m)	['eʒdʒeɪs]

patinação (f) artística	łyżwiarstwo (n) figurowe	[wiʒ'vʲarstfɔ figu'rɔvɛ]
patinador (m)	łyżwiarz (m) figurowy	['wiʒvʲaʃ figu'rɔvi]
patinadora (f)	łyżwiarka (ż) figurowa	[wiʒ'vʲarka figu'rɔva]

halterofilismo (m)	podnoszenie (n) ciężarów	[pɔdnɔ'ʃɛne ʧɛ̃'ʒaruv]
corrida (f) de carros	wyścigi (l.mn.) samochodowe	[viɕ'ʧigi samɔhɔ'dɔvɛ]
piloto (m)	kierowca (m) wyścigowy	[ke'rɔftsa viɕʧi'gɔvi]

ciclismo (m)	kolarstwo (n)	[kɔ'ʎarstfɔ]
ciclista (m)	kolarz (m)	['kɔʎaʃ]

salto (m) em distância	skoki (l.mn.) w dal	['skɔki v daʎ]
salto (m) com vara	skoki (l.mn.) o tyczce	['skɔki ɔ 'titʃtsɛ]
atleta (m) de saltos	skoczek (m)	['skɔtʃɛk]

133. Tipos de desportos. Diversos

futebol (m) americano	futbol (m) amerykański	['futbɔʎ amɛri'kaɲski]
badminton (m)	badminton (m)	[bad'mintɔn]
biatlo (m)	biathlon (m)	['bʰatlɔn]
bilhar (m)	bilard (m)	['biʎart]

bobsled (m)	bobsleje (l.mn.)	[bɔps'lɛe]
musculação (f)	kulturystyka (ż)	[kuʎtu'ristika]
polo (m) aquático	piłka (ż) wodna	['piwka 'vɔdna]
handebol (m)	piłka (ż) ręczna	['piwka 'rɛntʃna]
golfe (m)	golf (m)	[gɔʎf]

remo (m)	wioślarstwo (n)	[vɔɕ'ʎarstfɔ]
mergulho (m)	nurkowanie (n)	[nurkɔ'vane]
corrida (f) de esqui	biegi (l.mn.) narciarskie	['begi nar'ʧarske]
tênis (m) de mesa	tenis (m) stołowy	['tɛnis stɔ'wɔvi]

vela (f)	żeglarstwo (n)	[ʒɛg'ʎarstfɔ]
rali (m)	rajd (m)	[rajt]
rúgbi (m)	rugby (n)	['ragbi]
snowboard (m)	snowboard (m)	['snɔubɔrd]
arco-e-flecha (m)	łucznictwo (n)	[wutʃ'nitstfɔ]

134. Ginásio

barra (f)	sztanga (ż)	['ʃtaŋa]
halteres (m pl)	hantle (l.mn.)	['hantle]
aparelho (m) de musculação	trenażer (m)	[trɛ'naʒɛr]
bicicleta (f) ergométrica	trenażer (m) rowerowy	[trɛ'naʒɛr rɔvɛ'rɔvi]

esteira (f) de corrida	bieżnia (ż)	['beʒna]
barra (f) fixa	drążek (m)	['drɔ̃ʒɛk]
barras (f pl) paralelas	poręcze (l.mn.)	[pɔ'rɛntʃɛ]
cavalo (m)	koń (m) gimnastyczny	[kɔɲ gimnas'titʃni]
tapete (m) de ginástica	mata (ż)	['mata]

aeróbica (f)	aerobik (m)	[aɛ'rɔbik]
ioga, yoga (f)	joga (ż)	['jɔga]

135. Hóquei

hóquei (m)	hokej (m)	['hɔkɛj]
jogador (m) de hóquei	hokeista (m)	[hɔkɛ'ista]
jogar hóquei	grać w hokeja	[gratʃ f hɔ'kɛja]
gelo (m)	lód (m)	[lyt]

disco (m)	krążek (m)	['krɔ̃ʒɛk]
taco (m) de hóquei	kij (m) hokejowy	[kij hɔkɛɜvi]
patins (m pl) de gelo	łyżwy (l.mn.)	['wiʒvi]

muro (m)	banda (ż)	['banda]
tiro (m)	podanie (n)	[pɔ'danɛ]

goleiro (m)	bramkarz (m)	['bramkaʃ]
gol (m)	bramka (ż)	['bramka]
marcar um gol	strzelić bramkę	['stʃɛlitʃ 'bramkɛ̃]

tempo (m)	tercja (ż)	['tɛrtsʰja]
banco (m) de reservas	ławka (ż) rezerwowych	['wafka rɛzɛr'vɔvih]

136. Futebol

futebol (m)	piłka (ż) nożna	['piwka 'nɔʒna]
jogador (m) de futebol	piłkarz (m)	['piwkaʃ]
jogar futebol	grać w piłkę nożną	[gratʃ f 'piwkɛ̃ 'nɔʒnɔ̃]

Time (m) Principal	Ekstraklasa (ż)	[ɛkstrak'ʎasa]
time (m) de futebol	klub (m) piłkarski	[klyp piw'karski]
treinador (m)	trener (m)	['trɛnɛr]
proprietário (m)	właściciel (m)	[vwaɕ'tʃitʃeʎ]

equipe (f)	drużyna (ż)	[dru'ʒina]
capitão (m)	kapitan (m) drużyny	[ka'pitan dru'ʒini]
jogador (m)	gracz (m)	[gratʃ]
jogador (m) reserva	gracz (m) rezerwowy	[gratʃ rɛzɛr'vɔvi]

atacante (m)	napastnik (m)	[na'pastnik]
centroavante (m)	środkowy (m) napastnik	[ɕrɔt'kɔvɨ na'pastnik]
marcador (m)	strzelec (m)	['stʃɛlɛts]
defesa (m)	obrońca (m)	[ɔb'rɔɲtsa]
meio-campo (m)	pomocnik (m)	[pɔ'mɔtsnik]
jogo (m), partida (f)	mecz (m)	[mɛtʃ]

encontrar-se (vr)	spotkać się	['spotkatʃ ɕɛ̃]
final (m)	finał (m)	['finaw]
semifinal (f)	półfinał (m)	[puw'finaw]
campeonato (m)	mistrzostwa (l.mn.)	[mist'ʃostva]
tempo (m)	połowa (ż) gry	[pɔ'wɔva gri]
primeiro tempo (m)	pierwsza połowa (ż)	['perfʃa pɔ'wɔva]
intervalo (m)	przerwa (ż)	['pʃɛrva]
goleira (f)	bramka (ż)	['bramka]
goleiro (m)	bramkarz (m)	['bramkaʃ]
trave (f)	słupek (m) bramki	['swupɛk 'bramki]
travessão (m)	poprzeczka (ż)	[pɔp'ʃɛtʃka]
rede (f)	siatka (ż)	['ɕatka]
tomar um gol	stracić bramkę	['stratʃitʃ 'bramkɛ̃]
bola (f)	piłka (ż)	['piwka]
passe (m)	podanie (n)	[pɔ'dane]
chute (m)	strzał (m)	[stʃaw]
chutar (vt)	oddać strzał	['ɔtdatʃ stʃaw]
pontapé (m)	rzut (m) wolny	[ʒut 'vɔʎni]
escanteio (m)	rzut (m) rożny	[ʒut 'rɔʒni]
ataque (m)	atak (m)	['atak]
contra-ataque (m)	kontratak (m)	[kɔnt'ratak]
combinação (f)	kombinacja (ż)	[kɔmbi'natsʰja]
árbitro (m)	arbiter (m)	[ar'bitɛr]
apitar (vi)	gwizdać	['gvizdatʃ]
apito (m)	gwizdek (m)	['gvizdɛk]
falta (f)	naruszenie (n)	[naru'ʃɛne]
cometer a falta	naruszyć	[na'ruʃitʃ]
expulsar (vt)	usunąć z boiska	[u'sunɔ̃tʃ z bɔ'iska]
cartão (m) amarelo	żółta kartka (ż)	['ʒuwta 'kartka]
cartão (m) vermelho	czerwona kartka (ż)	[tʃɛr'vɔna 'kartka]
desqualificação (f)	dyskwalifikacja (ż)	[diskfalifi'katsʰja]
desqualificar (vt)	dyskwalifikować	[diskfalifi'kɔvatʃ]
pênalti (m)	rzut (m) karny	[ʒut 'karni]
barreira (f)	mur (m)	[mur]
marcar (vt)	strzelić	['stʃɛlitʃ]
gol (m)	bramka (ż)	['bramka]
marcar um gol	strzelić bramkę	['stʃɛlitʃ 'bramkɛ̃]
substituição (f)	zamiana (ż)	[za'mʲana]
substituir (vt)	zamienić	[za'menitʃ]
regras (f pl)	reguły (l.mn.)	[rɛ'guwi]
tática (f)	taktyka (ż)	['taktika]
estádio (m)	stadion (m)	['stadʰɔn]
arquibancadas (f pl)	trybuna (ż)	[tri'buna]
fã, torcedor (m)	fan (m)	[fan]
gritar (vi)	krzyczeć	['kʃitʃɛtʃ]
placar (m)	tablica (ż)	[tab'litsa]
resultado (m)	wynik (m)	['vinik]

derrota (f)	porażka (ż)	[pɔ'raʃka]
perder (vt)	przegrać	['pʃɛgratʃ]
empate (m)	remis (m)	['rɛmis]
empatar (vi)	zremisować	[zrɛmi'sɔvatʃ]
vitória (f)	zwycięstwo (n)	[zvɨ'tʃenstfɔ]
vencer (vi, vt)	zwyciężyć	[zvɨ'tʃenʒitʃ]
campeão (m)	mistrz (m)	[mistʃ]
melhor (adj)	najlepszy	[naj'lepʃɨ]
felicitar (vt)	gratulować	[gratu'lɔvatʃ]
comentarista (m)	komentator (m)	[kɔmɛn'tatɔr]
comentar (vt)	komentować	[kɔmɛn'tɔvatʃ]
transmissão (f)	transmisja (ż)	[trans'misʰja]

137. Esqui alpino

esqui (m)	narty (l.mn.)	['nartɨ]
esquiar (vi)	jeździć na nartach	['eʑdʑitʃ na 'nartah]
estação (f) de esqui	kurort (m) narciarski	['kurɔrt nar'tʃarski]
teleférico (m)	dźwig (m)	[dʑivik]
bastões (m pl) de esqui	kije (l.mn.)	['kie]
declive (m)	zbocze (n)	['zbɔtʃɛ]
slalom (m)	slalom (m)	['sʎalɜm]

138. Tênis. Golfe

golfe (m)	golf (m)	[gɔʎf]
clube (m) de golfe	klub (m) golfowy	[klyb gɔʎ'fɔvɨ]
jogador (m) de golfe	golfista (m)	[gɔʎ'fista]
buraco (m)	dołek (m)	['dɔwɛk]
taco (m)	kij (m) golfowy	[kij gɔʎ'fɔvɨ]
trolley (m)	wózek (m) do golfa	['vuzɛk dɔ 'gɔʎfa]
tênis (m)	tenis (m)	['tɛnis]
quadra (f) de tênis	kort (m)	[kɔrt]
saque (m)	serw (m)	[sɛrf]
sacar (vi)	serwować	[sɛr'vɔvatʃ]
raquete (f)	rakieta (ż)	[ra'keta]
rede (f)	siatka (ż)	['ɕatka]
bola (f)	piłeczka (ż)	[pi'wɛtʃka]

139. Xadrez

xadrez (m)	szachy (l.mn.)	['ʃahɨ]
peças (f pl) de xadrez	figury (l.mn.) szachowe	[fi'gurɨ ʃa'hɔvɛ]
jogador (m) de xadrez	szachista (m)	[ʃa'hista]
tabuleiro (m) de xadrez	szachownica (ż)	[ʃahɔv'nitsa]

peça (f)	figura (m)	[fi'gura]
brancas (f pl)	białe (l.mn.)	['bʲawɛ]
pretas (f pl)	czarne (l.mn.)	['t͡ʃarnɛ]

peão (m)	pionek (m)	['pɔnɛk]
bispo (m)	goniec (m)	['gɔnet͡s]
cavalo (m)	skoczek (m)	['skɔt͡ʃɛk]
torre (f)	wieża (ż)	['veʒa]
dama (f)	hetman (m)	['hɛtman]
rei (m)	król (m)	[kruʎ]

vez (f)	ruch (m)	[ruh]
mover (vt)	zrobić ruch	['zrɔbit͡ʃ ruh]
sacrificar (vt)	poświęcić	[pɔʃ'vɛ̃t͡ʃit͡ʃ]
roque (m)	roszada (ż)	[rɔ'ʃada]
xeque (m)	szach (m)	[ʃah]
xeque-mate (m)	mat (m)	[mat]

torneio (m) de xadrez	turniej (m) szachowy	['turnej ʃa'hɔvi]
grão-mestre (m)	arcymistrz (m)	[ar'tsimistʃ]
combinação (f)	kombinacja (ż)	[kɔmbi'natsʰja]
partida (f)	partia (ż)	['partʰja]
jogo (m) de damas	warcaby (l.mn.)	[var'tsabi]

140. Boxe

boxe (m)	boks (m)	[bɔks]
combate (m)	walka (ż)	['vaʎka]
luta (f) de boxe	pojedynek (m)	[pɔe'dinɛk]
round (m)	runda (ż)	['runda]

| ringue (m) | ring (m) | [riŋk] |
| gongo (m) | gong (m) | [gɔŋk] |

murro, soco (m)	cios (m)	['t͡ʃɔs]
derrubada (f)	knockdown (m)	[nɔk'daun]
nocaute (m)	nokaut (m)	[nɔ'kaut]
nocautear (vt)	znokautować	[znɔkau'tɔvat͡ʃ]

| luva (f) de boxe | rękawica (ż) bokserska | [rɛ̃ka'viʦa bɔk'sɛrska] |
| juiz (m) | sędzia (m) | ['sɛ̃d͡ʒʲa] |

peso-pena (m)	waga (ż) lekka	['vaga 'lekka]
peso-médio (m)	waga (ż) półciężka	['vaga puw't͡ʃenʃka]
peso-pesado (m)	waga (ż) ciężka	['vaga 't͡ʃenʃka]

141. Desportos. Diversos

Jogos (m pl) Olímpicos	Igrzyska (l.mn.) Olimpijskie	[ig'ʒiska ɔlim'pijske]
vencedor (m)	zwycięzca (m)	[zvi't͡ʃenstsa]
vencer (vi)	zwyciężać	[zvi't͡ʃenʒat͡ʃ]
vencer (vi, vt)	wygrać	['vigrat͡ʃ]

| líder (m) | lider (m) | ['lidɛr] |
| liderar (vt) | prowadzić | [prɔ'vadʑiʧ] |

primeiro lugar (m)	pierwsze miejsce (n)	['perfʃɛ 'mejsʦɛ]
segundo lugar (m)	drugie miejsce (n)	['druge 'mejsʦɛ]
terceiro lugar (m)	trzecie miejsce (n)	['ʧɛʧe 'mejsʦɛ]

medalha (f)	medal (m)	['mɛdaʎ]
troféu (m)	trofeum (m)	[trɔ'fɛum]
taça (f)	puchar (m)	['puhar]
prêmio (m)	nagroda (ż)	[nag'rɔda]
prêmio (m) principal	główna nagroda (ż)	['gwuvna nag'rɔda]

| recorde (m) | rekord (m) | ['rɛkɔrt] |
| estabelecer um recorde | ustanawiać rekord | [usta'navʲaʧ 'rɛkɔrt] |

| final (m) | finał (m) | ['finaw] |
| final (adj) | finałowy | [fina'wɔvi] |

| campeão (m) | mistrz (m) | [misʧ] |
| campeonato (m) | mistrzostwa (l.mn.) | [mist'ʃɔstva] |

estádio (m)	stadion (m)	['stadʰɔn]
arquibancadas (f pl)	trybuna (ż)	[tri'buna]
fã, torcedor (m)	kibic (m)	['kibiʦ]
adversário (m)	przeciwnik (m)	[pʃɛ'ʧivnik]

| partida (f) | start (m) | [start] |
| linha (f) de chegada | meta (ż) | ['mɛta] |

| derrota (f) | przegrana (ż) | [pʃɛg'rana] |
| perder (vt) | przegrać | ['pʃɛgraʧ] |

árbitro, juiz (m)	sędzia (m)	['sɛ̃dʑʲa]
júri (m)	jury (n)	[ʒi'ri]
resultado (m)	wynik (m)	['vinik]
empate (m)	remis (m)	['rɛmis]
empatar (vi)	zremisować	[zrɛmi'sɔvaʧ]
ponto (m)	punkt (m)	[puŋkt]
resultado (m) final	wynik (m)	['vinik]

intervalo (m)	przerwa (ż)	['pʃɛrva]
doping (m)	doping (m)	['dɔpiŋk]
penalizar (vt)	karać	['karaʧ]
desqualificar (vt)	dyskwalifikować	[diskfalifi'kɔvaʧ]

aparelho, aparato (m)	przyrząd (m)	['pʃiʒɔ̃t]
dardo (m)	oszczep (m)	['ɔʃʧɛp]
peso (m)	kula (ż)	['kuʎa]
bola (f)	kula (ż)	['kuʎa]

alvo, objetivo (m)	cel (m)	[ʦɛʎ]
alvo (~ de papel)	tarcza (ż)	['tarʧa]
disparar, atirar (vi)	strzelać	['sʧɛʎaʧ]
preciso (tiro ~)	dokładny	[dɔk'wadni]
treinador (m)	trener (m)	['trɛnɛr]

treinar (vt)	trenować	[trɛ'nɔvatʃ]
treinar-se (vr)	ćwiczyć	['tʃfitʃitʃ]
treino (m)	trening (m)	['trɛniŋk]

academia (f) de ginástica	sala (ż) gimnastyczna	['saʎa gimnas'titʃna]
exercício (m)	ćwiczenie (n)	[tʃfit'ʃɛne]
aquecimento (m)	rozgrzewka (ż)	[rɔzg'ʒɛfka]

Educação

142. Escola

escola (f)	szkoła (ż)	['ʃkɔwa]
diretor (m) de escola	dyrektor (m) szkoły	[di'rɛktɔr 'ʃkɔwɨ]
aluno (m)	uczeń (m)	['utʃɛɲ]
aluna (f)	uczennica (ż)	[utʃɛ'ɲitsa]
estudante (m)	uczeń (m)	['utʃɛɲ]
estudante (f)	uczennica (ż)	[utʃɛ'ɲitsa]
ensinar (vt)	uczyć	['utʃitʃ]
aprender (vt)	uczyć się	['utʃitʃ ɕɛ̃]
decorar (vt)	uczyć się na pamięć	['utʃitʃ ɕɛ̃ na 'pamɛ̃tʃ]
estudar (vi)	uczyć się	['utʃitʃ ɕɛ̃]
estar na escola	uczyć się	['utʃitʃ ɕɛ̃]
ir à escola	iść do szkoły	[iɕtʃ dɔ 'ʃkɔwɨ]
alfabeto (m)	alfabet (m)	[aʎ'fabɛt]
disciplina (f)	przedmiot (m)	['pʃɛdmɔt]
sala (f) de aula	klasa (ż)	['kʎasa]
lição, aula (f)	lekcja (ż)	['lektsʰja]
recreio (m)	przerwa (ż)	['pʃɛrva]
toque (m)	dzwonek (m)	['dzvɔnɛk]
classe (f)	ławka (ż)	['wafka]
quadro (m) negro	tablica (ż)	[tab'litsa]
nota (f)	ocena (ż)	[ɔ'tsɛna]
boa nota (f)	dobra ocena (ż)	['dɔbra ɔ'tsɛna]
nota (f) baixa	zła ocena (ż)	[zwa ɔ'tsɛna]
dar uma nota	wystawiać oceny	[vɨs'tavʲatʃ ɔ'tsɛni]
erro (m)	błąd (m)	[bwɔ̃t]
errar (vi)	robić błędy	['rɔbitʃ 'bwɛndɨ]
corrigir (~ um erro)	poprawiać	[pɔp'ravʲatʃ]
cola (f)	ściągawka (ż)	[ɕtʃɔ̃'gafka]
dever (m) de casa	praca (ż) domowa	['pratsa dɔ'mɔva]
exercício (m)	ćwiczenie (n)	[tʃfit'ʃɛne]
estar presente	być obecnym	[bitʃ ɔ'bɛtsnim]
estar ausente	być nieobecnym	[bitʃ nɛɔ'bɛtsnim]
punir (vt)	karać	['karatʃ]
punição (f)	kara (ż)	['kara]
comportamento (m)	zachowanie (ż)	[zahɔ'vane]

boletim (m) escolar	dziennik (m) szkolny	['dʒɛɲik 'ʃkɔʎni]
lápis (m)	ołówek (m)	[ɔ'wuvɛk]
borracha (f)	gumka (ż)	['gumka]
giz (m)	kreda (ż)	['krɛda]
porta-lápis (m)	piórnik (m)	['pyrnik]

mala, pasta, mochila (f)	teczka (ż)	['tɛtʃka]
caneta (f)	długopis (m)	[dwu'gɔpis]
caderno (m)	zeszyt (m)	['zɛʃit]
livro (m) didático	podręcznik (m)	[pɔd'rɛntʃnik]
compasso (m)	cyrkiel (m)	['tsirkeʎ]

traçar (vt)	szkicować	[ʃki'tsɔvatʃ]
desenho (m) técnico	rysunek (m) techniczny	[ri'sunɛk tɛh'nitʃnɛ]

poesia (f)	wiersz (m)	[verʃ]
de cor	na pamięć	[na 'pamɛ̃tʃ]
decorar (vt)	uczyć się na pamięć	['utʃitʃ ɕɛ̃ na 'pamɛ̃tʃ]

férias (f pl)	ferie (l.mn.)	['ferʰe]
estar de férias	być na feriach	[bitʃ na 'fɛrʰjah]

teste (m), prova (f)	sprawdzian (m)	['spravdʒʲan]
redação (f)	wypracowanie (n)	[vipratsɔ'vane]
ditado (m)	dyktando (n)	[dik'tandɔ]

exame (m), prova (f)	egzamin (m)	[ɛg'zamin]
fazer prova	zdawać egzaminy	['zdavatʃ ɛgza'mini]
experiência (~ química)	eksperyment (m)	[ɛkspɛ'rimɛnt]

143. Colégio. Universidade

academia (f)	akademia (ż)	[aka'dɛmʰja]
universidade (f)	uniwersytet (m)	[uni'vɛrsitɛt]
faculdade (f)	wydział (m)	['vidʒʲaw]

estudante (m)	student (m)	['studɛnt]
estudante (f)	studentka (ż)	[stu'dɛntka]
professor (m)	wykładowca (m)	[vikwa'dɔftsa]

auditório (m)	sala (ż)	['saʎa]
graduado (m)	absolwent (m)	[ab'sɔʎvɛnt]

diploma (m)	dyplom (ż)	['diplɔm]
tese (f)	rozprawa (ż)	[rɔsp'rava]

estudo (obra)	studium (n)	['studʰjum]
laboratório (m)	laboratorium (n)	[ʎabɔra'tɔrʰjum]

palestra (f)	wykład (m)	['vikwat]
colega (m) de curso	kolega (m) z roku	[kɔ'lega z 'rɔku]

bolsa (f) de estudos	stypendium (n)	[sti'pɛndʰjum]
grau (m) acadêmico	stopień (m) naukowy	['stɔpeɲ nau'kɔvi]

144. Ciências. Disciplinas

matemática (f)	matematyka (ż)	[matɛ'matika]
álgebra (f)	algebra (ż)	[aʎ'gɛbra]
geometria (f)	geometria (ż)	[gɛɔ'mɛtrʰja]
astronomia (f)	astronomia (ż)	[astrɔ'nɔmʰja]
biologia (f)	biologia (ż)	[bʰɔ'lɜgʰja]
geografia (f)	geografia (ż)	[gɛɔg'rafʰja]
geologia (f)	geologia (ż)	[gɛɔ'lɜgʰja]
história (f)	historia (ż)	[his'tɔrʰja]
medicina (f)	medycyna (ż)	[mɛdi'tsina]
pedagogia (f)	pedagogika (ż)	[pɛda'gɔgika]
direito (m)	prawo (n)	['pravɔ]
física (f)	fizyka (ż)	['fizika]
química (f)	chemia (ż)	['hɛmʰja]
filosofia (f)	filozofia (ż)	[filɜ'zɔfʰja]
psicologia (f)	psychologia (ż)	[psihɔ'lɜgʰja]

145. Sistema de escrita. Ortografia

gramática (f)	gramatyka (ż)	[gra'matika]
vocabulário (m)	słownictwo (n)	[swɔv'nitstfɔ]
fonética (f)	fonetyka (ż)	[fɔ'nɛtika]
substantivo (m)	rzeczownik (m)	[ʒɛt'ʃɔvnik]
adjetivo (m)	przymiotnik (m)	[pʃi'mɜtnik]
verbo (m)	czasownik (m)	[tʃa'sɔvnik]
advérbio (m)	przysłówek (m)	[pʃis'wuvɛk]
pronome (m)	zaimek (m)	[za'imɛk]
interjeição (f)	wykrzyknik (m)	[vik'ʃiknik]
preposição (f)	przyimek (m)	[pʃi'imɛk]
raiz (f)	rdzeń (m) słowa	[rdzɛɲ 'swɔva]
terminação (f)	końcówka (ż)	[kɔɲ'tsufka]
prefixo (m)	prefiks (m)	['prɛfiks]
sílaba (f)	sylaba (ż)	[si'ʎaba]
sufixo (m)	sufiks (m)	['sufiks]
acento (m)	akcent (m)	['aktsɛnt]
apóstrofo (f)	apostrof (m)	[a'pɔstrɔf]
ponto (m)	kropka (ż)	['krɔpka]
vírgula (f)	przecinek (m)	[pʃɛ'tʃinɛk]
ponto e vírgula (m)	średnik (m)	['ɕrɛdnik]
dois pontos (m pl)	dwukropek (m)	[dvuk'rɔpɛk]
reticências (f pl)	wielokropek (m)	[velɜk'rɔpɛk]
ponto (m) de interrogação	znak (m) zapytania	[znak zapi'taɲa]
ponto (m) de exclamação	wykrzyknik (m)	[vik'ʃiknik]

aspas (f pl)	cudzysłów (m)	[ʦu'dʑiswuf]
entre aspas	w cudzysłowie	[f ʦudʑis'wɔve]
parênteses (m pl)	nawias (m)	['navias]
entre parênteses	w nawiasie	[v na'viaɕe]
hífen (m)	łącznik (m)	['wɔ̃ʧɲik]
travessão (m)	myślnik (m)	['miɕʎnik]
espaço (m)	odstęp (m)	['ɔtstɛ̃p]
letra (f)	litera (ż)	[li'tɛra]
letra (f) maiúscula	wielka litera (ż)	['veʎka li'tɛra]
vogal (f)	samogłoska (ż)	[samɔg'wɔska]
consoante (f)	spółgłoska (ż)	[spuwg'wɔska]
frase (f)	zdanie (n)	['zdane]
sujeito (m)	podmiot (m)	['pɔdmɔt]
predicado (m)	orzeczenie (n)	[ɔʒɛt'ʃɛne]
linha (f)	linijka (n)	[li'nijka]
em uma nova linha	od nowej linii	[ɔd 'nɔvɛj 'lini:]
parágrafo (m)	akapit (m)	[a'kapit]
palavra (f)	słowo (n)	['swɔvɔ]
grupo (m) de palavras	połączenie (n) wyrazowe	[pɔwɔ̃t'ʃɛne vira'zɔvɛ]
expressão (f)	wyrażenie (n)	[vira'ʒɛne]
sinônimo (m)	synonim (m)	[si'nɔnim]
antônimo (m)	antonim (m)	[an'tɔnim]
regra (f)	reguła (ż)	[rɛ'guwa]
exceção (f)	wyjątek (m)	[vi'ɔ̃tɛk]
correto (adj)	poprawny	[pɔp'ravni]
conjugação (f)	koniugacja (ż)	[kɔnʰju'gaʦʰja]
declinação (f)	deklinacja (ż)	[dɛkli'naʦʰja]
caso (m)	przypadek (m)	[pʃi'padɛk]
pergunta (n)	pytanie (n)	[pi'tane]
sublinhar (vt)	podkreślić	[pɔtk'rɛɕliʧ]
linha (f) pontilhada	linia (ż) przerywana	['liɲja pʃɛri'vana]

146. Línguas estrangeiras

língua (f)	język (m)	['enzik]
língua (f) estrangeira	obcy język (m)	['ɔbʦi 'enzik]
estudar (vt)	studiować	[studʰ'avaʧ]
aprender (vt)	uczyć się	['uʧiʧ ɕɛ̃]
ler (vt)	czytać	['ʧitaʧ]
falar (vi)	mówić	['muviʧ]
entender (vt)	rozumieć	[rɔ'zumeʧ]
escrever (vt)	pisać	['pisaʧ]
rapidamente	szybko	['ʃipkɔ]
devagar, lentamente	wolno	['vɔʎnɔ]

fluentemente	swobodnie	[sfɔ'bɔdne]
regras (f pl)	reguły (l.mn.)	[rɛ'guwi]
gramática (f)	gramatyka (ż)	[gra'matika]
vocabulário (m)	słownictwo (n)	[swɔv'niʦtfɔ]
fonética (f)	fonetyka (ż)	[fɔ'nɛtika]

livro (m) didático	podręcznik (m)	[pɔd'rɛnʧnik]
dicionário (m)	słownik (m)	['swɔvnik]
manual (m) autodidático	samouczek (m)	[samɔ'uʧɛk]
guia (m) de conversação	rozmówki (l.mn.)	[rɔz'mufki]

fita (f) cassete	kaseta (ż)	[ka'sɛta]
videoteipe (m)	kaseta (ż) wideo	[ka'sɛta vi'dɛɔ]
CD (m)	płyta CD (ż)	['pwita si'di]
DVD (m)	płyta DVD (ż)	['pwita divi'di]

alfabeto (m)	alfabet (m)	[aʎ'fabɛt]
soletrar (vt)	przeliterować	[pʃɛlite'rɔvaʧ]
pronúncia (f)	wymowa (ż)	[vi'mɔva]

sotaque (m)	akcent (m)	['akʦɛnt]
com sotaque	z akcentem	[z ak'ʦɛntɛm]
sem sotaque	bez akcentu	[bɛz ak'ʦɛntu]

palavra (f)	wyraz (m), słowo (n)	['viras], ['svɔvɔ]
sentido (m)	znaczenie (n)	[zna'ʧɛnie]

curso (m)	kurs (m)	[kurs]
inscrever-se (vr)	zapisać się	[za'pisaʧ ɕɛ̃]
professor (m)	wykładowca (m)	[vikwa'dɔfʦa]

tradução (processo)	tłumaczenie (n)	[twumat'ʃɛne]
tradução (texto)	przekład (m)	['pʃɛkwat]
tradutor (m)	tłumacz (m)	['twumaʧ]
intérprete (m)	tłumacz (m)	['twumaʧ]

poliglota (m)	poliglota (m)	[pɔlig'lɔta]
memória (f)	pamięć (ż)	['pamɛ̃ʧ]

147. Personagens de contos de fadas

Papai Noel (m)	Święty Mikołaj (m)	['ɕfenti mi'kɔwaj]
sereia (f)	rusałka (ż)	[ru'sawka]

bruxo, feiticeiro (m)	czarodziej (m)	[ʧa'rɔʤej]
fada (f)	czarodziejka (ż)	[ʧarɔ'ʤejka]
mágico (adj)	czarodziejski	[ʧarɔ'ʤejski]
varinha (f) mágica	różdżka (ż) czarodziejska	['ruʃʧka ʧarɔ'ʤejska]

conto (m) de fadas	bajka (ż)	['bajka]
milagre (m)	cud (m)	[ʦut]
anão (m)	krasnoludek (m)	[krasnɔ'lydɛk]
transformar-se em ...	zamienić się	[za'meniʧ ɕɛ̃]
fantasma (m)	duch (m)	[duh]

fantasma (m)	zjawa (ż)	['zʰjava]
monstro (m)	potwór (m)	['pɔtfur]
dragão (m)	smok (m)	[smɔk]
gigante (m)	wielkolud (m)	[veʎ'kɔlyt]

148. Signos do Zodíaco

Áries (f)	Baran (m)	['baran]
Touro (m)	Byk (m)	[bɨk]
Gêmeos (m pl)	Bliźnięta (l.mn.)	[bliʑ'nenta]
Câncer (m)	Rak (m)	[rak]
Leão (m)	Lew (m)	[lef]
Virgem (f)	Panna (ż)	['paŋa]

Libra (f)	Waga (ż)	['vaga]
Escorpião (m)	Skorpion (m)	['skɔrpʰɜn]
Sagitário (m)	Strzelec (m)	['stʃɛlets]
Capricórnio (m)	Koziorożec (m)	[kɔʒʒ'rɔʒɛts]
Aquário (m)	Wodnik (m)	['vɔdnik]
Peixes (pl)	Ryby (l.mn.)	['rɨbɨ]

caráter (m)	charakter (m)	[ha'raktɛr]
traços (m pl) do caráter	cechy (l.mn.) charakteru	['tsɛhɨ harak'tɛru]
comportamento (m)	zachowanie (n)	[zahɔ'vane]
prever a sorte	wróżyć	['vruʒitʃ]
adivinha (f)	wróżka (ż)	['vruʃka]
horóscopo (m)	horoskop (m)	[hɔ'rɔskɔp]

Artes

149. Teatro

teatro (m)	teatr (m)	['tɛatr]
ópera (f)	opera (ż)	['ɔpɛra]
opereta (f)	operetka (ż)	[ɔpɛ'rɛtka]
balé (m)	balet (m)	['balet]
cartaz (m)	afisz (m)	['afiʃ]
companhia (f) de teatro	zespół (m)	['zɛspuw]
turnê (f)	tournée (n)	[tur'nɛ]
estar em turnê	być na tournée	[bitʃ na tur'nɛ]
ensaiar (vt)	robić próbę	['robitʃ 'prubɛ̃]
ensaio (m)	próba (ż)	['pruba]
repertório (m)	repertuar (m)	[rɛ'pɛrtuar]
apresentação (f)	przedstawienie (n)	[pʃɛtsta'vene]
espetáculo (m)	spektakl (m)	['spɛktakʎ]
peça (f)	sztuka (ż)	['ʃtuka]
entrada (m)	bilet (m)	['bilet]
bilheteira (f)	kasa (ż) biletowa	['kasa bile'tɔva]
hall (m)	hol (m)	[hɔʎ]
vestiário (m)	szatnia (ż)	['ʃatɲa]
senha (f) numerada	numerek (m)	[nu'mɛrɛk]
binóculo (m)	lornetka (ż)	[lɜr'nɛtka]
lanterninha (m)	kontroler (m)	[kɔnt'rɔler]
plateia (f)	parter (m)	['partɛr]
balcão (m)	balkon (m)	['baʎkɔn]
primeiro balcão (m)	pierwszy balkon (m)	['perfʃi 'baʎkɔn]
camarote (m)	loża (ż)	['lɜʒa]
fila (f)	rząd (m)	[ʒɔ̃t]
assento (m)	miejsce (n)	['mejstsɛ]
público (m)	publiczność (ż)	[pub'litʃnɔctʃ]
espectador (m)	widz (m)	[vidz]
aplaudir (vt)	klaskać	['klaskatʃ]
aplauso (m)	oklaski (l.mn.)	[ɔk'ʎaski]
ovação (f)	owacje (l.mn.)	[ɔ'vatsʰe]
palco (m)	scena (ż)	['stsɛna]
cortina (f)	kurtyna (ż)	[kur'tɨna]
cenário (m)	dekoracje (l.mn.)	[dɛkɔ'ratsʰe]
bastidores (m pl)	kulisy (l.mn.)	[ku'lisɨ]
cena (f)	scena (ż)	['stsɛna]
ato (m)	akt (m)	[akt]
intervalo (m)	przerwa (ż)	['pʃɛrva]

150. Cinema

| ator (m) | aktor (m) | ['aktɔr] |
| atriz (f) | aktorka (ż) | [ak'tɔrka] |

cinema (m)	kino (n)	['kinɔ]
filme (m)	kino (n), film (m)	['kinɔ], [fiʌm]
episódio (m)	odcinek (m)	[ɔ'tʃinɛk]

filme (m) policial	film (m) kryminalny	[fiʌm krimi'naʌni]
filme (m) de ação	film (m) akcji	[fiʌm 'aktsʰi]
filme (m) de aventuras	film (m) przygodowy	[fiʌm pʃigɔ'dɔvi]
filme (m) de ficção científica	film (m) science-fiction	[fiʌm sajns fikʃn]
filme (m) de horror	horror (m)	['hɔrɔr]

comédia (f)	komedia (ż) filmowa	[kɔ'mɛdʰja fiʌ'mɔva]
melodrama (m)	melodramat (m)	[mɛlɜd'ramat]
drama (m)	dramat (m)	['dramat]

filme (m) de ficção	film (m) fabularny	[fiʌm fabu'ʌarni]
documentário (m)	film (m) dokumentalny	[fiʌm dɔkumɛn'taʌni]
desenho (m) animado	film (m) animowany	[fiʌm animɔ'vani]
cinema (m) mudo	nieme kino (n)	['nɛmɛ 'kinɔ]

papel (m)	rola (ż)	['rɔʌa]
papel (m) principal	główna rola (ż)	['gwuvna 'rɔʌa]
representar (vt)	grać	[gratʃ]

estrela (f) de cinema	gwiazda (ż) filmowa	['gvʲazda fiʌ'mɔva]
conhecido (adj)	sławny	['swavni]
famoso (adj)	znany	['znani]
popular (adj)	popularny	[pɔpu'ʌarni]

roteiro (m)	scenariusz (m)	[stsɛ'narʰjuʃ]
roteirista (m)	scenarzysta (m)	[stsɛna'ʒista]
diretor (m) de cinema	reżyser (m)	[rɛ'ʒisɛr]
produtor (m)	producent (m)	[prɔ'dutsɛnt]
assistente (m)	asystent (m)	[a'sistɛnt]
diretor (m) de fotografia	operator (m)	[ɔpɛ'ratɔr]
dublê (m)	kaskader (m)	[kas'kadɛr]

filmar (vt)	kręcić film	['krɛ̃tʃitʃ fiʌm]
audição (f)	próby (l.mn.)	['prubi]
filmagem (f)	zdjęcia (l.mn.)	['zdʰɛ̃tʃʲa]
equipe (f) de filmagem	ekipa (ż) filmowa	[ɛ'kipa fiʌ'mɔva]
set (m) de filmagem	plan (m) filmowy	[pʌan fiʌ'mɔvi]
câmera (f)	kamera (ż) filmowa	[ka'mɛra fiʌ'mɔva]

cinema (m)	kino (n)	['kinɔ]
tela (f)	ekran (m)	['ɛkran]
exibir um filme	wyświetlać film	[viɕ'fetʌatʃ fiʌm]

trilha (f) sonora	ścieżka (ż) dźwiękowa	['ɕtʃeʃka dʒʲvɛ̃'kɔva]
efeitos (m pl) especiais	efekty (l.mn.) specjalne	[ɛ'fɛkti spɛtsʰ'jaʌnɛ]
legendas (f pl)	napisy (l.mn.)	[na'pisi]

133

| crédito (m) | czołówka (ż) | [ʧɔ'wufka] |
| tradução (f) | tłumaczenie (n) | [twumat'ʃɛne] |

151. Pintura

arte (f)	sztuka (ż)	['ʃtuka]
belas-artes (f pl)	sztuki (l.mn.) piękne	['ʃtuki 'peŋknɛ]
galeria (f) de arte	galeria (ż)	[galerʲja]
exibição (f) de arte	wystawa (ż) sztuki	[vis'tava 'ʃtuki]

pintura (f)	malarstwo (n)	[ma'ʎarstfɔ]
arte (f) gráfica	grafika (ż)	['grafika]
arte (f) abstrata	abstrakcjonizm (m)	[abstrakʦʰɜnizm]
impressionismo (m)	impresjonizm (m)	[imprɛsʰɜnizm]

pintura (f), quadro (m)	obraz (m)	['ɔbras]
desenho (m)	rysunek (m)	[ri'sunɛk]
cartaz, pôster (m)	plakat (m)	['pʎakat]

ilustração (f)	ilustracja (ż)	[ilyst'raʦʰʲja]
miniatura (f)	miniatura (ż)	[miɲja'tura]
cópia (f)	kopia (ż)	['kɔpʰja]
reprodução (f)	reprodukcja (ż)	[rɛprɔ'dukʦʰʲja]

mosaico (m)	mozaika (ż)	[mɔ'zaika]
vitral (m)	witraż (m)	['vitraʃ]
afresco (m)	fresk (m)	[frɛsk]
gravura (f)	sztych (m)	[ʃtih]

busto (m)	popiersie (n)	[pɔ'perɕe]
escultura (f)	rzeźba (ż)	['ʒɛʑʲba]
estátua (f)	posąg (m)	['pɔsɔ̃k]
gesso (m)	gips (m)	[gips]
em gesso (adj)	gipsowy	[gip'sɔvɨ]

retrato (m)	portret (m)	['pɔrtrɛt]
autorretrato (m)	autoportret (m)	[autɔ'pɔrtrɛt]
paisagem (f)	pejzaż (m)	['pɛjzaʃ]
natureza (f) morta	martwa natura (ż)	['martfa na'tura]
caricatura (f)	karykatura (ż)	[karika'tura]

tinta (f)	farba (ż)	['farba]
aquarela (f)	akwarela (ż)	[akfa'rɛʎa]
tinta (f) a óleo	farba (ż) olejna	['farba ɔlejna]
lápis (m)	ołówek (m)	[ɔ'wuvɛk]
tinta (f) nanquim	tusz (m)	[tuʃ]
carvão (m)	węgiel (m)	['vɛŋeʎ]

| desenhar (vt) | rysować | [ri'sɔvaʧ] |
| pintar (vt) | malować | [ma'lɔvaʧ] |

posar (vi)	pozować	[pɔ'zɔvaʧ]
modelo (m)	model (m)	['mɔdeʎ]
modelo (f)	modelka (ż)	[mɔ'dɛʎka]

pintor (m)	malarz (m)	['maʎaʃ]
obra (f)	dzieło (n)	['dʒewɔ]
obra-prima (f)	arcydzieło (n)	[artsɨ'dʒewɔ]
estúdio (m)	pracownia (ż)	[pra'tsɔvɲa]

tela (f)	płótno (n)	['pwutnɔ]
cavalete (m)	sztalugi (l.mn.)	[ʃta'lygi]
paleta (f)	paleta (ż)	[pa'leta]

moldura (f)	rama (ż)	['rama]
restauração (f)	restauracja (ż)	[rɛstau'ratsʰja]
restaurar (vt)	restaurować	[rɛstau'rɔvatʃ]

152. Literatura & Poesia

literatura (f)	literatura (ż)	[litɛra'tura]
autor (m)	autor (m)	['autɔr]
pseudônimo (m)	pseudonim (m)	[psɛu'dɔnim]

livro (m)	książka (ż)	[kɕɔ̃ʃka]
volume (m)	tom (m)	[tɔm]
índice (m)	spis (m) treści	[spis 'trɛɕtɕi]
página (f)	strona (ż)	['strɔna]
protagonista (m)	główny bohater (m)	['gwuvnɨ bɔ'hatɛr]
autógrafo (m)	autograf (m)	[au'tɔgraf]

conto (m)	opowiadanie (n)	[ɔpɔvʲa'dane]
novela (f)	opowieść (ż)	[ɔ'pɔvɛɕtʃ]
romance (m)	powieść (ż)	['pɔvɛɕtʃ]
obra (f)	wypracowanie (n)	[vɨpratsɔ'vane]
fábula (m)	baśń (ż)	[baɕɲ]
romance (m) policial	kryminał (m)	[kri'minaw]

verso (m)	wiersz (m)	[verʃ]
poesia (f)	poezja (ż)	[pɔ'ɛzʰja]
poema (m)	poemat (m)	[pɔ'ɛmat]
poeta (m)	poeta (m)	[pɔ'ɛta]

ficção (f)	beletrystyka (ż)	[bɛlet'ristɨka]
ficção (f) científica	fantastyka (ż) naukowa	[fan'tastɨka nau'kɔva]
aventuras (f pl)	przygody (l.mn.)	[pʃɨ'gɔdi]
literatura (f) didática	podręczniki (l.mn.)	[pɔdrɛ̃tʃ'niki]
literatura (f) infantil	literatura (ż) dla dzieci	[litɛra'tura dʎa 'dʒetʃi]

153. Circo

circo (m)	cyrk (m)	[tsɨrk]
circo (m) ambulante	cyrk (m) wędrowny	[tsɨrk vɛ̃d'rɔvnɨ]
programa (m)	program (m)	['prɔgram]
apresentação (f)	przedstawienie (n)	[pʃɛtsta'vene]
número (m)	numer (m)	['numɛr]
picadeiro (f)	arena (ż)	[a'rɛna]

| pantomima (f) | pantomima (ż) | [panto'mima] |
| palhaço (m) | klown (m) | ['kʎaun] |

acrobata (m)	akrobata (m)	[akrɔ'bata]
acrobacia (f)	akrobatyka (ż)	[akrɔ'batika]
ginasta (m)	gimnastyk (m)	[gim'nastik]
ginástica (f)	gimnastyka (ż)	[gim'nastika]
salto (m) mortal	salto (n)	['saʎtɔ]

homem (m) forte	atleta (m)	[at'leta]
domador (m)	poskramiacz (m)	[pɔsk'ramʲatʃ]
cavaleiro (m) equilibrista	jeździec (m)	['eʑdʑeʦ]
assistente (m)	asystent (m)	[a'sistɛnt]

truque (m)	trik (m)	[trik]
truque (m) de mágica	sztuczka (ż)	['ʃtutʃka]
ilusionista (m)	sztukmistrz (m)	['ʃtukmistʃ]

malabarista (m)	żongler (m)	['ʒɔŋler]
fazer malabarismos	żonglować	[ʒɔŋ'lɜvatʃ]
adestrador (m)	treser (m)	['trɛsɛr]
adestramento (m)	tresura (ż)	[trɛ'sura]
adestrar (vt)	tresować	[trɛ'sɔvatʃ]

154. Música. Música popular

música (f)	muzyka (ż)	['muzika]
músico (m)	muzyk (m)	['muzik]
instrumento (m) musical	instrument (m) muzyczny	[inst'rumɛnt mu'zitʃni]
tocar ...	grać na ...	[gratʃ na]

guitarra (f)	gitara (ż)	[gi'tara]
violino (m)	skrzypce (l.mn.)	['skʃipʦɛ]
violoncelo (m)	wiolonczela (ż)	[vʰɜlɜnt'ʃɛʎa]
contrabaixo (m)	kontrabas (m)	[kɔnt'rabas]
harpa (f)	harfa (ż)	['harfa]

piano (m)	pianino (n)	[pʰja'ninɔ]
piano (m) de cauda	fortepian (m)	[fɔr'tɛpʰjan]
órgão (m)	organy (l.mn.)	[ɔr'ganɨ]

instrumentos (m pl) de sopro	instrumenty (l.mn.) dęte	[instru'mɛntɨ 'dɛntɛ]
oboé (m)	obój (m)	['ɔbuj]
saxofone (m)	saksofon (m)	[sak'sɔfɔn]
clarinete (m)	klarnet (m)	['kʎarnɛt]
flauta (f)	flet (m)	[flɛt]
trompete (m)	trąba (ż), trąbka (ż)	['trɔ̃ba], ['trɔ̃bka]

| acordeão (m) | akordeon (m) | [akɔr'dɛɔn] |
| tambor (m) | bęben (m) | ['bɛmbɛn] |

dueto (m)	duet (m)	['duɛt]
trio (m)	trio (ż)	['triɔ]
quarteto (m)	kwartet (m)	['kfartɛt]

coro (m)	**chór** (m)	[hur]
orquestra (f)	**orkiestra** (ż)	[ɔr'kestra]
música (f) pop	**muzyka** (ż) **pop**	['muzɨka pɔp]
música (f) rock	**muzyka** (ż) **rockowa**	['muzɨka rɔ'kɔva]
grupo (m) de rock	**zespół** (m) **rockowy**	['zɛspuw rɔ'kɔvɨ]
jazz (m)	**jazz** (m)	[dʒɛs]
ídolo (m)	**idol** (m)	['idɔʎ]
fã, admirador (m)	**wielbiciel** (m)	[veʎ'bitʃeʎ]
concerto (m)	**koncert** (m)	['kɔnʦɛrt]
sinfonia (f)	**symfonia** (ż)	[sim'fɔɲja]
composição (f)	**utwór** (m)	['utfur]
compor (vt)	**skomponować**	[skɔmpɔ'nɔvatʃ]
canto (m)	**śpiew** (m)	[ɕpev]
canção (f)	**piosenka** (ż)	[pɔ'sɛŋka]
melodia (f)	**melodia** (ż)	[mɛ'lɔdʲja]
ritmo (m)	**rytm** (m)	[ritm]
blues (m)	**blues** (m)	[blys]
notas (f pl)	**nuty** (l.mn.)	['nutɨ]
batuta (f)	**batuta** (ż)	[ba'tuta]
arco (m)	**smyczek** (m)	['smɨʧɛk]
corda (f)	**struna** (ż)	['struna]
estojo (m)	**futerał** (m)	[fu'tɛraw]

Descanso. Entretenimento. Viagens

155. Viagens

turismo (m)	turystyka (ż)	[tu'ristika]
turista (m)	turysta (m)	[tu'rista]
viagem (f)	podróż (ż)	['pɔdruʃ]
aventura (f)	przygoda (ż)	[pʃi'gɔda]
percurso (curta viagem)	podróż (ż)	['pɔdruʃ]
férias (f pl)	urlop (m)	['urlɔp]
estar de férias	być na urlopie	[biʧ na ur'lɔpe]
descanso (m)	wypoczynek (m)	[vipɔt'ʃinɛk]
trem (m)	pociąg (m)	['pɔʧɔk]
de trem (chegar ~)	pociągiem	[pɔʧɔ̃gem]
avião (m)	samolot (m)	[sa'mɔlɜt]
de avião	samolotem	[samɔ'lɜtɛm]
de carro	samochodem	[samɔ'hɔdɛm]
de navio	statkiem	['statkem]
bagagem (f)	bagaż (m)	['bagaʃ]
mala (f)	walizka (ż)	[va'liska]
carrinho (m)	wózek (m) bagażowy	['vuzɛk baga'ʒɔvi]
passaporte (m)	paszport (m)	['paʃpɔrt]
visto (m)	wiza (ż)	['viza]
passagem (f)	bilet (m)	['bilet]
passagem (f) aérea	bilet (m) lotniczy	['bilet lɜt'niʧi]
guia (m) de viagem	przewodnik (m)	[pʃɛ'vɔdnik]
mapa (m)	mapa (ż)	['mapa]
área (f)	miejscowość (ż)	[mejs'tsɔvɔʧ]
lugar (m)	miejsce (n)	['mejstsɛ]
exotismo (m)	egzotyka (ż)	[ɛg'zɔtika]
exótico (adj)	egzotyczny	[ɛgzɔ'tiʧni]
surpreendente (adj)	zadziwiający	[zadʒivjaɔ̃tsi]
grupo (m)	grupa (ż)	['grupa]
excursão (f)	wycieczka (ż)	[vi'ʧeʧka]
guia (m)	przewodnik (ż)	[pʃɛ'vɔdnik]

156. Hotel

hotel (m)	hotel (m)	['hɔtɛʎ]
motel (m)	motel (m)	['mɔtɛʎ]
três estrelas	trzy gwiazdki	[ʧi 'gvⁱaztki]

cinco estrelas	pięć gwiazdek	[pɛ̃ʧ 'gvʲazdɛk]
ficar (vi, vt)	zatrzymać się	[zat'ʃimaʧ ɕɛ̃]

quarto (m)	pokój (m)	['pɔkuj]
quarto (m) individual	pokój (m) jednoosobowy	['pɔkuj ednɔːsɔ'bɔvi]
quarto (m) duplo	pokój (m) dwuosobowy	['pɔkuj dvuɔsɔ'bɔvi]
reservar um quarto	rezerwować pokój	[rɛzɛr'vɔvaʧ 'pɔkuj]

meia pensão (f)	wyżywienie (n) Half Board	[viʒi'vene haf bɔrd]
pensão (f) completa	pełne (n) wyżywienie	['pɛwnɛ viʒivi'ene]

com banheira	z łazienką	[z wa'ʒenkɔ̃]
com chuveiro	z prysznicem	[z priʃ'nitsɛm]
televisão (m) por satélite	telewizja (ż) satelitarna	[tɛle'vizʰja satɛli'tarna]
ar (m) condicionado	klimatyzator (m)	[klimati'zatɔr]
toalha (f)	ręcznik (m)	['rɛnʧnik]
chave (f)	klucz (m)	[kluʧ]

administrador (m)	administrator (m)	[administ'ratɔr]
camareira (f)	pokojówka (ż)	[pɔkɔ'jufka]
bagageiro (m)	tragarz (m)	['tragaʃ]
porteiro (m)	odźwierny (m)	[ɔd'vjerni]

restaurante (m)	restauracja (ż)	[rɛstau'ratsʰja]
bar (m)	bar (m)	[bar]
café (m) da manhã	śniadanie (n)	[ɕɲa'dane]
jantar (m)	kolacja (ż)	[kɔ'ʎatsʰja]
bufê (m)	szwedzki stół (m)	['ʃfɛtski stuw]

elevador (m)	winda (ż)	['vinda]
NÃO PERTURBE	NIE PRZESZKADZAĆ	[ne pʃɛʃ'kadzaʧ]
PROIBIDO FUMAR!	ZAKAZ PALENIA!	['zakas pa'leɲa]

157. Livros. Leitura

livro (m)	książka (ż)	[kɕɔ̃ʃka]
autor (m)	autor (m)	['autɔr]
escritor (m)	pisarz (m)	['pisaʃ]
escrever (~ um livro)	napisać	[na'pisaʧ]

leitor (m)	czytelnik (m)	[ʧi'tɛʎnik]
ler (vt)	czytać	['ʧitaʧ]
leitura (f)	lektura (ż)	[lek'tura]

para si	po cichu	[pɔ 'ʧihu]
em voz alta	na głos	['na gwɔs]

publicar (vt)	wydawać	[vi'davaʧ]
publicação (f)	wydanie (n)	[vi'dane]
editor (m)	wydawca (m)	[vi'daftsa]
editora (f)	wydawnictwo (n)	[vidav'nitstfɔ]

sair (vi)	ukazać się	[u'kazaʧ ɕɛ̃]
lançamento (m)	publikacja (ż)	[publi'katsija]

tiragem (f)	**nakład** (m)	['nakwat]
livraria (f)	**księgarnia** (ż)	[kɕɛ̃'garɲa]
biblioteca (f)	**biblioteka** (ż)	[bibl3'tɛka]

novela (f)	**opowieść** (ż)	[ɔ'pɔveɕʧ]
conto (m)	**opowiadanie** (n)	[ɔpɔvʲa'dane]
romance (m)	**powieść** (ż)	['pɔveɕʧ]
romance (m) policial	**kryminał** (m)	[kri'minaw]

memórias (f pl)	**wspomnienia** (l.mn.)	[fspɔm'neɲa]
lenda (f)	**legenda** (ż)	[le'gɛnda]
mito (m)	**mit** (m)	[mit]

poesia (f)	**wiersze** (l.mn.)	['verʃɛ]
autobiografia (f)	**autobiografia** (ż)	[autɔbʰɔg'rafʰja]
obras (f pl) escolhidas	**wybrane prace** (l.mn.)	[vib'ranɛ 'pratsɛ]
ficção (f) científica	**fantastyka** (ż)	[fan'tastika]
título (m)	**tytuł** (m)	['tituw]
introdução (f)	**wstęp** (m)	[fstɛ̃p]
folha (f) de rosto	**strona** (ż) **tytułowa**	['strɔna titu'wɔva]

capítulo (m)	**rozdział** (m)	['rɔzdʑ'aw]
excerto (m)	**fragment** (m)	['fragmɛnt]
episódio (m)	**epizod** (m)	[ɛ'pizɔt]

enredo (m)	**wątek** (m)	['võtɛk]
conteúdo (m)	**spis** (m) **treści**	[spis 'trɛɕʧi]
índice (m)	**spis** (m) **treści**	[spis 'trɛɕʧi]
protagonista (m)	**główny bohater** (m)	['gwuvnɨ bɔ'hatɛr]

volume (m)	**tom** (m)	[tɔm]
capa (f)	**okładka** (ż)	[ɔk'watka]
encadernação (f)	**oprawa** (ż)	[ɔp'rava]
marcador (m) de página	**zakładka** (ż)	[zak'watka]

página (f)	**strona** (ż)	['strɔna]
folhear (vt)	**kartkować**	[kart'kɔvaʧ]
margem (f)	**margines** (m)	[mar'ginɛs]
anotação (f)	**notatki** (l.mn.)	[nɔ'tatki]
nota (f) de rodapé	**przypis** (m)	['pʃɨpis]

texto (m)	**tekst** (m)	[tɛkst]
fonte (f)	**czcionka** (ż)	['ʧʧɔŋka]
falha (f) de impressão	**literówka** (ż)	[litɛ'rufka]

tradução (f)	**przekład** (m)	['pʃɛkwat]
traduzir (vt)	**tłumaczyć**	[twu'matʃiʧ]
original (m)	**oryginał** (m)	[ɔrɨ'ginaw]

famoso (adj)	**znany**	['znanɨ]
desconhecido (adj)	**nieznany**	[nez'nanɨ]
interessante (adj)	**ciekawy**	[ʨe'kavɨ]
best-seller (m)	**bestseller** (m)	[bɛs'tsɛler]
dicionário (m)	**słownik** (m)	['swɔvnik]
livro (m) didático	**podręcznik** (m)	[pɔd'rɛnʧnik]
enciclopédia (f)	**encyklopedia** (ż)	[ɛntsɨklɔ'pɛdʰja]

158. Caça. Pesca

caça (f)	polowanie (n)	[pɔlɜ'vane]
caçar (vi)	polować	[pɔ'lɜvatʃ]
caçador (m)	myśliwy (m)	[miɕ'livi]
disparar, atirar (vi)	strzelać	['stʃɛʎatʃ]
rifle (m)	strzelba (ż)	['stʃɛʎba]
cartucho (m)	nabój (m)	['nabuj]
chumbo (m) de caça	śrut (m)	[ɕryt]
armadilha (f)	potrzask (m)	['pɔtʃask]
armadilha (com corda)	sidła (l.mn.)	['ɕidwa]
pôr a armadilha	zastawiać sidła	[zas'tavjatʃ 'ɕidwa]
caçador (m) furtivo	kłusownik (m)	[kwu'sɔvnik]
caça (animais)	zwierzyna łowna (ż)	[zve'ʒina 'wɔvna]
cão (m) de caça	pies (m) myśliwski	[pes miɕ'lifski]
safári (m)	safari (n)	[sa'fari]
animal (m) empalhado	wypchane zwierzę (n)	[vip'hanɛ 'zveʒɛ̃]
pescador (m)	rybak (m)	['ribak]
pesca (f)	wędkowanie (n)	[vɛ̃tkɔ'vane]
pescar (vt)	wędkować	[vɛ̃t'kɔvatʃ]
vara (f) de pesca	wędka (ż)	['vɛntka]
linha (f) de pesca	żyłka (ż)	['ʒiwka]
anzol (m)	haczyk (m)	['hatʃik]
boia (f), flutuador (m)	spławik (m)	['spwavik]
isca (f)	przynęta (ż)	[pʃi'nɛnta]
lançar a linha	zarzucić wędkę	[za'ʒutʃitʃ 'vɛtkɛ̃]
morder (peixe)	brać	[bratʃ]
pesca (f)	połów (m)	['pɔwuf]
buraco (m) no gelo	przerębel (m)	[pʃɛ'rɛ̃bɛʎ]
rede (f)	sieć (ż)	[ɕetʃ]
barco (m)	łódź (ż)	[wutʃ]
pescar com rede	łowić siecią	['wɔvitʃ 'ɕetʃɔ̃]
lançar a rede	zarzucać sieć	[za'ʒutsatʃ ɕetʃ]
puxar a rede	wyciągać sieć	[vitʃɔ̃gatʃ ɕetʃ]
baleeiro (m)	wielorybnik (m)	[velɜ'ribnik]
baleeira (f)	statek (m) wielorybniczy	['statɛk velɜrib'nitʃi]
arpão (m)	harpun (m)	['harpun]

159. Jogos. Bilhar

bilhar (m)	bilard (m)	['biʎart]
sala (f) de bilhar	sala (ż) bilardowa	['saʎa biʎar'dɔva]
bola (f) de bilhar	bila (ż)	['biʎa]
embolsar uma bola	wbić bilę	[vbitʃ 'bilɛ̃]
taco (m)	kij (m)	[kij]
caçapa (f)	łuza (ż)	['wuza]

141

160. Jogos. Jogar cartas

ouros (m pl)	karo (n)	['karɔ]
espadas (f pl)	pik (m)	[pik]
copas (f pl)	kier (m)	[ker]
paus (m pl)	trefl (m)	['trɛfʌ]
ás (m)	as (m)	[as]
rei (m)	król (m)	[kruʌ]
dama (f), rainha (f)	dama (ż)	['dama]
valete (m)	walet (m)	['valɛt]
carta (f) de jogar	karta (ż)	['karta]
cartas (f pl)	karty (l.mn.)	['kartɨ]
trunfo (m)	atut (m)	['atut]
baralho (m)	talia (ż)	['taʌja]
dar, distribuir (vt)	rozdawać karty	[rɔz'davatʃ 'kartɨ]
embaralhar (vt)	tasować	[ta'sɔvatʃ]
vez, jogada (f)	ruch (m)	[ruh]
trapaceiro (m)	szuler (m)	['ʃuler]

161. Casino. Roleta

cassino (m)	kasyno (n)	[ka'sɨnɔ]
roleta (f)	ruletka (ż)	[ru'letka]
aposta (f)	stawka (ż)	['stafka]
apostar (vt)	stawiać	['stavʲatʃ]
vermelho (m)	czerwone (n)	[tʃɛr'vɔnɛ]
preto (m)	czarne (n)	['tʃarnɛ]
apostar no vermelho	obstawiać czerwone	[ɔbs'tavʲatʃ tʃɛr'vɔnɛ]
apostar no preto	obstawiać czarne	[ɔbs'tavʲatʃ 'tʃarnɛ]
croupier (m, f)	krupier (m)	['krupʰer]
girar da roleta	zakręcić ruletką	[zak'rɛ̃tʃitʃ ru'letkɔ̃]
regras (f pl) do jogo	reguły (l.mn.) gry	[rɛ'guwɨ grɨ]
ficha (f)	żeton (m)	['ʒɛtɔn]
ganhar (vi, vt)	wygrać	['vɨgratʃ]
ganho (m)	wygrana (ż)	[vɨg'rana]
perder (dinheiro)	przegrać	['pʃɛgratʃ]
perda (f)	strata (ż)	['strata]
jogador (m)	gracz (m)	[gratʃ]
blackjack, vinte-e-um (m)	blackjack (m)	[blekdʒɛk]
jogo (m) de dados	gra (ż) w kości	[gra v 'kɔɕtʃi]
caça-níqueis (m)	automat (m) do gry	[au'tɔmat dɔ grɨ]

162. Descanso. Jogos. Diversos

passear (vi)	spacerować	[spatsɛ'rɔvatʃ]
passeio (m)	spacer (m)	['spatsɛr]
viagem (f) de carro	przejażdżka (ż)	[pʃɛ'jaʃtʃka]
aventura (f)	przygoda (ż)	[pʃi'gɔda]
piquenique (m)	piknik (m)	['piknik]
jogo (m)	gra (ż)	[gra]
jogador (m)	gracz (m)	[gratʃ]
partida (f)	partia (ż)	['partʰja]
colecionador (m)	kolekcjoner (m)	[kɔlektsʰɜnɛr]
colecionar (vt)	kolekcjonować	[kɔlektsʰɜ'nɔvatʃ]
coleção (f)	kolekcja (ż)	[kɔ'lektsʰja]
palavras (f pl) cruzadas	krzyżówka (ż)	[kʃi'ʒufka]
hipódromo (m)	hipodrom (m)	[hi'pɔdrɔm]
discoteca (f)	dyskoteka (ż)	[diskɔ'tɛka]
sauna (f)	sauna (ż)	['sauna]
loteria (f)	loteria (ż)	[lɔ'tɛrʰja]
campismo (m)	wyprawa (ż)	[vip'rava]
acampamento (m)	obóz (m)	['ɔbus]
barraca (f)	namiot (m)	['namɜt]
bússola (f)	kompas (m)	['kɔmpas]
campista (m)	turysta (m)	[tu'rista]
ver (vt), assistir à ...	oglądać	[ɔglɔ̃datʃ]
telespectador (m)	telewidz (m)	[tɛ'levitts]
programa (m) de TV	program (m) telewizyjny	['prɔgram tɛlevi'zijni]

163. Fotografia

máquina (f) fotográfica	aparat (m) fotograficzny	[a'parat fɔtɔgra'fitʃni]
foto, fotografia (f)	fotografia (ż)	[fotɔg'rafʰja]
fotógrafo (m)	fotograf (m)	[fo'tɔgraf]
estúdio (m) fotográfico	studio (n) fotograficzne	['studʰɜ fotɔgra'fitʃnɛ]
álbum (m) de fotografias	album (m) fotograficzny	['aʎbum fotɔgra'fitʃni]
lente (f) fotográfica	obiektyw (m)	[ɔbʰ'ektif]
lente (f) teleobjetiva	teleobiektyw (m)	[tɛleɔbʰ'ektif]
filtro (m)	filtr (m)	[fiʎtr]
lente (f)	soczewka (ż)	[sɔt'ʃɛfka]
ótica (f)	optyka (ż)	['ɔptika]
abertura (f)	przysłona (ż)	[pʃis'wɔna]
exposição (f)	czas (m) naświetlania	[tʃas naɕfet'ʎaɲa]
visor (m)	celownik (m)	[tsɛ'lɔvnik]
câmera (f) digital	aparat (m) cyfrowy	[a'parat tsif'rɔvi]
tripé (m)	statyw (m)	['statif]

flash (m)	flesz (m)	[fleʃ]
fotografar (vt)	fotografować	[fɔtɔgra'fɔvatʃ]
tirar fotos	robić zdjęcia	['rɔbitʃ 'zdʰɛ̃tʃa]
fotografar-se (vr)	fotografować się	[fɔtɔgra'fɔvatʃ ɕɛ̃]

foco (m)	ostrość (ż)	['ɔstrɔɕtʃ]
focar (vt)	ustawiać ostrość	[us'taviatʃ 'ɔstrɔɕtʃ]
nítido (adj)	wyraźny	[vi'raźnɨ]
nitidez (f)	ostrość (ż)	['ɔstrɔɕtʃ]

contraste (m)	kontrast (m)	['kɔntrast]
contrastante (adj)	kontrastowy	[kɔntras'tɔvɨ]

retrato (m)	zdjęcie (n)	['zdʰɛ̃tʃe]
negativo (m)	negatyw (m)	[nɛ'gatɨf]
filme (m)	film (m)	[fiʎm]
fotograma (m)	kadr (m)	[kadr]
imprimir (vt)	robić odbitki	['rɔbitʃ ɔd'bitki]

164. Praia. Natação

praia (f)	plaża (ż)	['pʎaʒa]
areia (f)	piasek (m)	['piasɛk]
deserto (adj)	pustynny	[pus'tɨɲi]

bronzeado (m)	opalenizna (ż)	[ɔpale'nizna]
bronzear-se (vr)	opalać się	[ɔ'paʎatʃ ɕɛ̃]
bronzeado (adj)	opalony	[ɔpa'lɔnɨ]
protetor (m) solar	krem (m) do opalania	[krɛm dɔ ɔpa'ʎaɲa]

biquíni (m)	bikini (n)	[bi'kini]
maiô (m)	kostium (m) kąpielowy	['kɔstʰjum kɔ̃pelɔvɨ]
calção (m) de banho	kąpielówki (l.mn.)	[kɔ̃pe'lɨfki]

piscina (f)	basen (m)	['basɛn]
nadar (vi)	pływać	['pwivatʃ]
chuveiro (m), ducha (f)	prysznic (m)	['prɨʃnits]
mudar, trocar (vt)	przebierać się	[pʃɛ'beratʃ ɕɛ̃]
toalha (f)	ręcznik (m)	['rɛntʃnik]

barco (m)	łódź (ż)	[wutʃ]
lancha (f)	motorówka (ż)	[mɔtɔ'rufka]

esqui (m) aquático	narty (l.mn.) wodne	['narti 'vɔdnɛ]
barco (m) de pedais	rower (m) wodny	['rɔvɛr 'vɔdnɨ]
surf, surfe (m)	surfing (m)	['sɛrfiŋk]
surfista (m)	surfer (m)	['surfɛr]

equipamento (m) de mergulho	akwalung (m)	[ak'faʎaŋk]
pé (m pl) de pato	płetwy (l.mn.)	['pwɛtfi]
máscara (f)	maska (ż)	['maska]
mergulhador (m)	nurek (m)	['nurɛk]
mergulhar (vi)	nurkować	[nur'kɔvatʃ]
debaixo d'água	pod wodą	[pɔd 'vɔdɔ̃]

guarda-sol (m)	parasol (m)	[pa'rasɔʎ]
espreguiçadeira (f)	leżak (m)	['leʒak]
óculos (m pl) de sol	okulary (l.mn.)	[ɔku'ʎari]
colchão (m) de ar	materac (m) dmuchany	[ma'tɛrats dmu'hani]

brincar (vi)	grać	[gratʃ]
ir nadar	kąpać się	['kɔ̃patʃ ɕɛ̃]

bola (f) de praia	piłka (ż) plażowa	['piwka pʎa'ʒɔva]
encher (vt)	nadmuchiwać	[nadmu'hivatʃ]
inflável (adj)	nadmuchiwany	[nadmuhi'vani]

onda (f)	fala (ż)	['faʎa]
boia (f)	boja (ż)	['bɔja]
afogar-se (vr)	tonąć	['tɔɔ̃ntʃ]

salvar (vt)	ratować	[ra'tɔvatʃ]
colete (m) salva-vidas	kamizelka (ż) ratunkowa	[kami'zɛʎka ratu'ŋkɔva]
observar (vt)	obserwować	[ɔbsɛr'vɔvatʃ]
salva-vidas (pessoa)	ratownik (m)	[ra'tɔvnik]

EQUIPAMENTO TÉCNICO. TRANSPORTES

Equipamento técnico. Transportes

165. Computador

computador (m)	komputer (m)	[kɔm'putɛr]
computador (m) portátil	laptop (m)	['ʌaptɔp]
ligar (vt)	włączyć	['vwɔ̃tʃitʃ]
desligar (vt)	wyłączyć	[vɨ'wɔ̃tʃitʃ]
teclado (m)	klawiatura (ż)	[kʌav^hja'tura]
tecla (f)	klawisz (m)	['kʌaviʃ]
mouse (m)	myszka (ż)	['miʃka]
tapete (m) para mouse	podkładka (ż) pod myszkę	[pɔtk'watka pɔd 'miʃkɛ]
botão (m)	przycisk (m)	['pʃitʃisk]
cursor (m)	kursor (m)	['kursɔr]
monitor (m)	monitor (m)	[mɔ'nitɔr]
tela (f)	ekran (m)	['ɛkran]
disco (m) rígido	dysk (m) twardy	[dɨsk 'tfardɨ]
capacidade (f) do disco rígido	pojemność (ż) dysku twardego	[pɔ'emnɔɕtʃ 'disku tfar'dɛgɔ]
memória (f)	pamięć (ż)	['pamɛ̃tʃ]
memória RAM (f)	pamięć (ż) operacyjna	['pamɛ̃tʃ ɔpɛra'tsijna]
arquivo (m)	plik (m)	[plik]
pasta (f)	folder (m)	['fɔʌdɛr]
abrir (vt)	otworzyć	[ɔt'fɔʒitʃ]
fechar (vt)	zamknąć	['zamknɔ̃tʃ]
salvar (vt)	zapisać	[za'pisatʃ]
deletar (vt)	usunąć	[u'sunɔ̃tʃ]
copiar (vt)	skopiować	[skɔ'pʲɔvatʃ]
ordenar (vt)	segregować	[sɛgrɛ'gɔvatʃ]
copiar (vt)	przepisać	[pʃɛ'pisatʃ]
programa (m)	program (m)	['prɔgram]
software (m)	oprogramowanie (n)	[ɔprɔgramɔ'vane]
programador (m)	programista (m)	[prɔgra'mista]
programar (vt)	zaprogramować	[zaprɔgra'mɔvatʃ]
hacker (m)	haker (m)	['hakɛr]
senha (f)	hasło (n)	['haswɔ]
vírus (m)	wirus (m)	['virus]
detectar (vt)	wykryć	['vɨkritʃ]

byte (m)	**bajt** (m)	[bajt]
megabyte (m)	**megabajt** (m)	[mɛga'bajt]

dados (m pl)	**dane** (l.mn.)	['danɛ]
base (f) de dados	**baza** (ż) **danych**	['baza 'danih]

cabo (m)	**kabel** (m)	['kabɛʎ]
desconectar (vt)	**odłączyć**	[ɔd'wɔ̃tʃitʃ]
conectar (vt)	**podłączyć**	[pɔd'wɔ̃tʃitʃ]

166. Internet. E-mail

internet (f)	**Internet** (m)	[in'tɛrnɛt]
browser (m)	**przeglądarka** (ż)	[pʃɛglɔ̃'darka]
motor (m) de busca	**wyszukiwarka** (ż)	[viʃuki'varka]
provedor (m)	**dostawca** (m) **internetu**	[dɔs'taftsa intɛr'nɛtu]

webmaster (m)	**webmaster** (m)	[vɛb'mastɛr]
website (m)	**witryna** (ż) **internetowa**	[vit'rina intɛrnɛ'tɔva]
web page (f)	**strona** (ż) **internetowa**	['strɔna intɛrnɛ'tɔva]

endereço (m)	**adres** (m)	['adrɛs]
livro (m) de endereços	**książka** (ż) **adresowa**	[kɕɔ̃ʃka adrɛ'sɔva]

caixa (f) de correio	**skrzynka** (ż) **pocztowa**	['skʃiŋka pɔtʃ'tɔva]
correio (m)	**poczta** (ż)	['pɔtʃta]

mensagem (f)	**wiadomość** (ż)	[vʲa'dɔmɔɕtʃ]
remetente (m)	**nadawca** (m)	[na'daftsa]
enviar (vt)	**wysłać**	['viswatʃ]
envio (m)	**wysłanie** (n)	[vis'wane]

destinatário (m)	**odbiorca** (m)	[ɔd'bɜrtsa]
receber (vt)	**dostać**	['dɔstatʃ]

correspondência (f)	**korespondencja** (ż)	[kɔrɛspɔn'dɛntsʰja]
corresponder-se (vr)	**korespondować**	[kɔrɛspɔn'dɔvatʃ]

arquivo (m)	**plik** (m)	[plik]
fazer download, baixar (vt)	**ściągnąć**	[ɕtʃɔ̃gnɔɲtʃ]
criar (vt)	**utworzyć**	[ut'fɔʒitʃ]
deletar (vt)	**usunąć**	[u'sunɔ̃tʃ]
deletado (adj)	**usunięty**	[usu'nenti]

conexão (f)	**połączenie** (n)	[pɔwɔ̃t'ʃɛne]
velocidade (f)	**szybkość** (ż)	['ʃipkɔɕtʃ]
modem (m)	**modem** (m)	['mɔdɛm]
acesso (m)	**dostęp** (m)	['dɔstɛ̃p]
porta (f)	**port** (m)	[pɔrt]

conexão (f)	**połączenie** (n)	[pɔwɔ̃t'ʃɛne]
conectar (vi)	**podłączyć się**	[pɔd'wɔ̃tʃitʃ ɕɛ̃]
escolher (vt)	**wybrać**	['vibratʃ]
buscar (vt)	**szukać**	['ʃukatʃ]

167. Eletricidade

eletricidade (f)	elektryczność (ż)	[ɛlɛkt'ritʃnɔҫtʃ]
elétrico (adj)	elektryczny	[ɛlɛkt'ritʃni]
planta (f) elétrica	elektrownia (ż)	[ɛlɛkt'rovɲa]
energia (f)	energia (ż)	[ɛ'nɛrgja]
energia (f) elétrica	prąd (m)	[prɔ̃t]
lâmpada (f)	żarówka (ż)	[ʒa'rufka]
lanterna (f)	latarka (ż)	[ʎa'tarka]
poste (m) de iluminação	latarnia (ż)	[ʎa'tarɲa]
luz (f)	światło (n)	['ҫflatwɔ]
ligar (vt)	włączać	['vwɔ̃tʃatʃ]
desligar (vt)	wyłączać	[vɨ'wɔ̃tʃatʃ]
apagar a luz	zgasić światło	['zgaҫitʃ 'ҫflatwɔ]
queimar (vi)	spalić się	['spalitʃ ҫɛ̃]
curto-circuito (m)	krótkie zwarcie (n)	['krutke 'zvartʃe]
ruptura (f)	przerwanie (n) przewodu	[pʃɛri'vanie pʃɛ'vɔdu]
contato (m)	styk (m)	[stɨk]
interruptor (m)	wyłącznik (m)	[vɨ'wɔ̃tʃnik]
tomada (de parede)	gniazdko (n)	['gɲastkɔ]
plugue (m)	wtyczka (ż)	['ftɨtʃka]
extensão (f)	przedłużacz (m)	[pʃɛd'wuʒatʃ]
fusível (m)	bezpiecznik (m)	[bɛs'petʃnik]
fio, cabo (m)	przewód (m)	['pʃɛvut]
instalação (f) elétrica	instalacja (ż) elektryczna	[insta'ʎatsʰja ɛlɛkt'ritʃna]
ampère (m)	amper (m)	[am'pɛr]
amperagem (f)	natężenie (n) prądu	[natɛ̃'ʒɛne 'prɔ̃du]
volt (m)	wolt (m)	[vɔʎt]
voltagem (f)	napięcie (n)	[na'pɛ̃tʃe]
aparelho (m) elétrico	przyrząd (m) elektryczny	['pʃiʒɔ̃d ɛlɛkt'ritʃni]
indicador (m)	wskaźnik (m)	['fskazʲnik]
eletricista (m)	elektryk (m)	[ɛ'lektrik]
soldar (vt)	lutować	[ly'tɔvatʃ]
soldador (m)	lutownica (ż)	[lytɔv'nitsa]
corrente (f) elétrica	prąd (m)	[prɔ̃t]

168. Ferramentas

ferramenta (f)	narzędzie (n)	[na'ʒɛ̃dʒe]
ferramentas (f pl)	narzędzia (l.mn.)	[na'ʒɛ̃dʒʲa]
equipamento (m)	sprzęt (m)	[spʃɛ̃t]
martelo (m)	młotek (m)	['mwɔtɛk]
chave (f) de fenda	śrubokręt (m)	[ҫru'bɔkrɛ̃t]
machado (m)	siekiera (ż)	[ҫe'kera]

serra (f)	piła (ż)	['piwa]
serrar (vt)	piłować	[pi'wɔvatʃ]
plaina (f)	strug (m)	[struk]
aplainar (vt)	heblować	[hɛb'lɜvatʃ]
soldador (m)	lutownica (ż)	[lytɔv'nitsa]
soldar (vt)	lutować	[ly'tɔvatʃ]

lima (f)	pilnik (m)	['piʎnik]
tenaz (f)	obcęgi (l.mn.)	[ɔp'tsɛɲi]
alicate (m)	kombinerki (l.mn.)	[kɔmbi'nɛrki]
formão (m)	dłuto (n) stolarskie	['dwutɔ stɔ'ʎarske]

broca (f)	wiertło (n)	['vertwɔ]
furadeira (f) elétrica	wiertarka (ż)	[ver'tarka]
furar (vt)	wiercić	['vertʃitʃ]

| faca (f) | nóż (m) | [nuʃ] |
| lâmina (f) | ostrze (n) | ['ɔstʃɛ] |

afiado (adj)	ostry	['ɔstri]
cego (adj)	tępy	['tɛpi]
embotar-se (vr)	stępić się	['stɛmpitʃ ɕɛ̃]
afiar, amolar (vt)	ostrzyć	['ɔstʃitʃ]

parafuso (m)	śruba (ż)	['ɕruba]
porca (f)	nakrętka (ż)	[nak'rɛntka]
rosca (f)	gwint (m)	[gvint]
parafuso (para madeira)	wkręt (m)	[fkrɛ̃t]

| prego (m) | gwóźdź (m) | [gvuɕtʃ] |
| cabeça (f) do prego | główka (ż) | ['gwufka] |

régua (f)	linijka (ż)	[li'nijka]
fita (f) métrica	taśma (ż) miernicza	['taɕma mer'nitʃa]
nível (m)	poziomica (ż)	[pɔʒɔ'mitsa]
lupa (f)	lupa (ż)	['lypa]

medidor (m)	miernik (m)	['mernik]
medir (vt)	mierzyć	['meʒitʃ]
escala (f)	skala (ż)	['skaʎa]
indicação (f), registro (m)	odczyt (m)	['ɔdʃtʃit]

| compressor (m) | sprężarka (ż) | [sprɛ̃'ʒarka] |
| microscópio (m) | mikroskop (m) | [mik'rɔskɔp] |

bomba (f)	pompa (ż)	['pɔmpa]
robô (m)	robot (m)	['rɔbɔt]
laser (m)	laser (m)	['ʎasɛr]

chave (f) de boca	klucz (m) francuski	[klytʃ fran'tsuski]
fita (f) adesiva	taśma (ż) klejąca	['taɕma kleɔ̃tsa]
cola (f)	klej (m)	[klej]

lixa (f)	papier (m) ścierny	['paper 'ɕtʃerni]
mola (f)	sprężyna (ż)	[sprɛ̃'ʒina]
ímã (m)	magnes (m)	['magnɛs]

luva (f)	rękawiczki (l.mn.)	[rɛ̃ka'vitʃki]
corda (f)	sznurek (m)	['ʃnurɛk]
cabo (~ de nylon, etc.)	sznur (m)	[ʃnur]
fio (m)	przewód (m)	['pʃɛvut]
cabo (~ elétrico)	kabel (m)	['kabɛʎ]

marreta (f)	młot (m)	[mwɔt]
pé de cabra (m)	łom (m)	[wɔm]
escada (f) de mão	drabina (ż)	[dra'bina]
escada (m)	drabinka (ż) składana	[dra'biŋka skwa'dana]

enroscar (vt)	przekręcać	[pʃɛk'rɛntsatʃ]
desenroscar (vt)	odkręcać	[ɔtk'rɛntsatʃ]
apertar (vt)	zaciskać	[za'tʃiskatʃ]
colar (vt)	przyklejać	[pʃik'lejatʃ]
cortar (vt)	ciąć	[tʃɔ̃'tʃ]

falha (f)	uszkodzenie (n)	[uʃkɔ'dzɛne]
conserto (m)	naprawa (ż)	[nap'rava]
consertar, reparar (vt)	reperować	[rɛpɛ'rɔvatʃ]
regular, ajustar (vt)	regulować	[rɛgu'lɔvatʃ]

verificar (vt)	sprawdzać	['spravdzatʃ]
verificação (f)	kontrola (ż)	[kɔnt'rɔʎa]
indicação (f), registro (m)	odczyt (m)	['ɔdʃtʃit]

| seguro (adj) | niezawodny | [neza'vɔdni] |
| complicado (adj) | złożony | [zwɔ'ʒɔni] |

enferrujar (vi)	rdzewieć	['rdzɛvetʃ]
enferrujado (adj)	zardzewiały	[zardzɛ'vʲawɨ]
ferrugem (f)	rdza (ż)	[rdza]

Transportes

169. Avião

avião (m)	samolot (m)	[sa'mɔlɜt]
passagem (f) aérea	bilet (m) lotniczy	['bilet lɜt'nitʃi]
companhia (f) aérea	linie (l.mn.) lotnicze	['liɲje lɜt'nitʃɛ]
aeroporto (m)	port (m) lotniczy	[pɔrt lɜt'nitʃi]
supersônico (adj)	ponaddźwiękowy	[pɔnaddʒ'vɛ̃'kɔvi]

comandante (m) do avião	kapitan (m) statku	[ka'pitan 'statku]
tripulação (f)	załoga (ż)	[za'wɔga]
piloto (m)	pilot (m)	['pilɜt]
aeromoça (f)	stewardessa (ż)	[stʰjuar'dɛsa]
copiloto (m)	nawigator (m)	[navi'gatɔr]

asas (f pl)	skrzydła (l.mn.)	['skʃidwa]
cauda (f)	ogon (m)	['ɔgɔn]
cabine (f)	kabina (ż)	[ka'bina]
motor (m)	silnik (m)	['ɕiʎnik]
trem (m) de pouso	podwozie (n)	[pɔd'vɔʒe]
turbina (f)	turbina (ż)	[tur'bina]

hélice (f)	śmigło (n)	['ɕmigwɔ]
caixa-preta (f)	czarna skrzynka (ż)	['tʃarna 'skʃiŋka]
coluna (f) de controle	wolant (m)	['vɔʎant]
combustível (m)	paliwo (n)	[pa'livɔ]

instruções (f pl) de segurança	instrukcja (ż)	[inst'ruktsʰja]
máscara (f) de oxigênio	maska (ż) tlenowa	['maska tle'nɔva]
uniforme (m)	uniform (m)	[u'nifɔrm]

colete (m) salva-vidas	kamizelka (ż) ratunkowa	[kami'zɛʎka ratu'ŋkɔva]
paraquedas (m)	spadochron (m)	[spa'dɔhrɔn]

decolagem (f)	start (m)	[start]
descolar (vi)	startować	[star'tɔvatʃ]
pista (f) de decolagem	pas (m) startowy	[pas star'tɔvi]

visibilidade (f)	widoczność (ż)	[vi'dɔtʃnɔɕtʃ]
voo (m)	lot (m)	['lɜt]

altura (f)	wysokość (ż)	[vi'sɔkɔɕtʃ]
poço (m) de ar	dziura (ż) powietrzna	['dʒyra pɔ'vetʃna]

assento (m)	miejsce (n)	['mejstsɛ]
fone (m) de ouvido	słuchawki (l.mn.)	[swu'hafki]
mesa (f) retrátil	stolik (m) rozkładany	['stɔlik rɔskwa'dani]
janela (f)	iluminator (m)	[ilymi'natɔr]
corredor (m)	przejście (n)	['pʃɛjɕtʃe]

170. Comboio

trem (m)	pociąg (m)	['potʃõk]
trem (m) elétrico	pociąg (m) podmiejski	['potʃõk pɔd'mejski]
trem (m)	pociąg (m) pośpieszny	['potʃõk pɔc'peʃnʲi]
locomotiva (f) diesel	lokomotywa (ż)	[lɔkɔmɔ'tiva]
locomotiva (f) a vapor	parowóz (m)	[pa'rɔvus]

vagão (f) de passageiros	wagon (m)	['vagɔn]
vagão-restaurante (m)	wagon (m) restauracyjny	['vagɔn rɛstaura'tsʲijnʲi]

carris (m pl)	szyny (l.mn.)	['ʃinʲi]
estrada (f) de ferro	kolej (ż)	['kɔlej]
travessa (f)	podkład (m)	['potkwat]

plataforma (f)	peron (m)	['pɛrɔn]
linha (f)	tor (m)	[tɔr]
semáforo (m)	semafor (m)	[sɛ'mafɔr]
estação (f)	stacja (ż)	['statsʲja]

maquinista (m)	maszynista (m)	[maʃi'nista]
bagageiro (m)	tragarz (m)	['tragaʃ]
hospedeiro, -a (m, f)	konduktor (m)	[kɔn'duktɔr]
passageiro (m)	pasażer (m)	[pa'saʒɛr]
revisor (m)	kontroler (m)	[kɔnt'rɔler]

corredor (m)	korytarz (m)	[kɔ'ritaʃ]
freio (m) de emergência	hamulec (m)	[ha'mulets
	bezpieczeństwa	bɛzpet'ʃɛɲstfa]

compartimento (m)	przedział (m)	['pʃɛdʑʲaw]
cama (f)	łóżko (n)	['wuʃkɔ]
cama (f) de cima	łóżko (n) górne	['wuʃkɔ 'gurnɛ]
cama (f) de baixo	łóżko (n) dolne	['wuʃkɔ 'dɔʎnɛ]
roupa (f) de cama	pościel (ż)	['pɔctʃeʎ]

passagem (f)	bilet (m)	['bilet]
horário (m)	rozkład (m) jazdy	['rɔskwad 'jazdʲi]
painel (m) de informação	tablica (ż) informacyjna	[tab'litsa informa'tsʲijna]

partir (vt)	odjeżdżać	[ɔdʰ'eʒdʑatʃ]
partida (f)	odjazd (m)	['ɔdʰjast]

chegar (vi)	wjeżdżać	['vʰeʒdʑatʃ]
chegada (f)	przybycie (n)	[pʃi'bitʃe]

chegar de trem	przyjechać pociągiem	[pʃi'ehatʃ pɔtʃõgem]
pegar o trem	wsiąść do pociągu	[fɕɔ̃ctʃ dɔ pɔtʃõgu]
descer de trem	wysiąść z pociągu	['viɕɔ̃ctʃ s pɔtʃõgu]

acidente (m) ferroviário	katastrofa (ż)	[katast'rɔfa]
locomotiva (f) a vapor	parowóz (m)	[pa'rɔvus]
foguista (m)	palacz (m)	['paʎatʃ]
fornalha (f)	palenisko (n)	[pale'niskɔ]
carvão (m)	węgiel (m)	['vɛŋeʎ]

171. Barco

| navio (m) | statek (m) | ['statɛk] |
| embarcação (f) | okręt (m) | ['ɔkrɛ̃t] |

barco (m) a vapor	parowiec (m)	[pa'rɔvɛʦ]
barco (m) fluvial	motorowiec (m)	[mɔtɔ'rɔvɛʦ]
transatlântico (m)	liniowiec (m)	[li'ɲjɔvɛʦ]
cruzeiro (m)	krążownik (m)	[krɔ̃'ʒɔvnik]

iate (m)	jacht (m)	[jaht]
rebocador (m)	holownik (m)	[hɔ'lɔvnik]
barcaça (f)	barka (ż)	['barka]
ferry (m)	prom (m)	[prɔm]

| veleiro (m) | żaglowiec (m) | [ʒag'lɔvɛʦ] |
| bergantim (m) | brygantyna (ż) | [brigan'tina] |

| quebra-gelo (m) | lodołamacz (m) | [lɔdɔ'wamaʧ] |
| submarino (m) | łódź (ż) podwodna | [wuʧ pɔd'vɔdna] |

bote, barco (m)	łódź (ż)	[wuʧ]
baleeira (bote salva-vidas)	szalupa (ż)	[ʃa'lypa]
bote (m) salva-vidas	szalupa (ż)	[ʃa'lypa]
lancha (f)	motorówka (ż)	[mɔtɔ'rufka]

capitão (m)	kapitan (m)	[ka'pitan]
marinheiro (m)	marynarz (m)	[ma'rinaʃ]
marujo (m)	marynarz (m)	[ma'rinaʃ]
tripulação (f)	załoga (ż)	[za'wɔga]

contramestre (m)	bosman (m)	['bɔsman]
grumete (m)	chłopiec (m) okrętowy	['hwɔpɛʦ ɔkrɛ̃'tɔvi]
cozinheiro (m) de bordo	kucharz (m) okrętowy	['kuhaʃ ɔkrɛ̃'tɔvi]
médico (m) de bordo	lekarz (m) okrętowy	['lɛkaʃ ɔkrɛ̃'tɔvi]

convés (m)	pokład (m)	['pɔkwat]
mastro (m)	maszt (m)	[maʃt]
vela (f)	żagiel (m)	['ʒagɛʎ]

porão (m)	ładownia (ż)	[wa'dɔvɲa]
proa (f)	dziób (m)	[ʤyp]
popa (f)	rufa (ż)	['rufa]
remo (m)	wiosło (n)	['vɔswɔ]
hélice (f)	śruba (ż) napędowa	['ɕruba napɛ̃'dɔva]

cabine (m)	kajuta (ż)	[ka'juta]
sala (f) dos oficiais	mesa (ż)	['mɛsa]
sala (f) das máquinas	maszynownia (ż)	[maʃi'nɔvɲa]
ponte (m) de comando	mostek (m) kapitański	['mɔstɛk kapi'taɲski]
sala (f) de comunicações	radiokabina (ż)	[radʰɔka'bina]
onda (f)	fala (ż)	['faʎa]
diário (m) de bordo	dziennik (m) pokładowy	['ʤɛɲik pɔkwa'dɔvi]
luneta (f)	luneta (ż)	[ly'nɛta]
sino (m)	dzwon (m)	[ʣvɔn]

bandeira (f)	**bandera** (ż)	[ban'dɛra]
cabo (m)	**lina** (ż)	['lina]
nó (m)	**węzeł** (m)	['vɛnzɛw]

corrimão (m)	**poręcz** (ż)	['porɛ̃tʃ]
prancha (f) de embarque	**trap** (m)	[trap]

âncora (f)	**kotwica** (ż)	[kɔt'fitsa]
recolher a âncora	**podnieść kotwicę**	['pɔdnɛɕtʃ kɔt'fitsɛ̃]
jogar a âncora	**zarzucić kotwicę**	[za'ʒutʃitʃ kɔt'fitsɛ̃]
amarra (corrente de âncora)	**łańcuch** (m) **kotwicy**	['waɲtsuh kɔt'fitsi]

porto (m)	**port** (m)	[pɔrt]
cais, amarradouro (m)	**nabrzeże** (n)	[nab'ʒɛʒɛ]
atracar (vi)	**cumować**	[tsu'mɔvatʃ]
desatracar (vi)	**odbijać**	[ɔd'bijatʃ]

viagem (f)	**podróż** (ż)	['pɔdruʃ]
cruzeiro (m)	**podróż** (ż) **morska**	['pɔdruʃ 'mɔrska]
rumo (m)	**kurs** (m)	[kurs]
itinerário (m)	**trasa** (ż)	['trasa]

canal (m) de navegação	**tor** (m) **wodny**	[tɔr 'vɔdni]
banco (m) de areia	**mielizna** (ż)	[me'lizna]
encalhar (vt)	**osiąść na mieliźnie**	['ɔɕɔ̃ɕtʃ na me'liziⁱne]

tempestade (f)	**sztorm** (m)	[ʃtɔrm]
sinal (m)	**sygnał** (m)	['signaw]
afundar-se (vr)	**tonąć**	['tɔɔ̃ɲtʃ]
SOS	**SOS**	[ɛs ɔ ɛs]
boia (f) salva-vidas	**koło** (n) **ratunkowe**	['kɔwɔ ratu'ŋkɔvɛ]

172. Aeroporto

aeroporto (m)	**port** (m) **lotniczy**	[pɔrt lɔt'nitʃi]
avião (m)	**samolot** (m)	[sa'mɔlɔt]
companhia (f) aérea	**linie** (l.mn.) **lotnicze**	['liɲje lɔt'nitʃɛ]
controlador (m) de tráfego aéreo	**kontroler** (m) **lotów**	[kɔnt'rɔler 'lɔtuf]

partida (f)	**odlot** (m)	['ɔdlɔt]
chegada (f)	**przylot** (m)	['pʃilɔt]
chegar (vi)	**przylecieć**	[pʃi'letʃetʃ]

hora (f) de partida	**godzina** (ż) **odlotu**	[gɔ'dʑina ɔd'lɔtu]
hora (f) de chegada	**godzina** (ż) **przylotu**	[gɔ'dʑina pʃi'lɔtu]

estar atrasado	**opóźniać się**	[ɔ'puziⁱɲatʃ ɕɛ̃]
atraso (m) de voo	**opóźnienie** (n) **odlotu**	[ɔpuziⁱ'nene ɔd'lɔtu]

painel (m) de informação	**tablica** (ż) **informacyjna**	[tab'litsa informa'tsijna]
informação (f)	**informacja** (ż)	[infɔr'matsʰja]
anunciar (vt)	**ogłaszać**	[ɔg'waʃatʃ]
voo (m)	**lot** (m)	['lɔt]

alfândega (f)	urząd (m) celny	['uʒɔ̃t 'tsɛʌ̃ni]
funcionário (m) da alfândega	celnik (m)	['tsɛʌ̃nik]

declaração (f) alfandegária	deklaracja (ż)	[dɛkʌa'ratsʰja]
preencher a declaração	wypełnić deklarację	[vɨ'pɛwnit͡ʃ dɛkʌa'ratsʰɛ̃]
controle (m) de passaporte	odprawa (ż) paszportowa	[ɔtp'rava paʃpɔr'tɔva]

bagagem (f)	bagaż (m)	['bagaʃ]
bagagem (f) de mão	bagaż (m) podręczny	['bagaʃ pɔd'rɛntʃni]
carrinho (m)	wózek (m) bagażowy	['vuzɛk baga'ʒɔvɨ]

pouso (m)	lądowanie (n)	[lɔ̃dɔ'vane]
pista (f) de pouso	pas (m) startowy	[pas star'tɔvɨ]
aterrissar (vi)	lądować	[lɔ̃'dɔvat͡ʃ]
escada (f) de avião	schody (l.mn.) do samolotu	['shɔdɨ dɔ samɔ'lɔtu]

check-in (m)	odprawa (ż) biletowa	[ɔtp'rava bile'tɔva]
balcão (m) do check-in	stanowisko (n) odprawy	[stanɔ'viskɔ ɔtp'ravɨ]
fazer o check-in	zgłosić się do odprawy	['zgwɔɕit͡ʃ ɕɛ̃ dɔ ɔtp'ravɨ]
cartão (m) de embarque	karta (ż) pokładowa	['karta pɔkwa'dɔva]
portão (m) de embarque	wyjście (n) do odprawy	['vɨjɕt͡ʃe dɔ ɔtp'ravɨ]

trânsito (m)	tranzyt (m)	['tranzit]
esperar (vi, vt)	czekać	['t͡ʃɛkat͡ʃ]
sala (f) de espera	poczekalnia (ż)	[pɔt͡ʃɛ'kaʌna]
despedir-se (acompanhar)	odprowadzać	[ɔtprɔ'vadzat͡ʃ]
despedir-se (dizer adeus)	żegnać się	['ʒɛgnat͡ʃ ɕɛ̃]

173. Bicicleta. Motocicleta

bicicleta (f)	rower (m)	['rɔvɛr]
lambreta (f)	skuter (m)	['skutɛr]
moto (f)	motocykl (m)	[mɔ'tɔtsikʌ]

ir de bicicleta	jechać na rowerze	['ehat͡ʃ na rɔ'vɛʒɛ]
guidão (m)	kierownica (ż)	[kerɔv'nitsa]
pedal (m)	pedał (m)	['pɛdaw]
freios (m pl)	hamulce (l.mn.)	[ha'muʌtsɛ]
banco, selim (m)	siodełko (n)	[ɕɔ'dɛwkɔ]

bomba (f)	pompka (ż)	['pɔmpka]
bagageiro (m) de teto	bagażnik (m)	[ba'gaʒnik]
lanterna (f)	lampa (ż)	['ʌampa]
capacete (m)	kask (m)	[kask]

roda (f)	koło (n)	['kɔwɔ]
para-choque (m)	błotnik (m)	['bwɔtnik]
aro (m)	obręcz (ż)	['ɔbrɛ̃t͡ʃ]
raio (m)	szprycha (ż)	['ʃpriha]

Carros

174. Tipos de carros

carro, automóvel (m)	samochód (m)	[sa'mɔhut]
carro (m) esportivo	samochód (m) sportowy	[sa'mɔhut spɔr'tɔvi]
limusine (f)	limuzyna (ż)	[limu'zina]
todo o terreno (m)	samochód (m) terenowy	[sa'mɔhut tɛrɛ'nɔvi]
conversível (m)	kabriolet (m)	[kabrʰ³let]
minibus (m)	mikrobus (m)	[mik'rɔbus]
ambulância (f)	karetka (ż) pogotowia	[ka'rɛtka pɔgɔ'tɔvia]
limpa-neve (m)	odśnieżarka (ż)	[ɔtɕne'ʒarka]
caminhão (m)	ciężarówka (ż)	[ʨɛ̃ʒa'rufka]
caminhão-tanque (m)	samochód-cysterna (ż)	[sa'mɔhut ʦis'tɛrna]
perua, van (f)	furgon (m)	['furgɔn]
caminhão-trator (m)	ciągnik (m) siodłowy	['ʦɔ̃gnik sʲɔd'wɔvi]
reboque (m)	przyczepa (ż)	[pʃit'ʃɛpa]
confortável (adj)	komfortowy	[kɔmfɔr'tɔvi]
usado (adj)	używany	[uʒi'vani]

175. Carros. Carroçaria

capô (m)	maska (ż)	['maska]
para-choque (m)	błotnik (m)	['bwɔtnik]
teto (m)	dach (m)	[dah]
para-brisa (m)	szyba (ż) przednia	['ʃiba 'pʃɛdɲa]
retrovisor (m)	lusterko (n) wsteczne	[lys'tɛrkɔ 'fstɛʧnɛ]
esguicho (m)	spryskiwacz (m)	[spris'kivaʧ]
limpadores (m) de para-brisas	wycieraczki (l.mn.)	[viʧe'raʧki]
vidro (m) lateral	szyba (ż) boczna	['ʃiba 'bɔʧna]
elevador (m) do vidro	podnośnik (m) szyby	[pɔd'nɔɕnik 'ʃibi]
antena (f)	antena (ż)	[an'tɛna]
teto (m) solar	szyberdach (m)	[ʃiberdah]
para-choque (m)	zderzak (m)	['zdɛʒak]
porta-malas (f)	bagażnik (m)	[ba'gaʒnik]
porta (f)	drzwi (ż)	[dʒvi]
maçaneta (f)	klamka (ż)	['kʎamka]
fechadura (f)	zamek (m)	['zamɛk]
placa (f)	tablica (ż) rejestracyjna	[tab'liʦa rejestra'ʦijna]
silenciador (m)	tłumik (m)	['twumik]

tanque (m) de gasolina	**zbiornik** (m) **paliwa**	['zbɜrnik pa'liva]
tubo (m) de exaustão	**rura** (ż) **wydechowa**	['rura vɨdɛ'hɔva]
acelerador (m)	**gaz** (m)	[gas]
pedal (m)	**pedał** (m)	['pɛdaw]
pedal (m) do acelerador	**pedał** (m) **gazu**	['pɛdaw 'gazu]
freio (m)	**hamulec** (m)	[ha'mulets]
pedal (m) do freio	**pedał** (m) **hamulca**	['pɛdaw ha'muʎtsa]
frear (vt)	**hamować**	[ha'mɔvatʃ]
freio (m) de mão	**hamulec** (m) **postojowy**	[ha'mulets pɔstɔʒvɨ]
embreagem (f)	**sprzęgło** (n)	['spʃɛŋwɔ]
pedal (m) da embreagem	**pedał** (m) **sprzęgła**	['pɛdaw 'spʃɛŋwa]
disco (m) de embreagem	**tarcza** (ż) **sprzęgła**	['tartʃa 'spʃɛŋwa]
amortecedor (m)	**amortyzator** (m)	[amɔrtɨ'zatɔr]
roda (f)	**koło** (n)	['kɔwɔ]
pneu (m) estepe	**koło** (n) **zapasowe**	['kɔwɔ zapa'sɔvɛ]
pneu (m)	**opona** (ż)	[ɔ'pɔna]
calota (f)	**kołpak** (m)	['kɔwpak]
rodas (f pl) motrizes	**koła** (l.mn.) **napędowe**	['kɔwa napɛ̃'dɔvɛ]
de tração dianteira	**z napędem na przednie koła**	[z na'pɛndɛm na 'pʃɛdne 'kɔwa]
de tração traseira	**z napędem na tylne koła**	[z na'pɛndɛm na 'tɨʎnɛ 'kɔwa]
de tração às 4 rodas	**z napędem na cztery koła**	[z na'pɛndɛm na 'tʃtɛrɨ 'kɔwa]
caixa (f) de mudanças	**skrzynia** (ż) **biegów**	['skʃɨɲa 'beguf]
automático (adj)	**automatyczny**	[autɔma'tɨtʃnɨ]
mecânico (adj)	**mechaniczny**	[mɛha'nitʃnɨ]
alavanca (f) de câmbio	**dźwignia** (ż) **skrzyni biegów**	['dʒʲvigɲa 'skʃɨni 'beguf]
farol (m)	**reflektor** (m)	[rɛf'lektɔr]
faróis (m pl)	**światła** (l.mn.)	['ɕfʲatwa]
farol (m) baixo	**światła** (l.mn.) **mijania**	['ɕfʲatwa mi'jaɲa]
farol (m) alto	**światła** (l.mn.) **drogowe**	['ɕfʲatwa drɔ'gɔvɛ]
luzes (f pl) de parada	**światła** (l.mn.) **hamowania**	['ɕfʲatwa hamɔ'vaɲa]
luzes (f pl) de posição	**światła** (l.mn.) **obrysowe**	['ɕfʲatwa ɔbrɨ'sɔvɛ]
luzes (f pl) de emergência	**światła** (l.mn.) **awaryjne**	['ʃfʲatwa ava'rijnɛ]
faróis (m pl) de neblina	**światła** (l.mn.) **przeciwmgielne**	['ʃfʲatwa pʃɛtʃivm'geʎnɛ]
pisca-pisca (m)	**migacz** (m)	['migatʃ]
luz (f) de marcha ré	**światła** (l.mn.) **cofania**	['ɕfʲatwa tsɔ'faɲa]

176. Carros. Habitáculo

interior (do carro)	**wewnątrz** (m) **samochodu**	['vevnɔ̃tʃ samɔ'hɔdu]
de couro	**skórzany**	[sku'ʒanɨ]
de veludo	**welurowy**	[vɛly'rɔvɨ]
estofamento (m)	**obicie** (n)	[ɔ'bitʃe]
indicador (m)	**przyrząd** (m)	['pʃɨʒɔ̃t]

painel (m)	deska (ż) rozdzielcza	['dɛska rɔz'dʒeʎtʃa]
velocímetro (m)	prędkościomierz (m)	[prɛ̃tkɔɕ'tʃɔmeʃ]
ponteiro (m)	strzałka (ż)	['stʃawka]

hodômetro, odômetro (m)	licznik (m)	['litʃnik]
indicador (m)	czujnik (m)	['tʃujnik]
nível (m)	poziom (m)	['pɔʒʒm]
luz (f) de aviso	lampka (ż)	['ʎampka]

volante (m)	kierownica (ż)	[kerɔv'nitsa]
buzina (f)	klakson (m)	['kʎaksɔn]
botão (m)	przycisk (m)	['pʃitʃisk]
interruptor (m)	przełącznik (m)	[pʃɛ'wɔ̃tʃnik]

assento (m)	siedzenie (n)	[ɕe'dzɛne]
costas (f pl) do assento	oparcie (n)	[ɔ'partʃe]
cabeceira (f)	zagłówek (m)	[zag'wuvɛk]
cinto (m) de segurança	pas (m) bezpieczeństwa	[pas bɛspet'ʃɛɲstfa]
apertar o cinto	zapiąć pasy	['zapɔ̃tʃ 'pasi]
ajuste (m)	regulacja (ż)	[rɛgu'ʎatsʰja]

airbag (m)	poduszka (ż) powietrzna	[pɔ'duʃka pɔ'vetʃna]
ar (m) condicionado	klimatyzator (m)	[klimati'zatɔr]

rádio (m)	radio (n)	['radʰʒ]
leitor (m) de CD	odtwarzacz CD (m)	[ɔtt'vaʒatʃ si di]
ligar (vt)	włączyć	['vwɔ̃tʃitʃ]
antena (f)	antena (ż)	[an'tɛna]
porta-luvas (m)	schowek (m)	['shɔvɛk]
cinzeiro (m)	popielniczka (ż)	[pɔpeʎ'nitʃka]

177. Carros. Motor

motor (m)	silnik (m)	['ɕiʎnik]
motor (m)	motor (m)	['mɔtɔr]
a diesel	dieslowy	[diz'lɔvi]
a gasolina	benzynowy	[bɛnzi'nɔvi]

cilindrada (f)	pojemność (ż) silnika	[pɔ'emnɔɕtʃ ɕiʎ'nika]
potência (f)	moc (ż)	[mɔts]
cavalo (m) de potência	koń (m) mechaniczny	[kɔɲ mɛha'nitʃni]
pistão (m)	tłok (m)	[twɔk]
cilindro (m)	cylinder (m)	[tsi'lindɛr]
válvula (f)	zastawka (ż)	[zas'tafka]

injetor (m)	wtryskiwacz (m)	[ftris'kivatʃ]
gerador (m)	generator (m)	[gɛnɛ'ratɔr]
carburador (m)	gaźnik (m)	['gaʑnik]
óleo (m) de motor	olej (m) silnikowy	['ɔlej ɕiʎni'kɔvi]

radiador (m)	chłodnica (ż)	[hwɔd'nitsa]
líquido (m) de arrefecimento	płyn (m) chłodniczy	[pwin hwɔ'dzɔntɕi]
ventilador (m)	wentylator (m)	[vɛnti'ʎatɔr]
bateria (f)	akumulator (m)	[akumu'ʎatɔr]

dispositivo (m) de arranque	rozrusznik (m)	[rɔz'ruʃnik]
ignição (f)	zapłon (m)	['zapwɔn]
vela (f) de ignição	świeca (ż) zapłonowa	['ɕfetsa zapwɔ'nɔva]

terminal (m)	zacisk (m)	['zatʃisk]
terminal (m) positivo	plus (m)	[plys]
terminal (m) negativo	minus (m)	['minus]
fusível (m)	bezpiecznik (m)	[bɛs'petʃnik]

filtro (m) de ar	filtr (m) powietrza	[fiʌtr pɔ'vetʃa]
filtro (m) de óleo	filtr (m) oleju	[fiʌtr ɔ'leju]
filtro (m) de combustível	filtr (m) paliwa	[fiʌtr pa'liva]

178. Carros. Batidas. Reparação

acidente (m) de carro	wypadek (m)	[vi'padɛk]
acidente (m) rodoviário	wypadek (m) drogowy	[vi'padɛk drɔ'gɔvi]
bater (~ num muro)	wjechać w ...	['vʰehatʃ v]
sofrer um acidente	stłuc się	[stwuts ɕɛ̃]
dano (m)	uszkodzenie (n)	[uʃkɔ'dzɛne]
intato	nietknięty	[nietkni'ɛ̃ti]

| avariar (vi) | zepsuć się | ['zɛpsutʃ ɕɛ̃] |
| cabo (m) de reboque | hol (m) | [hɔʌ] |

furo (m)	przebita opona (ż)	[pʃɛ'bita ɔ'pɔna]
estar furado	spuścić	['spuɕtʃitʃ]
encher (vt)	napompowywać	[napɔmpɔ'vivatʃ]
pressão (f)	ciśnienie (n)	[tʃiɕ'nene]
verificar (vt)	skontrolować	[skɔntrɔ'lɜvatʃ]

reparo (m)	naprawa (ż)	[nap'rava]
oficina (f) automotiva	warsztat (m) samochodowy	['varʃtat samɔhɔ'dɔvi]
peça (f) de reposição	część (ż) zamienna	[tʃɛ̃ɕtʃ za'meŋa]
peça (f)	część (ż)	[tʃɛ̃ɕtʃ]

parafuso (com porca)	śruba (ż)	['ɕruba]
parafuso (m)	wkręt (m)	[fkrɛ̃t]
porca (f)	nakrętka (ż)	[nak'rɛntka]
arruela (f)	podkładka (ż)	[pɔtk'watka]
rolamento (m)	łożysko (n)	[wɔ'ʒiskɔ]

tubo (m)	rura (ż)	['rura]
junta, gaxeta (f)	uszczelka (ż)	[uʃt'ʃɛʌka]
fio, cabo (m)	przewód (m)	['pʃevut]

macaco (m)	podnośnik (m)	[pɔd'nɔɕnik]
chave (f) de boca	klucz (m) francuski	[klytʃ fran'tsuski]
martelo (m)	młotek (m)	['mwɔtɛk]
bomba (f)	pompka (ż)	['pɔmpka]
chave (f) de fenda	śrubokręt (m)	[ɕru'bɔkrɛ̃t]

| extintor (m) | gaśnica (ż) | [gaɕ'nitsa] |
| triângulo (m) de emergência | trójkąt (m) odblaskowy | ['trujkɔ̃t ɔdbʌas'kɔvi] |

159

morrer (motor)	gasnąć	['gasnɔ̃ʧ]
paragem, "morte" (f)	wyłączenie (n)	[viwɔ̃t'ʃɛne]
estar quebrado	być złamanym	[biʧ zwa'manim]

superaquecer-se (vr)	przegrzać się	['pʃɛgʒaʧ ɕɛ̃]
entupir-se (vr)	zapchać się	['zaphaʧ ɕɛ̃]
congelar-se (vr)	zamarznąć	[za'marznɔ̃ʧ]
rebentar (vi)	pęknąć	['pɛŋknɔ̃ʧ]

pressão (f)	ciśnienie (n)	[ʧiɕ'nene]
nível (m)	poziom (m)	['pɔʒʒm]
frouxo (adj)	słaby	['swabi]

batida (f)	wgniecenie (n)	[vgne'ʧene]
ruído (m)	pukanie (n)	[pu'kane]
fissura (f)	rysa (ż)	['risa]
arranhão (m)	zadrapanie (n)	[zadra'pane]

179. Carros. Estrada

estrada (f)	droga (ż)	['drɔga]
autoestrada (f)	autostrada (ż)	[autɔst'rada]
rodovia (f)	szosa (ż)	['ʃɔsa]
direção (f)	kierunek (m)	[ke'runɛk]
distância (f)	odległość (ż)	[ɔd'legwɔɕʧ]

ponte (f)	most (m)	[mɔst]
parque (m) de estacionamento	parking (m)	['parkiŋk]
praça (f)	plac (m)	[pʎaʦ]
nó (m) rodoviário	skrzyżowanie (n)	[skʃiʒɔ'vane]
túnel (m)	tunel (m)	['tunɛʎ]

posto (m) de gasolina	stacja (ż) benzynowa	['staʦʰja bɛnzi'nɔva]
parque (m) de estacionamento	parking (m)	['parkiŋk]
bomba (f) de gasolina	pompa (ż) benzynowa	['pompa bɛnzi'nɔva]
oficina (f) automotiva	warsztat (m) samochodowy	['varʃtat samɔhɔ'dɔvi]
abastecer (vt)	zatankować	[zata'ŋkɔvaʧ]
combustível (m)	paliwo (n)	[pa'livɔ]
galão (m) de gasolina	kanister (m)	[ka'nistɛr]

asfalto (m)	asfalt (m)	['asfaʎt]
marcação (f) de estradas	oznakowanie (n)	[ɔznakɔ'vane]
meio-fio (m)	krawężnik (m)	[kra'vɛnʒnik]
guard-rail (m)	ogrodzenie (n)	[ɔgrɔ'dzɛne]
valeta (f)	rów (m) boczny	[ruf 'bɔʧni]
acostamento (m)	pobocze (n)	[pɔ'bɔʧɛ]
poste (m) de luz	słup (m)	[swup]

dirigir (vt)	prowadzić	[prɔ'vadʒiʧ]
virar (~ para a direita)	skręcać	['skrɛntsaʧ]
dar retorno	zawracać	[zav'raʦaʧ]
ré (f)	bieg (m) wsteczny	[bek 'fstɛʧni]
buzinar (vi)	trąbić	['trɔ̃biʧ]
buzina (f)	sygnał (m)	['signaw]

atolar-se (vr)	utknąć	['utknɔ̃tʃ]
patinar (na lama)	buksować	[buk'sɔvatʃ]
desligar (vt)	gasić	['gaɕitʃ]

velocidade (f)	szybkość (ż)	['ʃɨpkɔɕtʃ]
exceder a velocidade	przekroczyć prędkość	[pʃɛk'rɔtʃitʃ 'prɛntkɔɕtʃ]
multar (vt)	karać grzywną	['karatʃ 'gʒɨvnɔ̃]
semáforo (m)	światła (l.mn.)	['ɕfʲatwa]
carteira (f) de motorista	prawo (n) jazdy	['pravɔ 'jazdɨ]

passagem (f) de nível	przejazd (m) kolejowy	['pʃɛjast kɔle'jɔvɨ]
cruzamento (m)	skrzyżowanie (n)	[skʃiʒɔ'vane]
faixa (f)	przejście (n) dla pieszych	['pʃɛjɕtʃe dʎa 'peʃih]
curva (f)	zakręt (m)	['zakrɛ̃t]
zona (f) de pedestres	strefa (ż) dla pieszych	['strɛfa dʎa 'peʃih]

180. Sinais de trânsito

código (m) de trânsito	przepisy (l.mn.) ruchu drogowego	[pʃɛ'pisɨ 'ruhu drɔgɔ'vɛgɔ]
sinal (m) de trânsito	znak (m) drogowy	[znak drɔ'gɔvɨ]
ultrapassagem (f)	wyprzedzanie (n)	[vɨpʃɛ'dzane]
curva (f)	zakręt (m)	['zakrɛ̃t]
retorno (m)	zawracanie (m)	[zavra'tsanie]
rotatória (f)	ruch okrężny (m)	[ruh ɔk'rɛnʒnɨ]

sentido proibido	zakaz wjazdu	['zakaz 'vʲjazdu]
trânsito proibido	zakaz ruchu	['zakaz 'ruhu]
proibido de ultrapassar	zakaz wyprzedzania	['zakaz vɨpʃɛ'dzaɲa]
estacionamento proibido	zakaz postoju	['zakaz pɔs'tɔju]
paragem proibida	zakaz zatrzymywania się	['zakaz zatʃimi'vaɲa ɕɛ̃]

curva (f) perigosa	niebezpieczny zakręt (m)	[niebes'petʃnɨ 'zakrɛ̃t]
descida (f) perigosa	niebezpieczny zjazd (m)	[niebes'petʃnɨ z'ʲjast]
trânsito de sentido único	droga jednokierunkowa	['drɔga jednɔkeru'ŋkɔva]
faixa (f)	przejście (n) dla pieszych	['pʃɛjɕtʃe dʎa 'peʃih]
pavimento (m) escorregadio	śliska jezdnia (ż)	['ɕliska 'ezdɲa]
conceder passagem	ustąp pierwszeństwa	['ustɔ̃p perf'ʃɛɲstva]

PESSOAS. EVENTOS

Eventos

181. Férias. Evento

festa (f)	święto (n)	['ɕfɛntɔ]
feriado (m) nacional	święto (n) państwowe	['ɕfɛntɔ paɲst'fɔvɛ]
feriado (m)	dzień (m) świąteczny	[dʑeɲ ɕfɔ̃'tɛtʃnɨ]
festejar (vt)	świętować	[ɕfɛ̃'tɔvatʃ]
evento (festa, etc.)	wydarzenie (n)	[vida'ʒɛne]
evento (banquete, etc.)	impreza (ż)	[imp'rɛza]
banquete (m)	bankiet (m)	['baŋket]
recepção (f)	przyjęcie (n)	[pʃi'ɛ̃tʃe]
festim (m)	uczta (ż)	['utʃta]
aniversário (m)	rocznica (ż)	[rɔtʃ'nitsa]
jubileu (m)	jubileusz (m)	[jubi'leuʃ]
celebrar (vt)	obchodzić	[ɔp'hɔdʑitʃ]
Ano (m) Novo	Nowy Rok (m)	['nɔvɨ rɔk]
Feliz Ano Novo!	Szczęśliwego Nowego Roku!	[ʃtʃɛɲɕli'vɛgɔ nɔ'vɛgɔ 'rɔku]
Natal (m)	Boże Narodzenie (n)	['bɔʒɛ narɔ'dzɛne]
Feliz Natal!	Wesołych Świąt!	[vɛ'sɔwɨh ɕfɔ̃t]
árvore (f) de Natal	choinka (ż)	[hɔ'iŋka]
fogos (m pl) de artifício	sztuczne ognie (l.mn.)	['ʃtutʃnɛ ɔgne]
casamento (m)	wesele (n)	[vɛ'sɛle]
noivo (m)	narzeczony (m)	[naʒɛt'ʃɔnɨ]
noiva (f)	narzeczona (ż)	[naʒɛt'ʃɔna]
convidar (vt)	zapraszać	[zap'raʃatʃ]
convite (m)	zaproszenie (n)	[zaprɔ'ʃɛne]
convidado (m)	gość (m)	[gɔɕtʃ]
visitar (vt)	iść w gości	[iɕtʃ v 'gɔɕtʃi]
receber os convidados	witać gości	['vitatʃ 'gɔɕtʃi]
presente (m)	prezent (m)	['prɛzɛnt]
oferecer, dar (vt)	dawać w prezencie	['davatʃ f prɛ'zɛntʃe]
receber presentes	dostawać prezenty	[dɔs'tavatʃ prɛ'zɛnti]
buquê (m) de flores	bukiet (m)	['buket]
felicitações (f pl)	gratulacje (l.mn.)	[gratu'ʎatsʰe]
felicitar (vt)	gratulować	[gratu'lɔvatʃ]
cartão (m) de parabéns	kartka (ż) z życzeniami	['kartka z ʒitʃɛ'ɲami]

| enviar um cartão postal | wysłać kartkę | ['viswatʃ 'kartkɛ̃] |
| receber um cartão postal | dostać kartkę | ['dɔstatʃ kartkɛ̃] |

brinde (m)	toast (m)	['tɔast]
oferecer (vt)	częstować	[tʃɛs'tɔvatʃ]
champanhe (m)	szampan (m)	['ʃampan]

divertir-se (vr)	bawić się	['bavitʃ ɕɛ̃]
diversão (f)	zabawa (ż)	[za'bava]
alegria (f)	radość (ż)	['radɔɕtʃ]

| dança (f) | taniec (m) | ['tanets] |
| dançar (vi) | tańczyć | ['tantʃitʃ] |

| valsa (f) | walc (m) | ['vaʎts] |
| tango (m) | tango (n) | ['taŋɔ] |

182. Funerais. Enterro

cemitério (m)	cmentarz (m)	['tsmɛntaʃ]
sepultura (f), túmulo (m)	grób (m)	[grup]
cruz (f)	krzyż (m)	[kʃiʃ]
lápide (f)	nagrobek (m)	[nag'rɔbɛk]
cerca (f)	ogrodzenie (n)	[ɔgrɔ'dzɛne]
capela (f)	kaplica (ż)	[kap'litsa]

morte (f)	śmierć (ż)	[ɕmertʃ]
morrer (vi)	umrzeć	['umʒɛtʃ]
defunto (m)	zmarły (m)	['zmarvi]
luto (m)	żałoba (ż)	[ʒa'wɔba]

enterrar, sepultar (vt)	chować	['hɔvatʃ]
funerária (f)	zakład (m) pogrzebowy	['zakwat pɔgʒɛ'bɔvi]
funeral (m)	pogrzeb (m)	['pɔgʒɛp]

coroa (f) de flores	wieniec (m)	['venets]
caixão (m)	trumna (ż)	['trumna]
carro (m) funerário	karawan (m)	[ka'ravan]
mortalha (f)	całun (m)	['tsawun]

| urna (f) funerária | urna (ż) pogrzebowa | ['urna pɔgʒɛ'bɔva] |
| crematório (m) | krematorium (m) | [krɛma'tɔrʰjum] |

obituário (m), necrologia (f)	nekrolog (m)	[nɛk'rɔlɔk]
chorar (vi)	płakać	['pwakatʃ]
soluçar (vi)	szlochać	['ʃlɔhatʃ]

183. Guerra. Soldados

pelotão (m)	pluton (m)	['plytɔn]
companhia (f)	rota (ż)	['rɔta]
regimento (m)	pułk (m)	[puwk]

| exército (m) | armia (ż) | ['armʰja] |
| divisão (f) | dywizja (ż) | [diˈvizʰja] |

| esquadrão (m) | oddział (m) | ['ɔddʑiaw] |
| hoste (f) | wojsko (n) | ['vɔjskɔ] |

| soldado (m) | żołnierz (m) | ['ʒɔwneʃ] |
| oficial (m) | oficer (m) | [ɔˈfitsɛr] |

soldado (m) raso	szeregowy (m)	[ʃɛrɛˈgɔvi]
sargento (m)	sierżant (m)	['ɕerʒant]
tenente (m)	podporucznik (m)	[pɔtpɔˈrutʃnik]
capitão (m)	kapitan (m)	[kaˈpitan]
major (m)	major (m)	['majɔr]

| coronel (m) | pułkownik (m) | [puwˈkɔvnik] |
| general (m) | generał (m) | [gɛˈnɛraw] |

marujo (m)	marynarz (m)	[maˈrinaʃ]
capitão (m)	kapitan (m)	[kaˈpitan]
contramestre (m)	bosman (m)	['bɔsman]

artilheiro (m)	artylerzysta (m)	[artileˈʒista]
soldado (m) paraquedista	desantowiec (m)	[dɛsanˈtɔvets]
piloto (m)	lotnik (m)	['lɔtnik]

| navegador (m) | nawigator (m) | [naviˈgatɔr] |
| mecânico (m) | mechanik (m) | [mɛˈhanik] |

| sapador-mineiro (m) | saper (m) | ['sapɛr] |
| paraquedista (m) | spadochroniarz (m) | [spadɔhˈrɔɲaʃ] |

| explorador (m) | zwiadowca (m) | [zvʲaˈdɔftsa] |
| atirador (m) de tocaia | snajper (m) | ['snajpɛr] |

patrulha (f)	patrol (m)	['patrɔʎ]
patrulhar (vt)	patrolować	[patrɔˈlɔvatʃ]
sentinela (f)	wartownik (m)	[varˈtɔvnik]

| guerreiro (m) | wojownik (m) | [vɔʒvnik] |
| patriota (m) | patriota (m) | [patrʰɔta] |

| herói (m) | bohater (m) | [bɔˈhatɛr] |
| heroína (f) | bohaterka (ż) | [bɔhaˈtɛrka] |

traidor (m)	zdrajca (m)	['zdrajtsa]
desertor (m)	dezerter (m)	[dɛˈzɛrtɛr]
desertar (vt)	dezerterować	[dɛzɛrtɛˈrɔvatʃ]

mercenário (m)	najemnik (m)	[naˈemnik]
recruta (m)	rekrut (m)	['rɛkrut]
voluntário (m)	ochotnik (m)	[ɔˈhɔtnik]

morto (m)	zabity (m)	[zaˈbiti]
ferido (m)	ranny (m)	['raɲi]
prisioneiro (m) de guerra	jeniec (m)	['enets]

184. Guerra. Ações militares. Parte 1

guerra (f)	wojna (ż)	['vɔjna]
guerrear (vt)	wojować	[vɔɔvatʃ]
guerra (f) civil	wojna domowa (ż)	['vɔjna dɔ'mɔva]

perfidamente	wiarołomnie	[vʲarɔ'wɔmne]
declaração (f) de guerra	wypowiedzenie (n)	[vɨpɔve'dzɛne]
declarar guerra	wypowiedzieć (~ wojnę)	[vɨpɔ'vedʒetʃ 'vɔjnɛ̃]
agressão (f)	agresja (ż)	[ag'rɛsʰja]
atacar (vt)	napadać	[na'padatʃ]

invadir (vt)	najeźdźać	[na'jezdʒʲatʲ]
invasor (m)	najeźdźca (m)	[na'eɕtsa]
conquistador (m)	zdobywca (m)	[zdɔ'bifʦa]

defesa (f)	obrona (ż)	[ɔb'rɔna]
defender (vt)	bronić	['brɔnitʃ]
defender-se (vr)	bronić się	['brɔnitʃ ɕɛ̃]

inimigo (m)	wróg (m)	[vruk]
adversário (m)	przeciwnik (m)	[pʃɛ'tʃivnik]
inimigo (adj)	wrogi	['vrɔgi]

| estratégia (f) | strategia (ż) | [stra'tɛgja] |
| tática (f) | taktyka (ż) | ['taktɨka] |

ordem (f)	rozkaz (m)	['rɔskas]
comando (m)	komenda (ż)	[kɔ'mɛnda]
ordenar (vt)	rozkazywać	[rɔska'zivatʃ]
missão (f)	zadanie (n)	[za'dane]
secreto (adj)	tajny	['tajnɨ]

| batalha (f) | bitwa (ż) | ['bitfa] |
| combate (m) | bój (m) | [buj] |

ataque (m)	atak (m)	['atak]
assalto (m)	szturm (m)	[ʃturm]
assaltar (vt)	szturmować	[ʃtur'mɔvatʃ]
assédio, sítio (m)	oblężenie (n)	[ɔblɛ̃'ʒɛne]

| ofensiva (f) | ofensywa (ż) | [ɔfɛn'sɨva] |
| tomar à ofensiva | nacierać | [na'tʃeratʃ] |

| retirada (f) | odwrót (m) | ['ɔdvrut] |
| retirar-se (vr) | wycofywać się | [vɨʦɔ'fivatʃ ɕɛ̃] |

| cerco (m) | okrążenie (n) | [ɔkrɔ̃'ʒɛne] |
| cercar (vt) | okrążyć | [ɔk'rɔ̃ʒitʲ] |

bombardeio (m)	bombardowanie (n)	[bɔmbardɔ'vane]
lançar uma bomba	zrzucić bombę	['zʒuʧitʃ 'bɔmbɛ̃]
bombardear (vt)	bombardować	[bɔmbar'dɔvatʃ]
explosão (f)	wybuch (m)	['vɨbuh]
tiro (m)	strzał (m)	[stʃaw]

| dar um tiro | wystrzelić | [vɨst'ʃɛlitʃ] |
| tiroteio (m) | strzelanina (ż) | [stʃɛʎa'nina] |

apontar para ...	celować	[tsɛ'lɔvatʃ]
apontar (vt)	wycelować	[vɨtsɛ'lɔvatʃ]
acertar (vt)	trafić	['trafitʃ]

afundar (~ um navio, etc.)	zatopić	[za'tɔpitʃ]
brecha (f)	dziura (ż)	['dʒyra]
afundar-se (vr)	iść na dno	[içtʃ na dnɔ]

frente (m)	front (m)	[frɔnt]
evacuação (f)	ewakuacja (ż)	[ɛvaku'atsʰja]
evacuar (vt)	ewakuować	[ɛvaku'ɔvatʃ]

arame (m) enfarpado	drut (m) kolczasty	[drut kɔʎt'ʃasti]
barreira (f) anti-tanque	zapora (ż)	[za'pɔra]
torre (f) de vigia	wieża (ż)	['veʒa]

hospital (m) militar	szpital (m)	['ʃpitaʎ]
ferir (vt)	ranić	['ranitʃ]
ferida (f)	rana (ż)	['rana]
ferido (m)	ranny (m)	['raɲɨ]
ficar ferido	zostać rannym	['zɔstatʃ 'raɲɨm]
grave (ferida ~)	ciężki	['tʃenʃki]

185. Guerra. Ações militares. Parte 2

cativeiro (m)	niewola (ż)	[ne'vɔʎa]
capturar (vt)	wziąć do niewoli	[vʒɔ̇ʲtʃ dɔ ne'vɔli]
estar em cativeiro	być w niewoli	[bɨtʃ v ne'vɔli]
ser aprisionado	dostać się do niewoli	['dɔstatʃ ɕɛ̇ dɔ ne'vɔli]

campo (m) de concentração	obóz (m) koncentracyjny	['ɔbus kɔntsɛntra'tsɨjnɨ]
prisioneiro (m) de guerra	jeniec (m)	['enets]
escapar (vi)	uciekać	[u'tʃekatʃ]

trair (vt)	zdradzić	['zdradʒitʃ]
traidor (m)	zdrajca (m)	['zdrajtsa]
traição (f)	zdrada (ż)	['zdrada]

| fuzilar, executar (vt) | rozstrzelać | [rɔst'ʃɛʎatʃ] |
| fuzilamento (m) | rozstrzelanie (n) | [rɔstʃɛ'ʎane] |

equipamento (m)	umundurowanie (n)	[umundurɔ'vane]
insígnia (f) de ombro	pagon (m)	['pagɔn]
máscara (f) de gás	maska (ż) przeciwgazowa	['maska pʃɛtʃɨvga'zɔva]

rádio (m)	radiostacja (ż) przenośna	[radiɔs'tatsʰja pʃɛ'nɔçna]
cifra (f), código (m)	szyfr (m)	[ʃifr]
conspiração (f)	konspiracja (ż)	[kɔnspi'ratsʰja]
senha (f)	hasło (n)	['haswɔ]
mina (f)	mina (ż)	['mina]
minar (vt)	zaminować	[zami'nɔvatʃ]

campo (m) minado	pole (n) minowe	['pɔle mi'nɔvɛ]
alarme (m) aéreo	alarm (m) przeciwlotniczy	['aʎarm pʃɛʧiflɜt'niʧi]
alarme (m)	alarm (m)	['aʎarm]
sinal (m)	sygnał (m)	['signaw]
sinalizador (m)	rakieta (ż) sygnalizacyjna	[ra'keta signaliza'tsijna]

quartel-general (m)	sztab (m)	[ʃtap]
reconhecimento (m)	rekonesans (m)	[rɛkɔ'nɛsans]
situação (f)	sytuacja (ż)	[situ'atsʰja]
relatório (m)	raport (m)	['rapɔrt]
emboscada (f)	zasadzka (ż)	[za'satska]
reforço (m)	posiłki (l.mn.)	[pɔ'ɕiwki]

alvo (m)	cel (m)	[tsɛʎ]
campo (m) de tiro	poligon (m)	[pɔ'ligɔn]
manobras (f pl)	manewry (l.mn.)	[ma'nɛvri]

pânico (m)	panika (ż)	['panika]
devastação (f)	ruina (ż)	[ru'ina]
ruínas (f pl)	zniszczenia (l.mn.)	[zniʃt'ʃɛɲa]
destruir (vt)	niszczyć	['niʃʧiʧ]

sobreviver (vi)	przeżyć	['pʃɛʒiʧ]
desarmar (vt)	rozbroić	[rɔzb'rɔiʧ]
manusear (vt)	obchodzić się	[ɔp'hɔdʒiʧ ɕɛ̃]

Sentido!	Baczność!	['batʃnɔɕʧ]
Descansar!	Spocznij!	['spɔʧnij]

façanha (f)	czyn (m) bohaterski	[ʧin bɔha'tɛrski]
juramento (m)	przysięga (ż)	[pʃi'ɕeɲa]
jurar (vi)	przysięgać	[pʃi'ɕeɲaʧ]

condecoração (f)	odznaczenie (n)	[ɔdznat'ʃɛne]
condecorar (vt)	nagradzać	[nag'radzaʧ]
medalha (f)	medal (m)	['mɛdaʎ]
ordem (f)	order (m)	['ɔrdɛr]

vitória (f)	zwycięstwo (n)	[zvi'ʧenstfɔ]
derrota (f)	klęska (ż)	['klenska]
armistício (m)	rozejm (m)	['rɔzɛjm]

bandeira (f)	sztandar (m)	['ʃtandar]
glória (f)	chwała (ż)	['hfawa]
parada (f)	defilada (ż)	[dɛfi'ʎada]
marchar (vi)	maszerować	[maʃɛ'rɔvaʧ]

186. Armas

arma (f)	broń (ż)	[brɔɲ]
arma (f) de fogo	broń (ż) palna	[brɔɲ 'paʎna]
arma (f) branca	broń (ż) biała	[brɔɲ 'bʲawa]
arma (f) química	broń (ż) chemiczna	[brɔɲ hɛ'miʧna]
nuclear (adj)	nuklearny	[nukle'arnɨ]

arma (f) nuclear	broń (ż) nuklearna	[brɔɲ nukle'arna]
bomba (f)	bomba (ż)	['bomba]
bomba (f) atômica	bomba atomowa (ż)	['bomba atɔ'mɔva]
pistola (f)	pistolet (m)	[pis'tɔlet]
rifle (m)	strzelba (ż)	['stʃɛʎba]
semi-automática (f)	automat (m)	[au'tɔmat]
metralhadora (f)	karabin (m) maszynowy	[ka'rabin maʃi'nɔvɨ]
boca (f)	wylot (m)	['vɨlɜt]
cano (m)	lufa (ż)	['lyfa]
calibre (m)	kaliber (m)	[ka'libɛr]
gatilho (m)	spust (m)	[spust]
mira (f)	celownik (m)	[tsɛ'lɜvnik]
carregador (m)	magazynek (m)	[maga'zinɛk]
coronha (f)	kolba (ż)	['kɔʎba]
granada (f) de mão	granat (m)	['granat]
explosivo (m)	ładunek (m) wybuchowy	[wa'dunɛk vibu'hɔvɨ]
bala (f)	kula (ż)	['kuʎa]
cartucho (m)	nabój (m)	['nabuj]
carga (f)	ładunek (m)	[wa'dunɛk]
munições (f pl)	amunicja (ż)	[amu'nitsʰja]
bombardeiro (m)	bombowiec (m)	[bɔm'bɔvets]
avião (m) de caça	myśliwiec (m)	[mis'livets]
helicóptero (m)	helikopter (m)	[hɛli'kɔptɛr]
canhão (m) antiaéreo	działo (n) przeciwlotnicze	['dʒawɔ pʃɛtʃiflɜt'nitʃɛ]
tanque (m)	czołg (m)	[tʃɔwk]
canhão (de um tanque)	działo (n)	['dʒʲawɔ]
artilharia (f)	artyleria (ż)	[arti'lerʰja]
fazer a pontaria	wycelować	[vɨtsɛ'lɜvatʃ]
projétil (m)	pocisk (m)	['pɔtʃisk]
granada (f) de morteiro	pocisk (m) moździerzowy	['pɔtʃisk mɔzdʑi'ʒɔvɨ]
morteiro (m)	moździerz (m)	['mɔzʲdʒeʃ]
estilhaço (m)	odłamek (m)	[ɔd'wamɛk]
submarino (m)	łódź (ż) podwodna	[wutʃ pɔd'vɔdna]
torpedo (m)	torpeda (ż)	[tɔr'pɛda]
míssil (m)	rakieta (ż)	[ra'kieta]
carregar (uma arma)	ładować	[wa'dɔvatʃ]
disparar, atirar (vi)	strzelać	['stʃɛʎatʃ]
apontar para ...	celować	[tsɛ'lɜvatʃ]
baioneta (f)	bagnet (m)	['bagnɛt]
espada (f)	szpada (ż)	['ʃpada]
sabre (m)	szabla (ż)	['ʃabʎa]
lança (f)	kopia (ż), włócznia (ż)	['kɔpʰja], ['vwɔtʃna]
arco (m)	łuk (m)	[wuk]
flecha (f)	strzała (ż)	['stʃawa]

| mosquete (m) | muszkiet (m) | ['muʃket] |
| besta (f) | kusza (ż) | ['kuʃa] |

187. Povos da antiguidade

primitivo (adj)	pierwotny	[per'vɔtni]
pré-histórico (adj)	prehistoryczny	[prɛhistɔ'ritʃni]
antigo (adj)	dawny	['davni]

Idade (f) da Pedra	Epoka (ż) kamienna	[ɛ'pɔka ka'mɛɲa]
Idade (f) do Bronze	Epoka (ż) brązu	[ɛ'pɔka 'brõzu]
Era (f) do Gelo	Epoka (ż) lodowcowa	[ɛ'pɔka lɔdɔf'tsɔva]

tribo (f)	plemię (n)	['plemɛ̃]
canibal (m)	kanibal (m)	[ka'nibaʎ]
caçador (m)	myśliwy (m)	[miɕ'livi]
caçar (vi)	polować	[pɔ'lɔvatʃ]
mamute (m)	mamut (m)	['mamut]

caverna (f)	jaskinia (ż)	[jas'kiɲa]
fogo (m)	ogień (m)	['ɔgeɲ]
fogueira (f)	ognisko (n)	[ɔg'niskɔ]
pintura (f) rupestre	malowidło (n) naskalne	[malɔ'vidwɔ nas'kaʎnɛ]

ferramenta (f)	narzędzie (n) pracy	[na'ʒɛ̃dʑe 'pratsi]
lança (f)	kopia (ż), włócznia (ż)	['kɔpʰja], ['vwɔtʃɲa]
machado (m) de pedra	topór (m) kamienny	['tɔpur ka'meɲi]
guerrear (vt)	wojować	[vɔɔvatʃ]
domesticar (vt)	oswajać zwierzęta	[ɔs'fajatʃ zve'ʒɛnta]
ídolo (m)	bożek (m)	['bɔʒɛk]
adorar, venerar (vt)	czcić	[tʃtʃitʃ]
superstição (f)	przesąd (m)	['pʃɛsõt]
ritual (m)	obrzęd (m)	['ɔbʒɛ̃t]

evolução (f)	ewolucja (ż)	[ɛvɔ'lytsʰja]
desenvolvimento (m)	rozwój (m)	['rɔzvuj]
extinção (f)	zniknięcie (n)	[znik'nɛ̃tʃe]
adaptar-se (vr)	adaptować się	[adap'tɔvatʃ ɕɛ̃]

arqueologia (f)	archeologia (ż)	[arhɛɔ'lɔgʰja]
arqueólogo (m)	archeolog (m)	[arhɛ'ɔlɔk]
arqueológico (adj)	archeologiczny	[arhɛɔlɔ'gitʃni]

escavação (sítio)	wykopaliska (l.mn.)	[vikɔpa'liska]
escavações (f pl)	prace (l.mn.) wykopaliskowe	['pratsɛ vikɔpalis'kɔvɛ]
achado (m)	znalezisko (n)	[znale'ʒiskɔ]
fragmento (m)	fragment (m)	['fragmɛnt]

188. Idade média

| povo (m) | naród (m) | ['narut] |
| povos (m pl) | narody (l.mn.) | [na'rɔdi] |

| tribo (f) | plemię (n) | ['plemɛ̃] |
| tribos (f pl) | plemiona (l.mn.) | [ple'mɔna] |

bárbaros (pl)	Barbarzyńcy (l.mn.)	[barba'ʒiɲtsi]
galeses (pl)	Gallowie (l.mn.)	[gal'lɔve]
godos (pl)	Goci (l.mn.)	['gɔtʃi]
eslavos (pl)	Słowianie (l.mn.)	[swɔ'vʲane]
viquingues (pl)	Wikingowie (l.mn.)	[viki'ŋove]

| romanos (pl) | Rzymianie (l.mn.) | [ʒi'mʲane] |
| romano (adj) | rzymski | ['ʒimski] |

bizantinos (pl)	Bizantyjczycy (l.mn.)	[bizantijt'ʃitsi]
Bizâncio	Bizancjum (n)	[bi'zanʦʰjum]
bizantino (adj)	bizantyjski	[bizan'tijski]

imperador (m)	cesarz (m)	['ʦɛsaʃ]
líder (m)	wódz (m)	[vuʦ]
poderoso (adj)	potężny	[pɔ'tɛnʒni]
rei (m)	król (m)	[kruʎ]
governante (m)	władca (m)	['vwatʦa]

cavaleiro (m)	rycerz (m)	['riʦɛʃ]
senhor feudal (m)	feudał (m)	[fɛ'udaw]
feudal (adj)	feudalny	[fɛu'daʎni]
vassalo (m)	wasal (m)	['vasaʎ]

duque (m)	książę (m)	[kɕɔ̃ʒɛ̃]
conde (m)	hrabia (m)	['hrabʲa]
barão (m)	baron (m)	['barɔn]
bispo (m)	biskup (m)	['biskup]

armadura (f)	zbroja (ż)	['zbrɔja]
escudo (m)	tarcza (ż)	['tartʃa]
espada (f)	miecz (m)	[meʧ]
viseira (f)	przyłbica (ż)	[pʃiw'biʦa]
cota (f) de malha	kolczuga (ż)	[kɔʎt'ʃuga]

| cruzada (f) | wyprawa (ż) krzyżowa | [vip'rava kʃi'ʒova] |
| cruzado (m) | krzyżak (m) | ['kʃiʒak] |

território (m)	terytorium (n)	[tɛri'tɔrʲjum]
atacar (vt)	napadać	[na'padaʧ]
conquistar (vt)	zawojować	[zavɔɔvaʧ]
ocupar, invadir (vt)	zająć	['zaɔ̃ʧ]

assédio, sítio (m)	oblężenie (n)	[ɔblɛ̃'ʒene]
sitiado (adj)	oblężony	[ɔblɛ̃'ʒɔni]
assediar, sitiar (vt)	oblegać	[ɔb'legaʧ]

inquisição (f)	inkwizycja (ż)	[iŋkfi'ziʦʰja]
inquisidor (m)	inkwizytor (m)	[iŋkfi'zitɔr]
tortura (f)	tortury (l.mn.)	[tɔr'turi]
cruel (adj)	okrutny	[ɔk'rutni]
herege (m)	heretyk (m)	[hɛ'rɛtik]
heresia (f)	herezja (ż)	[hɛ'rɛzʰja]

navegação (f) marítima	nawigacja (ż)	[navi'gaʦʰja]
pirata (m)	pirat (m)	['pirat]
pirataria (f)	piractwo (n)	[pi'raʦtfɔ]
abordagem (f)	abordaż (m)	[a'bordaʃ]
presa (f), butim (m)	łup (m)	[wup]
tesouros (m pl)	skarby (l.mn.)	['skarbi]

descobrimento (m)	odkrycie (n)	[ɔtk'riʧe]
descobrir (novas terras)	odkryć	['ɔtkriʧ]
expedição (f)	ekspedycja (ż)	[ɛkspɛ'diʦʰja]

mosqueteiro (m)	muszkieter (m)	[muʃ'kɛtɛr]
cardeal (m)	kardynał (m)	[kar'dinaw]
heráldica (f)	heraldyka (ż)	[hɛ'raʎdika]
heráldico (adj)	heraldyczny	[hɛraʎ'diʧni]

189. Líder. Chefe. Autoridades

rei (m)	król (m)	[kruʎ]
rainha (f)	królowa (ż)	[kru'lɔva]
real (adj)	królewski	[kru'lefski]
reino (m)	królestwo (n)	[kru'lestfɔ]

príncipe (m)	książę (m)	[kɕɔ̃ʒɛ̃]
princesa (f)	księżniczka (ż)	[kɕɛ̃ʒ'niʧka]

presidente (m)	prezydent (m)	[prɛ'zidɛnt]
vice-presidente (m)	wiceprezydent (m)	[viʦɛprɛ'zidɛnt]
senador (m)	senator (m)	[sɛ'natɔr]

monarca (m)	monarcha (m)	[mɔ'narha]
governante (m)	władca (m)	['vwatʦa]
ditador (m)	dyktator (m)	[dik'tatɔr]
tirano (m)	tyran (m)	['tiran]
magnata (m)	magnat (m)	['magnat]

diretor (m)	dyrektor (m)	[di'rɛktɔr]
chefe (m)	szef (m)	[ʃɛf]
gerente (m)	kierownik (m)	[ke'rɔvnik]
patrão (m)	szef (m)	[ʃɛf]
dono (m)	właściciel (m)	[vwaɕ'ʧiʧeʎ]

chefe (m)	głowa (ż)	['gwɔva]
autoridades (f pl)	władze (l.mn.)	['vwadzɛ]
superiores (m pl)	kierownictwo (n)	[kerɔv'niʦtfɔ]

governador (m)	gubernator (m)	[gubɛr'natɔr]
cônsul (m)	konsul (m)	['kɔnsuʎ]
diplomata (m)	dyplomata (m)	[diplɔ'mata]
Presidente (m) da Câmara	mer (m)	[mɛr]
xerife (m)	szeryf (m)	['ʃɛrif]

imperador (m)	cesarz (m)	['ʦɛsaʃ]
czar (m)	car (m)	[ʦar]

faraó (m)   faraon (m)   [fa'raɔn]
cã, khan (m)   chan (m)   [han]

190. Estrada. Caminho. Direções

estrada (f)   droga (ż)   ['drɔga]
via (f)   droga (ż)   ['drɔga]

rodovia (f)   szosa (ż)   ['ʃɔsa]
autoestrada (f)   autostrada (ż)   [autɔst'rada]
estrada (f) nacional   droga (ż) krajowa   ['drɔga kra3va]

estrada (f) principal   główna droga (ż)   ['gwuvna 'drɔga]
estrada (f) de terra   polna droga (ż)   ['pɔʎna 'drɔga]

trilha (f)   ścieżka (ż)   ['ɕtʃeʃka]
pequena trilha (f)   ścieżka (ż)   ['ɕtʃeʃka]

Onde?   Gdzie?   [gdʒe]
Para onde?   Dokąd?   ['dɔkɔ̃t]
De onde?   Skąd?   [skɔ̃t]

direção (f)   kierunek (m)   [ke'runɛk]
indicar (~ o caminho)   pokazać   [pɔ'kazatʃ]

para a esquerda   w lewo   [v 'levɔ]
para a direita   w prawo   [f 'pravɔ]
em frente   prosto   ['prɔstɔ]
para trás   do tyłu   [dɔ 'tiwu]

curva (f)   zakręt (m)   ['zakrɛ̃t]
virar (~ para a direita) skręcać   ['skrɛntsatʃ]
dar retorno   zawracać   [zav'ratsatʃ]

estar visível   być widocznym   [bitʃ vi'dɔtʃnim]
aparecer (vi)   ukazać się   [u'kazatʃ ɕɛ̃]

paragem (pausa)   postój (m)   ['pɔstuj]
descansar (vi)   odpocząć   [ɔt'pɔtʃɔ̃tʃ]
descanso, repouso (m)   odpoczynek (m)   [ɔtpɔt'ʃinɛk]

perder-se (vr)   zabłądzić   [zab'wɔ̃dʒitʃ]
conduzir a ... (caminho) prowadzić   [prɔ'vadʒitʃ]
chegar a ...   wyjść do ...   ['vijɕtʃ dɔ]
trecho (m)   odcinek (m)   [ɔ'tʃinɛk]

asfalto (m)   asfalt (m)   ['asfaʎt]
meio-fio (m)   krawężnik (m)   [kra'vɛnʒnik]
valeta (f)   rów (m)   [ruf]
tampa (f) de esgoto   właz (m)   [vwas]
acostamento (m)   pobocze (m)   [pɔ'bɔtʃɛ]
buraco (m)   dziura (ż)   ['dʒyra]
ir (a pé)   iść   [iɕtʃ]
ultrapassar (vt)   wyprzedzić   [vip'ʃɛdʒitʃ]

passo (m)	krok (m)	[krɔk]
a pé	na piechotę	[na pe'hɔtɛ̃]

bloquear (vt)	zamknąć przejazd	['zamknɔ̃ʧ 'pʃɛjast]
cancela (f)	szlaban (m)	['ʃʎaban]
beco (m) sem saída	ślepa uliczka (ż)	['ɕlepa u'liʧka]

191. Violação da lei. Criminosos. Parte 1

bandido (m)	bandyta (m)	[ban'dita]
crime (m)	przestępstwo (n)	[pʃɛs'tɛ̃pstfɔ]
criminoso (m)	przestępca (m)	[pʃɛs'tɛ̃ptsa]

ladrão (m)	złodziej (m)	['zwɔʤej]
roubar (vt)	kraść	[kraɕʧ]
roubo (atividade)	złodziejstwo (n)	[zwɔ'ʤejstfɔ]
furto (m)	kradzież (ż)	['kraʤeʃ]

raptar, sequestrar (vt)	porwać	['pɔrvaʧ]
sequestro (m)	porwanie (n)	[pɔr'vane]
sequestrador (m)	porywacz (m)	[pɔ'rivaʧ]

resgate (m)	okup (m)	['ɔkup]
pedir resgate	żądać okupu	['ʒɔ̃daʧ ɔ'kupu]

roubar (vt)	rabować	[ra'bɔvaʧ]
assaltante (m)	rabuś (m)	['rabuɕ]

extorquir (vt)	wymuszać	[vɨ'muʃaʧ]
extorsionário (m)	szantażysta (m)	[ʃanta'ʒista]
extorsão (f)	wymuszanie (n)	[vɨmu'ʃane]

matar, assassinar (vt)	zabić	['zabiʧ]
homicídio (m)	zabójstwo (n)	[za'bujstfɔ]
homicida, assassino (m)	zabójca (m)	[za'bujtsa]

tiro (m)	strzał (m)	[stʃaw]
dar um tiro	wystrzelić	[vɨst'ʃeliʧ]
matar a tiro	zastrzelić	[zast'ʃeliʧ]
disparar, atirar (vi)	strzelać	['stʃeʎaʧ]
tiroteio (m)	strzelanina (ż)	[stʃeʎa'nina]

incidente (m)	wypadek (m)	[vɨ'padɛk]
briga (~ de rua)	bójka (ż)	['bujka]
vítima (f)	ofiara (ż)	[ɔ'fʲara]

danificar (vt)	uszkodzić	[uʃ'kɔʤiʧ]
dano (m)	uszczerbek (m)	[uʃ'ʧerbɛk]
cadáver (m)	zwłoki (l.mn.)	['zvwɔki]
grave (adj)	ciężki	['ʧenʃki]

atacar (vt)	napaść	['napaɕʧ]
bater (espancar)	bić	[biʧ]
espancar (vt)	pobić	['pɔbiʧ]

tirar, roubar (dinheiro)	zabrać	['zabratʃ]
esfaquear (vt)	zadźgać	['zʲadzgatʃ]
mutilar (vt)	okaleczyć	[ɔka'letʃitʃ]
ferir (vt)	zranić	['zranitʃ]

chantagem (f)	szantaż (m)	['ʃantaʃ]
chantagear (vt)	szantażować	[ʃanta'ʒɔvatʃ]
chantagista (m)	szantażysta (m)	[ʃanta'ʒista]

extorsão (f)	wymuszania (l.mn.)	[vimu'ʃaɲa]
extorsionário (m)	kanciarz (m)	['kantʃaʃ]
gângster (m)	gangster (m)	['gaŋstɛr]
máfia (f)	mafia (ż)	['mafʰja]

punguista (m)	kieszonkowiec (m)	[keʃɔ'ŋkɔveʦ]
assaltante, ladrão (m)	włamywacz (m)	[vwa'mivatʃ]
contrabando (m)	przemyt (m)	['pʃɛmit]
contrabandista (m)	przemytnik (m)	[pʃɛ'mitnik]

falsificação (f)	falsyfikat (m)	[faʎsi'fikat]
falsificar (vt)	podrabiać	[pɔd'rabʲatʃ]
falsificado (adj)	fałszywy	[faw'ʃivi]

192. Violação da lei. Criminosos. Parte 2

estupro (m)	gwałt (m)	[gvawt]
estuprar (vt)	zgwałcić	['gvawtʃitʃ]
estuprador (m)	gwałciciel (m)	[gvaw'tʃitʃeʎ]
maníaco (m)	maniak (m)	['maɲjak]

prostituta (f)	prostytutka (ż)	[prɔsti'tutka]
prostituição (f)	prostytucja (ż)	[prɔsti'tutsʲja]
cafetão (m)	sutener (m)	[su'tɛnɛr]

| drogado (m) | narkoman (m) | [nar'kɔman] |
| traficante (m) | handlarz narkotyków (m) | ['handʎaʒ narkɔ'tikuʃ] |

explodir (vt)	wysadzić w powietrze	[vi'sadʒitʃ f pɔ'vetʃɛ]
explosão (f)	wybuch (m)	['vibuh]
incendiar (vt)	podpalić	[pɔt'palitʃ]
incendiário (m)	podpalacz (m)	[pɔt'paʎatʃ]

terrorismo (m)	terroryzm (m)	[tɛ'rɔrizm]
terrorista (m)	terrorysta (m)	[tɛrɔ'rista]
refém (m)	zakładnik (m)	[zak'wadnik]

enganar (vt)	oszukać	[ɔ'ʃukatʃ]
engano (m)	oszustwo (n)	[ɔ'ʃustfɔ]
vigarista (m)	oszust (m)	['ɔʃust]

subornar (vt)	przekupić	[pʃɛ'kupitʃ]
suborno (atividade)	przekupstwo (n)	[pʃɛ'kupstfɔ]
suborno (dinheiro)	łapówka (ż)	[wa'pufka]
veneno (m)	trucizna (ż)	[tru'tʃizna]

envenenar (vt)	otruć	['ɔtrutʃ]
envenenar-se (vr)	otruć się	['ɔtrutʃ ɕɛ̃]
suicídio (m)	samobójstwo (ż)	[samɔ'bujstfɔ]
suicida (m)	samobójca (m)	[samɔ'bujtsa]
ameaçar (vt)	grozić	['grɔʑitʃ]
ameaça (f)	groźba (ż)	['grɔʑ·ba]
atentar contra a vida de ...	targnąć się	['targnɔ̃tʃ ɕɛ̃]
atentado (m)	zamach (m)	['zamah]
roubar (um carro)	ukraść	['ukraɕtʃ]
sequestrar (um avião)	porwać	['pɔrvatʃ]
vingança (f)	zemsta (ż)	['zɛmsta]
vingar (vt)	mścić się	[mɕtʃitʃ ɕɛ̃]
torturar (vt)	torturować	[tɔrtu'rɔvatʃ]
tortura (f)	tortury (l.mn.)	[tɔr'turi]
atormentar (vt)	znęcać się	['znɛntsatʃ ɕɛ̃]
pirata (m)	pirat (m)	['pirat]
desordeiro (m)	chuligan (m)	[hu'ligan]
armado (adj)	uzbrojony	[uzbrɔɔni]
violência (f)	przemoc (ż)	['pʃɛmɔts]
espionagem (f)	szpiegostwo (n)	[ʃpe'gɔstfɔ]
espionar (vi)	szpiegować	[ʃpe'gɔvatʃ]

193. Polícia. Lei. Parte 1

justiça (sistema de ~)	sprawiedliwość (ż)	[spraved'livɔɕtʃ]
tribunal (m)	sąd (m)	[sɔ̃t]
juiz (m)	sędzia (m)	['sɛ̃dʑ·a]
jurados (m pl)	przysięgli (l.mn.)	[pʃi'ɕeŋli]
tribunal (m) do júri	sąd (m) przysięgłych	[sɔ̃t pʃi'ɕeŋwih]
julgar (vt)	sądzić	['sɔ̃·dʑitʃ]
advogado (m)	adwokat (m)	[ad'vɔkat]
réu (m)	oskarżony (m)	[ɔskar'ʒɔni]
banco (m) dos réus	ława (ż) oskarżonych	['wava ɔskar'ʒɔnih]
acusação (f)	oskarżenie (n)	[ɔskar'ʒɛne]
acusado (m)	oskarżony (m)	[ɔskar'ʒɔni]
sentença (f)	wyrok (m)	['virɔk]
sentenciar (vt)	skazać	['skazatʃ]
culpado (m)	sprawca (m), winny (m)	['spraftsa], ['viɲi]
punir (vt)	ukarać	[u'karatʃ]
punição (f)	kara (ż)	['kara]
multa (f)	kara (ż)	['kara]
prisão (f) perpétua	dożywocie (n)	[dɔʒi'vɔtʃe]

pena (f) de morte	kara śmierci (ż)	['kara 'ɕmertʃi]
cadeira (f) elétrica	krzesło (n) elektryczne	['kʃeswɔ ɛlekt'ritʃnɛ]
forca (f)	szubienica (ż)	[ʃube'nitsa]

| executar (vt) | stracić | ['stratʃitʃ] |
| execução (f) | egzekucja (ż) | [ɛgzɛ'kutsʰja] |

| prisão (f) | więzienie (n) | [vɛ̃'ʒene] |
| cela (f) de prisão | cela (ż) | ['tsɛʎa] |

escolta (f)	konwój (m)	['kɔnvuj]
guarda (m) prisional	nadzorca (m)	[na'dzɔrtsa]
preso, prisioneiro (m)	więzień (m)	['veɲʒɛ̃]

| algemas (f pl) | kajdanki (l.mn.) | [kaj'daŋki] |
| algemar (vt) | założyć kajdanki | [za'wɔʒitʃ kaj'daŋki] |

fuga, evasão (f)	ucieczka (ż)	[u'tʃetʃka]
fugir (vi)	uciec	['utʃets]
desaparecer (vi)	zniknąć	['zniknɔ̃tʃ]
soltar, libertar (vt)	zwolnić	['zvɔʎnitʃ]
anistia (f)	amnestia (ż)	[am'nɛstʰja]

polícia (instituição)	policja (ż)	[pɔ'litsʰja]
polícia (m)	policjant (m)	[pɔ'litsʰjant]
delegacia (f) de polícia	komenda (ż)	[kɔ'mɛnda]
cassetete (m)	pałka (ż) gumowa	['pawka gu'mɔva]
megafone (m)	głośnik (m)	['gwɔɕnik]

carro (m) de patrulha	samochód (m) patrolowy	[sa'mɔhut patrɔ'lɔvi]
sirene (f)	syrena (ż)	[si'rɛna]
ligar a sirene	włączyć syrenę	['vwɔ̃tʃitʃ si'rɛnɛ̃]
toque (m) da sirene	wycie (n) syreny	['vitʃe si'rɛni]

cena (f) do crime	miejsce (n) zdarzenia	['mejstsɛ zda'ʒɛɲa]
testemunha (f)	świadek (m)	['ɕfʲadɛk]
liberdade (f)	wolność (ż)	['vɔʎnɔɕtʃ]
cúmplice (m)	współsprawca (m)	[fspuwsp'raftsa]
escapar (vi)	ukryć się	['ukritʃ ɕɛ̃]
traço (não deixar ~s)	ślad (m)	[ɕʎat]

194. Polícia. Lei. Parte 2

procura (f)	poszukiwania (l.mn.)	[pɔʃuki'vaɲa]
procurar (vt)	poszukiwać	[pɔʃu'kivatʃ]
suspeita (f)	podejrzenie (n)	[pɔdɛj'ʒɛne]
suspeito (adj)	podejrzany	[pɔdɛj'ʒani]
parar (veículo, etc.)	zatrzymać	[zat'ʃimatʃ]
deter (fazer parar)	zatrzymać	[zat'ʃimatʃ]

caso (~ criminal)	sprawa (ż)	['sprava]
investigação (f)	śledztwo (n)	['ɕletstfɔ]
detetive (m)	detektyw (m)	[dɛ'tɛktiv]
investigador (m)	śledczy (m)	['ɕlettʃi]

versão (f)	wersja (ż)	['vɛrsʰja]
motivo (m)	motyw (m)	['mɔtif]
interrogatório (m)	przesłuchanie (n)	[pʃɛswu'hane]
interrogar (vt)	przesłuchiwać	[pʃɛswu'hivatʃ]
questionar (vt)	przesłuchiwać	[pʃɛswu'hivatʃ]
verificação (f)	kontrola (ż)	[kɔnt'rɔʎa]
batida (f) policial	obława (ż)	[ɔb'wava]
busca (f)	rewizja (ż)	[rɛ'vizʰja]
perseguição (f)	pogoń (ż)	['pɔgɔɲ]
perseguir (vt)	ścigać	['ɕtʃigatʃ]
seguir, rastrear (vt)	śledzić	['ɕledʑitʃ]
prisão (f)	areszt (m)	['arɛʃt]
prender (vt)	aresztować	[arɛʃ'tɔvatʃ]
pegar, capturar (vt)	złapać	['zwapatʃ]
captura (f)	pojmanie (n)	[pɔj'manie]
documento (m)	dokument (m)	[dɔ'kumɛnt]
prova (f)	dowód (m)	['dɔvut]
provar (vt)	udowadniać	[udɔ'vadɲatʃ]
pegada (f)	ślad (m)	[ɕʎat]
impressões (f pl) digitais	odciski (l.mn.) palców	[ɔ'tʃiski 'paʎtsuf]
prova (f)	poszlaka (ż)	[pɔʃ'ʎaka]
álibi (m)	alibi (n)	[a'libi]
inocente (adj)	niewinny	[ne'viɲi]
injustiça (f)	niesprawiedliwość (ż)	[nespraved'livɔɕtʃ]
injusto (adj)	niesprawiedliwy	[nespraved'livi]
criminal (adj)	kryminalny	[krimi'naʎni]
confiscar (vt)	konfiskować	[kɔnfis'kɔvatʃ]
droga (f)	narkotyk (m)	[nar'kɔtik]
arma (f)	broń (ż)	[brɔɲ]
desarmar (vt)	rozbroić	[rɔzb'rɔitʃ]
ordenar (vt)	rozkazywać	[rɔska'zivatʃ]
desaparecer (vi)	zniknąć	['zniknɔ̃tʃ]
lei (f)	prawo (n)	['pravɔ]
legal (adj)	legalny	[le'gaʎni]
ilegal (adj)	nielegalny	[nele'gaʎni]
responsabilidade (f)	odpowiedzialność (ż)	[ɔtpove'dʑaʎnɔɕtʃ]
responsável (adj)	odpowiedzialny	[ɔtpove'dʑaʎni]

177

NATUREZA

A Terra. Parte 1

195. Espaço sideral

espaço, cosmo (m)	kosmos (m)	['kɔsmɔs]
espacial, cósmico (adj)	kosmiczny	[kɔs'mitʃnɨ]
espaço (m) cósmico	przestrzeń (ż) kosmiczna	['pʃɛstʃɛɲ kɔs'mitʃna]
mundo (m)	świat (m)	[ɕfʲat]
universo (m)	wszechświat (m)	['fʃɛhɕfʲat]
galáxia (f)	galaktyka (ż)	[ga'ʎaktɨka]
estrela (f)	gwiazda (ż)	['gvʲazda]
constelação (f)	gwiazdozbiór (m)	[gvʲaz'dɔzbyr]
planeta (m)	planeta (ż)	[pʎa'nɛta]
satélite (m)	satelita (m)	[satɛ'lita]
meteorito (m)	meteoryt (m)	[mɛtɛ'ɔrit]
cometa (m)	kometa (ż)	[kɔ'mɛta]
asteroide (m)	asteroida (ż)	[astɛrɔ'ida]
órbita (f)	orbita (ż)	[ɔr'bita]
girar (vi)	obracać się	[ɔb'raʦatʃ ɕɛ̃]
atmosfera (f)	atmosfera (ż)	[atmɔs'fɛra]
Sol (m)	Słońce (n)	['swɔɲʦɛ]
Sistema (m) Solar	Układ (m) Słoneczny	['ukwad swɔ'nɛtʃnɨ]
eclipse (m) solar	zaćmienie (n) słońca	[zatʃʲmene 'swɔɲʦa]
Terra (f)	Ziemia (ż)	['ʒemʲa]
Lua (f)	Księżyc (m)	['kɕenʒɨʦ]
Marte (m)	Mars (m)	[mars]
Vênus (f)	Wenus (ż)	['vɛnus]
Júpiter (m)	Jowisz (m)	[ɜviʃ]
Saturno (m)	Saturn (m)	['saturn]
Mercúrio (m)	Merkury (m)	[mɛr'kuri]
Urano (m)	Uran (m)	['uran]
Netuno (m)	Neptun (m)	['nɛptun]
Plutão (m)	Pluton (m)	['plytɔn]
Via Láctea (f)	Droga (ż) Mleczna	['drɔga 'mletʃna]
Ursa Maior (f)	Wielki Wóz (m)	['veʎki vus]
Estrela Polar (f)	Gwiazda (ż) Polarna	['gvʲazda pɔ'ʎarna]
marciano (m)	Marsjanin (m)	[marsʰʲjanin]
extraterrestre (m)	kosmita (m)	[kɔs'mita]

alienígena (m)	obcy (m)	['ɔbtsi]
disco (m) voador	talerz (m) latający	['taleʃ ʎataɔ̃tsi]
espaçonave (f)	statek (m) kosmiczny	['statɛk kɔs'mitʃni]
estação (f) orbital	stacja (ż) kosmiczna	['statsʰja kɔs'mitʃna]
lançamento (m)	start (m)	[start]
motor (m)	silnik (m)	['ɕiʎnik]
bocal (m)	dysza (ż)	['diʃa]
combustível (m)	paliwo (n)	[pa'livɔ]
cabine (f)	kabina (ż)	[ka'bina]
antena (f)	antena (ż)	[an'tɛna]
vigia (f)	iluminator (m)	[ilymi'natɔr]
bateria (f) solar	bateria (ż) słoneczna	[ba'tɛrʰja swɔ'nɛtʃna]
traje (m) espacial	skafander (m)	[ska'fandɛr]
imponderabilidade (f)	nieważkość (ż)	[ne'vaʃkɔɕtʃ]
oxigênio (m)	tlen (m)	[tlen]
acoplagem (f)	połączenie (n)	[pɔwɔ̃t'ʃɛne]
fazer uma acoplagem	łączyć się	['wɔ̃tʃitʃ ɕɛ̃]
observatório (m)	obserwatorium (n)	[ɔbsɛrva'tɔrʰjum]
telescópio (m)	teleskop (m)	[tɛ'leskɔp]
observar (vt)	obserwować	[ɔbsɛr'vɔvatʃ]
explorar (vt)	badać	['badatʃ]

196. A Terra

Terra (f)	Ziemia (ż)	['ʒemja]
globo terrestre (Terra)	kula (ż) ziemska	['kuʎa 'ʒemska]
planeta (m)	planeta (ż)	[pʎa'nɛta]
atmosfera (f)	atmosfera (ż)	[atmɔs'fɛra]
geografia (f)	geografia (ż)	[gɛɔg'rafʰja]
natureza (f)	przyroda (ż)	[pʃi'rɔda]
globo (mapa esférico)	globus (m)	['glɔbus]
mapa (m)	mapa (ż)	['mapa]
atlas (m)	atlas (m)	['atʎas]
Europa (f)	Europa (ż)	[ɛu'rɔpa]
Ásia (f)	Azja (ż)	['azʰja]
África (f)	Afryka (ż)	['afrika]
Austrália (f)	Australia (ż)	[aust'raʎja]
América (f)	Ameryka (ż)	[a'mɛrika]
América (f) do Norte	Ameryka (ż) Północna	[a'mɛrika puw'nɔtsna]
América (f) do Sul	Ameryka (ż) Południowa	[a'mɛrika pɔwud'nɜva]
Antártida (f)	Antarktyda (ż)	[antark'tida]
Ártico (m)	Arktyka (ż)	['arktika]

197. Pontos cardeais

norte (m)	północ (ż)	['puwnɔts]
para norte	na północ	[na 'puwnɔts]
no norte	na północy	[na puw'nɔtsi]
do norte (adj)	północny	[puw'nɔtsni]
sul (m)	południe (n)	[pɔ'wudne]
para sul	na południe	[na pɔ'wudne]
no sul	na południu	[na pɔ'wudny]
do sul (adj)	południowy	[pɔwud'nɔvi]
oeste, ocidente (m)	zachód (m)	['zahut]
para oeste	na zachód	[na 'zahut]
no oeste	na zachodzie	[na za'hɔdʒe]
ocidental (adj)	zachodni	[za'hɔdni]
leste, oriente (m)	wschód (m)	[fshut]
para leste	na wschód	['na fshut]
no leste	na wschodzie	[na 'fshɔdʒe]
oriental (adj)	wschodni	['fshɔdni]

198. Mar. Oceano

mar (m)	morze (n)	['mɔʒɛ]
oceano (m)	ocean (m)	[ɔ'tsɛan]
golfo (m)	zatoka (ż)	[za'tɔka]
estreito (m)	cieśnina (ż)	[tɕec'nina]
terra (f) firme	ląd (m)	[lɔ̃t]
continente (m)	kontynent (m)	[kɔn'tinɛnt]
ilha (f)	wyspa (ż)	['vispa]
península (f)	półwysep (m)	[puw'visɛp]
arquipélago (m)	archipelag (m)	[arhi'pɛʎak]
baía (f)	zatoka (ż)	[za'tɔka]
porto (m)	port (m)	[pɔrt]
lagoa (f)	laguna (ż)	[ʎa'guna]
cabo (m)	przylądek (m)	[pʃilɔ̃dɛk]
atol (m)	atol (m)	['atɔʎ]
recife (f)	rafa (ż)	['rafa]
coral (m)	koral (m)	['kɔral]
recife (m) de coral	rafa (ż) koralowa	['rafa kɔra'lɔva]
profundo (adj)	głęboki	[gwɛ̃'bɔki]
profundidade (f)	głębokość (ż)	[gwɛ̃'bɔkɔtɕ]
abismo (m)	otchłań (ż)	['ɔthwaɲ]
fossa (f) oceânica	rów (m)	[ruf]
corrente (f)	prąd (m)	[prɔ̃t]
banhar (vt)	omywać	[ɔ'mivatɕ]
litoral (m)	brzeg (m)	[bʒɛk]

costa (f)	wybrzeże (n)	[vib'ʒɛʒe]
maré (f) alta	przypływ (m)	['pʃipwif]
refluxo (m)	odpływ (m)	['ɔtpwif]
restinga (f)	mielizna (ż)	[me'lizna]
fundo (m)	dno (n)	[dnɔ]

onda (f)	fala (ż)	['faʎa]
crista (f) da onda	grzywa (ż) fali	['gʒiva 'fali]
espuma (f)	piana (ż)	['pʲana]

tempestade (f)	burza (ż)	['buʒa]
furacão (m)	huragan (m)	[hu'ragan]
tsunami (m)	tsunami (n)	[tsu'nami]
calmaria (f)	cisza (ż) morska	['tʃiʃa 'mɔrska]
calmo (adj)	spokojny	[spɔ'kɔjni]

polo (m)	biegun (m)	['begun]
polar (adj)	polarny	[pɔ'ʎarni]

latitude (f)	szerokość (ż)	[ʃɛ'rɔkɔɕtʃ]
longitude (f)	długość (ż)	['dwugɔɕtʃ]
paralela (f)	równoleżnik (m)	[ruvnɔ'leʒnik]
equador (m)	równik (m)	['ruvnik]

céu (m)	niebo (n)	['nebɔ]
horizonte (m)	horyzont (m)	[hɔ'rizɔnt]
ar (m)	powietrze (n)	[pɔ'vetʃɛ]

farol (m)	latarnia (ż) morska	[ʎa'tarɲa 'mɔrska]
mergulhar (vi)	nurkować	[nur'kɔvatʃ]
afundar-se (vr)	zatonąć	[za'tɔɲtʃ]
tesouros (m pl)	skarby (l.mn.)	['skarbi]

199. Nomes de Mares e Oceanos

Oceano (m) Atlântico	Ocean (m) Atlantycki	[ɔ'tsɛan atlan'titski]
Oceano (m) Índico	Ocean (m) Indyjski	[ɔ'tsɛan in'dijski]
Oceano (m) Pacífico	Ocean (m) Spokojny	[ɔ'tsɛan spɔ'kɔjni]
Oceano (m) Ártico	Ocean (m) Lodowaty Północny	[ɔ'tsɛan lɔdɔ'vati puw'nɔtsni]

Mar (m) Negro	Morze (n) Czarne	['mɔʒɛ 'tʃarnɛ]
Mar (m) Vermelho	Morze (n) Czerwone	['mɔʒɛ tʃɛr'vɔnɛ]
Mar (m) Amarelo	Morze (n) Żółte	['mɔʒɛ 'ʒuwtɛ]
Mar (m) Branco	Morze (n) Białe	['mɔʒɛ 'bʲawɛ]

Mar (m) Cáspio	Morze (n) Kaspijskie	['mɔʒɛ kas'pijske]
Mar (m) Morto	Morze (n) Martwe	['mɔʒɛ 'martfɛ]
Mar (m) Mediterrâneo	Morze (n) Śródziemne	['mɔʒɛ ɕry'dʑemnɛ]

Mar (m) Egeu	Morze (n) Egejskie	['mɔʒɛ ɛ'gejske]
Mar (m) Adriático	Morze (n) Adriatyckie	['mɔʒɛ adrʲja'titske]
Mar (m) Arábico	Morze (n) Arabskie	['mɔʒɛ a'rabske]
Mar (m) do Japão	Morze (n) Japońskie	['mɔʒɛ ja'pɔɲske]

| Mar (m) de Bering | Morze (n) Beringa | ['mɔʒɛ bɛ'riŋa] |
| Mar (m) da China Meridional | Morze (n) Południowochińskie | ['mɔʒɛ pɔwud'nɜvɔ 'hiɲske] |

Mar (m) de Coral	Morze (n) Koralowe	['mɔʒɛ kɔra'lɜvɛ]
Mar (m) de Tasman	Morze (n) Tasmana	['mɔʒɛ tas'mana]
Mar (m) do Caribe	Morze (n) Karaibskie	['mɔʒɛ kara'ipske]

| Mar (m) de Barents | Morze (n) Barentsa | ['mɔʒɛ ba'rɛntsa] |
| Mar (m) de Kara | Morze (n) Karskie | ['mɔʒɛ 'karske] |

Mar (m) do Norte	Morze (n) Północne	['mɔʒɛ puw'nɔtsnɛ]
Mar (m) Báltico	Morze (n) Bałtyckie	['mɔʒɛ baw'titske]
Mar (m) da Noruega	Morze (n) Norweskie	['mɔʒɛ nɔr'vɛske]

200. Montanhas

montanha (f)	góra (ż)	['gura]
cordilheira (f)	łańcuch (m) górski	['waɲtsuh 'gurski]
serra (f)	grzbiet (m) górski	[gʒbet 'gurski]

cume (m)	szczyt (m)	[ʃtʃit]
pico (m)	szczyt (m)	[ʃtʃit]
pé (m)	podnóże (n)	[pɔd'nuʒɛ]
declive (m)	zbocze (n)	['zbɔtʃɛ]

vulcão (m)	wulkan (m)	['vuʎkan]
vulcão (m) ativo	czynny (m) wulkan	['tʃiŋɨ 'vuʎkan]
vulcão (m) extinto	wygasły (m) wulkan	[vɨ'gaswɨ 'vuʎkan]

erupção (f)	wybuch (m)	['vibuh]
cratera (f)	krater (m)	['kratɛr]
magma (m)	magma (ż)	['magma]
lava (f)	lawa (ż)	['ʎava]
fundido (lava ~a)	rozżarzony	[rɔzʒa'ʒɔnɨ]

cânion, desfiladeiro (m)	kanion (m)	['kaɲjɔn]
garganta (f)	wąwóz (m)	['võvus]
fenda (f)	rozpadlina (m)	[rɔspad'lina]

passo, colo (m)	przełęcz (ż)	['pʃɛwɛ̃tʃ]
planalto (m)	płaskowyż (m)	[pwas'kɔviʃ]
falésia (f)	skała (ż)	['skawa]
colina (f)	wzgórze (ż)	['vzguʒɛ]

geleira (f)	lodowiec (m)	[lɜ'dɔvets]
cachoeira (f)	wodospad (m)	[vɔ'dɔspat]
gêiser (m)	gejzer (m)	['gɛjzɛr]
lago (m)	jezioro (m)	[e'ʒɜrɔ]

planície (f)	równina (ż)	[ruv'nina]
paisagem (f)	pejzaż (m)	['pɛjzaʃ]
eco (m)	echo (n)	['ɛhɔ]
alpinista (m)	alpinista (m)	[aʎpi'nista]

escalador (m)	wspinacz (m)	['fspinatʃ]
conquistar (vt)	pokonywać	[pɔkɔ'nivatʃ]
subida, escalada (f)	wspinaczka (ż)	[fspi'natʃka]

201. Nomes de montanhas

Alpes (m pl)	Alpy (l.mn.)	['aʎpi]
Monte Branco (m)	Mont Blanc (m)	[mɔn blan]
Pirineus (m pl)	Pireneje (l.mn.)	[pirɛ'nɛe]
Cárpatos (m pl)	Karpaty (l.mn.)	[kar'pati]
Urais (m pl)	Góry Uralskie (l.mn.)	['gurɨ u'raʎske]
Cáucaso (m)	Kaukaz (m)	['kaukas]
Elbrus (m)	Elbrus (m)	['ɛʎbrus]
Altai (m)	Ałtaj (m)	['awtaj]
Pamir (m)	Pamir (m)	['pamir]
Himalaia (m)	Himalaje (l.mn.)	[hima'lae]
monte Everest (m)	Mont Everest (m)	[mɔnt ɛ'vɛrɛst]
Cordilheira (f) dos Andes	Andy (l.mn.)	['andi]
Kilimanjaro (m)	Kilimandżaro (ż)	[kiliman'dʒarɔ]

202. Rios

rio (m)	rzeka (m)	['ʒɛka]
fonte, nascente (f)	źródło (n)	['ʑrudwɔ]
leito (m) de rio	koryto (n)	[kɔ'ritɔ]
bacia (f)	dorzecze (n)	[dɔ'ʒɛtʃɛ]
desaguar no ...	wpadać	['fpadatʃ]
afluente (m)	dopływ (m)	['dɔpwif]
margem (do rio)	brzeg (m)	[bʒɛk]
corrente (f)	prąd (m)	[prɔ̃t]
rio abaixo	z prądem	[s 'prɔ̃dɛm]
rio acima	pod prąd	[pɔt prɔ̃t]
inundação (f)	powódź (ż)	['pɔvutʃ]
cheia (f)	wylew (m) rzeki	['viłef 'ʒɛki]
transbordar (vi)	rozlewać się	[rɔz'levatʃ ɕɛ̃]
inundar (vt)	zatapiać	[za'tapʲatʃ]
banco (m) de areia	mielizna (ż)	[me'lizna]
corredeira (f)	próg (m)	[pruk]
barragem (f)	tama (ż)	['tama]
canal (m)	kanał (m)	['kanaw]
reservatório (m) de água	zbiornik (m) wodny	['zbɔrnik 'vɔdnɨ]
eclusa (f)	śluza (ż)	['ɕlyza]
corpo (m) de água	zbiornik (m) wodny	['zbɔrnik 'vɔdnɨ]
pântano (m)	bagno (n)	['bagnɔ]

lamaçal (m)	grzęzawisko (n)	[gʒɛ̃za'viskɔ]
redemoinho (m)	wir (m) wodny	[vir 'vɔdnɨ]
riacho (m)	potok (m)	['pɔtɔk]
potável (adj)	pitny	['pitnɨ]
doce (água)	słodki	['swɔtki]
gelo (m)	lód (m)	[lyt]
congelar-se (vr)	zamarznąć	[za'marznɔ̃ʧ]

203. Nomes de rios

rio Sena (m)	Sekwana (ż)	[sɛk'fana]
rio Loire (m)	Loara (ż)	[lɔ'ara]
rio Tâmisa (m)	Tamiza (ż)	[ta'miza]
rio Reno (m)	Ren (m)	[rɛn]
rio Danúbio (m)	Dunaj (m)	['dunaj]
rio Volga (m)	Wołga (ż)	['vɔwga]
rio Don (m)	Don (m)	[dɔn]
rio Lena (m)	Lena (ż)	['lena]
rio Amarelo (m)	Huang He (ż)	[hu'aŋ hɛ]
rio Yangtzé (m)	Jangcy (ż)	['jaŋʦɨ]
rio Mekong (m)	Mekong (m)	['mɛkɔŋ]
rio Ganges (m)	Ganges (m)	['gaŋɛs]
rio Nilo (m)	Nil (m)	[niʎ]
rio Congo (m)	Kongo (ż)	['kɔŋɔ]
rio Cubango (m)	Okawango (ż)	[ɔka'vaŋɔ]
rio Zambeze (m)	Zambezi (ż)	[zam'bɛzi]
rio Limpopo (m)	Limpopo (ż)	[lim'pɔpɔ]
rio Mississippi (m)	Mississipi (ż)	[missis'sipi]

204. Floresta

floresta (f), bosque (m)	las (m)	[ʎas]
florestal (adj)	leśny	['lɛɕnɨ]
mata (f) fechada	gąszcz (ż)	[gɔ̃ʃʧ]
arvoredo (m)	gaj (m), lasek (m)	[gaj], ['ʎasɛk]
clareira (f)	polana (ż)	[pɔ'ʎana]
matagal (m)	zarośla (l.mn.)	[za'rɔɕʎa]
mato (m), caatinga (f)	krzaki (l.mn.)	['kʃaki]
pequena trilha (f)	ścieżka (ż)	['ɕʨeʃka]
ravina (f)	wąwóz (m)	['vɔ̃vus]
árvore (f)	drzewo (n)	['dʒɛvɔ]
folha (f)	liść (m)	[liɕʧ]

folhagem (f)	listowie (n)	[lis'tɔve]
queda (f) das folhas	opadanie (n) liści	[ɔpa'dane 'liɕtɕi]
cair (vi)	opadać	[ɔ'padatɕ]
topo (m)	wierzchołek (m)	[veʃ'hɔwɛk]

ramo (m)	gałąź (ż)	['gawõɕ]
galho (m)	sęk (m)	[sɛ̃k]
botão (m)	pączek (m)	['põʧɛk]
agulha (f)	igła (ż)	['igwa]
pinha (f)	szyszka (ż)	['ʃɨʃka]

buraco (m) de árvore	dziupla (ż)	['ʥypʎa]
ninho (m)	gniazdo (n)	['gɲazdɔ]
toca (f)	nora (ż)	['nɔra]

tronco (m)	pień (m)	[peɲ]
raiz (f)	korzeń (m)	['kɔʒɛɲ]
casca (f) de árvore	kora (ż)	['kɔra]
musgo (m)	mech (m)	[mɛh]

arrancar pela raiz	karczować	[kart'ʃɔvatʃ]
cortar (vt)	ścinać	['ɕʨinatʃ]
desflorestar (vt)	wycinać	[vi'ʨinatʃ]
toco, cepo (m)	pieniek (m)	['penek]

fogueira (f)	ognisko (n)	[ɔg'niskɔ]
incêndio (m) florestal	pożar (m)	['pɔʒar]
apagar (vt)	gasić	['gaɕiʧ]

guarda-parque (m)	leśnik (m)	['leɕnik]
proteção (f)	ochrona (ż)	[ɔh'rɔna]
proteger (a natureza)	chronić	['hrɔniʧ]
caçador (m) furtivo	kłusownik (m)	[kwu'sɔvnik]
armadilha (f)	potrzask (m)	['pɔtʃask]

colher (cogumelos, bagas)	zbierać	['zberatʃ]
perder-se (vr)	zabłądzić	[zab'wõʤiʧ]

205. Recursos naturais

recursos (m pl) naturais	zasoby (l.mn.) naturalne	[za'sɔbɨ natu'raʎnɛ]
minerais (m pl)	kopaliny (l.mn.) użyteczne	[kɔpa'linɨ uʒɨ'tɛʧnɛ]
depósitos (m pl)	złoża (l.mn.)	['zwɔʒa]
jazida (f)	złoże (n)	['zwɔʒɛ]

extrair (vt)	wydobywać	[vɨdɔ'bɨvatʃ]
extração (f)	wydobywanie (n)	[vɨdɔbɨ'vane]
minério (m)	ruda (ż)	['ruda]
mina (f)	kopalnia (ż) rudy	[kɔ'paʎna 'rudɨ]
poço (m) de mina	szyb (m)	[ʃib]
mineiro (m)	górnik (m)	['gurnik]

gás (m)	gaz (m)	[gas]
gasoduto (m)	gazociąg (m)	[ga'zɔʧõk]

petróleo (m)	ropa (ż) naftowa	['rɔpa naf'tɔva]
oleoduto (m)	rurociąg (m)	[ru'rɔʧ̑ɔ̃k]
poço (m) de petróleo	szyb (m) naftowy	[ʃip naf'tɔvi]
torre (f) petrolífera	wieża (ż) wiertnicza	['veʒa vert'niʧ̑a]
petroleiro (m)	tankowiec (m)	[ta'ŋkɔveʦ̑]
areia (f)	piasek (m)	['pʲasɛk]
calcário (m)	wapień (m)	['vapeɲ]
cascalho (m)	żwir (m)	[ʒvir]
turfa (f)	torf (m)	[tɔrf]
argila (f)	glina (ż)	['glina]
carvão (m)	węgiel (m)	['vɛŋeʎ]
ferro (m)	żelazo (n)	[ʒɛ'ʎazɔ]
ouro (m)	złoto (n)	['zwɔtɔ]
prata (f)	srebro (n)	['srɛbrɔ]
níquel (m)	nikiel (n)	['nikeʎ]
cobre (m)	miedź (ż)	[meʧ̑]
zinco (m)	cynk (m)	[ʦ̑iŋk]
manganês (m)	mangan (m)	['maɲan]
mercúrio (m)	rtęć (ż)	[rtɛ̃ʧ̑]
chumbo (m)	ołów (m)	['ɔwuf]
mineral (m)	minerał (m)	[mi'nɛraw]
cristal (m)	kryształ (m)	['kriʃtaw]
mármore (m)	marmur (m)	['marmur]
urânio (m)	uran (m)	['uran]

A Terra. Parte 2

206. Tempo

tempo (m)	pogoda (ż)	[pɔ'gɔda]
previsão (f) do tempo	prognoza (ż) pogody	[prɔg'nɔza pɔ'gɔdɨ]
temperatura (f)	temperatura (ż)	[tɛmpɛra'tura]
termômetro (m)	termometr (m)	[tɛr'mɔmɛtr]
barômetro (m)	barometr (m)	[ba'rɔmɛtr]
umidade (f)	wilgoć (ż)	['viʎgɔʨ]
calor (m)	żar (m)	[ʒar]
tórrido (adj)	upalny, gorący	[u'paʎnɨ], [gɔ'rɔ̃ʦi]
está muito calor	gorąco	[gɔ'rɔ̃ʦɔ]
está calor	ciepło	['ʨepwɔ]
quente (morno)	ciepły	['ʨepwɨ]
está frio	zimno	['ʒimnɔ]
frio (adj)	zimny	['ʒimnɨ]
sol (m)	słońce (n)	['swɔɲʦɛ]
brilhar (vi)	świecić	['ɕfeʨiʨ]
de sol, ensolarado	słoneczny	[swɔ'nɛʨnɨ]
nascer (vi)	wzejść	[vzɛjɕʨ]
pôr-se (vr)	zajść	[zajɕʨ]
nuvem (f)	obłok (m)	['ɔbwɔk]
nublado (adj)	zachmurzony	[zahmu'ʒɔnɨ]
nuvem (f) preta	chmura (ż)	['hmura]
escuro, cinzento (adj)	pochmurny	[pɔh'murnɨ]
chuva (f)	deszcz (m)	[dɛʃʧ]
está a chover	pada deszcz	['pada dɛʃʧ]
chuvoso (adj)	deszczowy	[dɛʃt'ʃɔvɨ]
chuviscar (vi)	mżyć	[mʒɨʧ]
chuva (f) torrencial	ulewny deszcz (m)	[u'levnɨ dɛʃʧ]
aguaceiro (m)	ulewa (ż)	[u'leva]
forte (chuva, etc.)	silny	['ɕiʎnɨ]
poça (f)	kałuża (ż)	[ka'wuʒa]
molhar-se (vr)	moknąć	['mɔknɔ̃ʨ]
nevoeiro (m)	mgła (ż)	[mgwa]
de nevoeiro	mglisty	['mglistɨ]
neve (f)	śnieg (m)	[ɕnek]
está nevando	pada śnieg	['pada ɕnek]

207. Tempo extremo. Catástrofes naturais

trovoada (f)	burza (ż)	['buʒa]
relâmpago (m)	błyskawica (ż)	[bwiska'vitsa]
relampejar (vi)	błyskać	['bwiskatɕ]
trovão (m)	grzmot (m)	[gʒmɔt]
trovejar (vi)	grzmieć	[gʒmetɕ]
está trovejando	grzmi	[gʒmi]
granizo (m)	grad (m)	[grat]
está caindo granizo	pada grad	['pada grat]
inundar (vt)	zatopić	[za'tɔpitɕ]
inundação (f)	powódź (ż)	['pɔvutɕ]
terremoto (m)	trzęsienie (n) ziemi	[tɕɛ̃'ɕene 'ʒemi]
abalo, tremor (m)	wstrząs (m)	[fstʃɔ̃s]
epicentro (m)	epicentrum (n)	[ɛpi'tsɛntrum]
erupção (f)	wybuch (m)	['vibuh]
lava (f)	lawa (ż)	['ʎava]
tornado (m)	trąba (ż) powietrzna	['trɔ̃ba pɔ'vetʃna]
tornado (m)	tornado (n)	[tɔr'nadɔ]
tufão (m)	tajfun (m)	['tajfun]
furacão (m)	huragan (m)	[hu'ragan]
tempestade (f)	burza (ż)	['buʒa]
tsunami (m)	tsunami (n)	[tsu'nami]
ciclone (m)	cyklon (m)	['tsiklɜn]
mau tempo (m)	niepogoda (ż)	[nepɔ'gɔda]
incêndio (m)	pożar (m)	['pɔʒar]
catástrofe (f)	katastrofa (ż)	[katast'rɔfa]
meteorito (m)	meteoryt (m)	[mɛtɛ'ɔrit]
avalanche (f)	lawina (ż)	[ʎa'vina]
deslizamento (m) de neve	lawina (ż)	[ʎa'vina]
nevasca (f)	zamieć (ż)	['zametɕ]
tempestade (f) de neve	śnieżyca (ż)	[ɕne'ʒitsa]

208. Ruídos. Sons

silêncio (m)	cisza (ż)	['tʃiʃa]
som (m)	dźwięk (m)	['dʒveŋk]
ruído, barulho (m)	hałas (m)	['hawas]
fazer barulho	hałasować	[hawa'sɔvatɕ]
ruidoso, barulhento (adj)	hałaśliwy	[hawaɕ'livi]
alto	głośno	['gwɔɕnɔ]
alto (ex. voz ~a)	głośny	['gwɔɕni]
constante (ruído, etc.)	ciągły	[tɕɔ̃gwi]

grito (m)	krzyk (m)	[kʃik]
gritar (vi)	krzyczeć	['kʃitʃɛtʃ]
sussurro (m)	szept (m)	[ʃɛpt]
sussurrar (vi, vt)	szeptać	['ʃɛptatʃ]
latido (m)	szczekanie (n)	[ʃtʃɛ'kane]
latir (vi)	szczekać	['ʃtʃɛkatʃ]
gemido (m)	jęk (m)	[jĕk]
gemer (vi)	jęczeć	['jentʃɛtʃ]
tosse (f)	kaszel (m)	['kaʃɛʎ]
tossir (vi)	kaszleć	['kaʃletʃ]
assobio (m)	gwizd (m)	[gvist]
assobiar (vi)	gwizdać	['gvizdatʃ]
batida (f)	pukanie (n)	[pu'kane]
bater (à porta)	pukać	['pukatʃ]
estalar (vi)	trzeszczeć	['tʃɛʃtʃɛtʃ]
estalido (m)	trzask (m)	[tʃask]
sirene (f)	syrena (ż)	[si'rɛna]
apito (m)	sygnał (m), gwizdek (m)	['signaw], ['gvizdɛk]
apitar (vi)	huczeć	['hutʃɛtʃ]
buzina (f)	klakson (m)	['kʎaksɔn]
buzinar (vi)	trąbić	['trõbitʃ]

209. Inverno

inverno (m)	zima (ż)	['ʒima]
de inverno	zimowy	[ʒi'mɔvi]
no inverno	zimą	['ʒimõ]
neve (f)	śnieg (m)	[ɕnek]
está nevando	pada śnieg	['pada ɕnek]
queda (f) de neve	opady (l.mn.) śniegu	[ɔ'padi 'ɕnegu]
amontoado (m) de neve	zaspa (ż)	['zaspa]
floco (m) de neve	śnieżynka (ż)	[ɕne'ʒiŋka]
bola (f) de neve	śnieżka (ż)	['ɕneʃka]
boneco (m) de neve	bałwan (m)	['bawvan]
sincelo (m)	sopel (m)	['sɔpɛʎ]
dezembro (m)	grudzień (m)	['grudʒeɲ]
janeiro (m)	styczeń (m)	['stitʃɛɲ]
fevereiro (m)	luty (m)	['lyti]
gelo (m)	mróz (m)	[mrus]
gelado (tempo ~)	mroźny	['mrɔʑni]
abaixo de zero	poniżej zera	[pɔ'niʒɛj 'zɛra]
primeira geada (f)	przymrozki (l.mn.)	[pʃim'rɔski]
geada (f) branca	szron (m)	[ʃrɔn]
frio (m)	zimno (n)	['ʒimnɔ]

está frio	zimno	['ʒimnɔ]
casaco (m) de pele	futro (n)	['futrɔ]
mitenes (f pl)	rękawiczki (l.mn.)	[rɛ̃ka'viʧki]

adoecer (vi)	zachorować	[zahɔ'rɔvaʧ]
resfriado (m)	przeziębienie (n)	[pʃɛʒɛ̃'bene]
ficar resfriado	przeziębić się	[pʃɛ'ʒembiʧ ɕɛ̃]

gelo (m)	lód (m)	[lyt]
gelo (m) na estrada	gołoledź (ż)	[gɔ'wɔleʧ]
congelar-se (vr)	zamarznąć	[za'marznɔ̃ʧ]
bloco (m) de gelo	kra (ż)	[kra]

esqui (m)	narty (l.mn.)	['narti]
esquiador (m)	narciarz (m)	['narʧaʃ]
esquiar (vi)	jeździć na nartach	['eʑ'ʥiʧ na 'nartah]
patinar (vi)	jeździć na łyżwach	['eʑ'ʥiʧ na 'wiʒvah]

Fauna

210. Mamíferos. Predadores

predador (m)	**drapieżnik** (m)	[dra'peʒnik]
tigre (m)	**tygrys** (m)	['tɨgrɨs]
leão (m)	**lew** (m)	[lef]
lobo (m)	**wilk** (m)	[viʎk]
raposa (f)	**lis** (m)	[lis]
jaguar (m)	**jaguar** (m)	[ja'guar]
leopardo (m)	**lampart** (m)	['ʎampart]
chita (f)	**gepard** (m)	['gɛpart]
pantera (f)	**pantera** (ż)	[pan'tɛra]
puma (m)	**puma** (ż)	['puma]
leopardo-das-neves (m)	**irbis** (m)	['irbis]
lince (m)	**ryś** (m)	[rɨɕ]
coiote (m)	**kojot** (m)	['kɔʒt]
chacal (m)	**szakal** (m)	['ʃakaʎ]
hiena (f)	**hiena** (ż)	['hʰena]

211. Animais selvagens

animal (m)	**zwierzę** (n)	['zveʒɛ̃]
besta (f)	**dzikie zwierzę** (n)	['ʤike 'zveʒɛ̃]
esquilo (m)	**wiewiórka** (ż)	[ve'vyrka]
ouriço (m)	**jeż** (m)	[eʃ]
lebre (f)	**zając** (m)	['zaɔ̃ʦ]
coelho (m)	**królik** (m)	['krulik]
texugo (m)	**borsuk** (m)	['bɔrsuk]
guaxinim (m)	**szop** (m)	[ʃɔp]
hamster (m)	**chomik** (m)	['hɔmik]
marmota (f)	**świstak** (m)	['ɕfistak]
toupeira (f)	**kret** (m)	[krɛt]
rato (m)	**mysz** (ż)	[mɨʃ]
ratazana (f)	**szczur** (m)	[ʃʧur]
morcego (m)	**nietoperz** (m)	[ne'tɔpɛʃ]
arminho (m)	**gronostaj** (m)	[grɔ'nɔstaj]
zibelina (f)	**soból** (m)	['sɔbuʎ]
marta (f)	**kuna** (ż)	['kuna]
doninha (f)	**łasica** (ż)	[wa'ɕiʦa]
visom (m)	**norka** (ż)	['nɔrka]

| castor (m) | bóbr (m) | [bubr] |
| lontra (f) | wydra (ż) | ['vɨdra] |

cavalo (m)	koń (m)	[kɔɲ]
alce (m)	łoś (m)	[wɔɕ]
veado (m)	jeleń (m)	['elɛɲ]
camelo (m)	wielbłąd (m)	['vɛʎbwɔ̃t]

bisão (m)	bizon (m)	['bizɔn]
auroque (m)	żubr (m)	[ʒubr]
búfalo (m)	bawół (m)	['bavuw]

zebra (f)	zebra (ż)	['zɛbra]
antílope (m)	antylopa (ż)	[antɨ'lɔpa]
corça (f)	sarna (ż)	['sarna]
gamo (m)	łania (ż)	['waɲa]
camurça (f)	kozica (ż)	[kɔ'ʑitsa]
javali (m)	dzik (m)	[dʑik]

baleia (f)	wieloryb (m)	[ve'lɔrɨp]
foca (f)	foka (ż)	['fɔka]
morsa (f)	mors (m)	[mɔrs]
urso-marinho (m)	kot (m) morski	[kɔt 'mɔrski]
golfinho (m)	delfin (m)	['dɛʎfin]

urso (m)	niedźwiedź (m)	['nedʑ'vetʃ]
urso (m) polar	niedźwiedź (m) polarny	['nedʑ'vetʃ pɔ'ʎarnɨ]
panda (m)	panda (ż)	['panda]

macaco (m)	małpa (ż)	['mawpa]
chimpanzé (m)	szympans (m)	['ʃɨmpans]
orangotango (m)	orangutan (m)	[ɔra'ŋutan]
gorila (m)	goryl (m)	['gɔriʎ]
macaco (m)	makak (m)	['makak]
gibão (m)	gibon (m)	['gibɔn]

elefante (m)	słoń (m)	['swɔɲ]
rinoceronte (m)	nosorożec (m)	[nɔsɔ'rɔʒɛts]
girafa (f)	żyrafa (ż)	[ʒɨ'rafa]
hipopótamo (m)	hipopotam (m)	[hipɔ'pɔtam]

| canguru (m) | kangur (m) | ['kaŋur] |
| coala (m) | koala (ż) | [kɔ'aʎa] |

mangusto (m)	mangusta (ż)	[ma'ŋusta]
chinchila (f)	szynszyla (ż)	[ʃin'ʃiʎa]
cangambá (f)	skunks (m)	[skuŋks]
porco-espinho (m)	jeżozwierz (m)	[e'ʒɔzveʃ]

212. Animais domésticos

gata (f)	kotka (ż)	['kɔtka]
gato (m) macho	kot (m)	[kɔt]
cão (m)	pies (m)	[pes]

cavalo (m)	koń (m)	[kɔɲ]
garanhão (m)	źrebak (m), ogier (m)	['ʑrɛbak], ['ɔgjer]
égua (f)	klacz (ż)	[kʎatʃ]

vaca (f)	krowa (ż)	['krɔva]
touro (m)	byk (m)	[bɨk]
boi (m)	wół (m)	[vuw]

ovelha (f)	owca (ż)	['ɔftsa]
carneiro (m)	baran (m)	['baran]
cabra (f)	koza (ż)	['kɔza]
bode (m)	kozioł (m)	['kɔʒʒw]

| burro (m) | osioł (m) | ['ɔɕʒw] |
| mula (f) | muł (m) | [muw] |

porco (m)	świnia (ż)	['ɕfiɲa]
leitão (m)	prosiak (m)	['prɔɕak]
coelho (m)	królik (m)	['krulik]

| galinha (f) | kura (ż) | ['kura] |
| galo (m) | kogut (m) | ['kɔgut] |

pata (f), pato (m)	kaczka (ż)	['katʃka]
pato (m)	kaczor (m)	['katʃɔr]
ganso (m)	gęś (ż)	[gɛ̃ɕ]

| peru (m) | indyk (m) | ['indɨk] |
| perua (f) | indyczka (ż) | [in'dɨtʃka] |

animais (m pl) domésticos	zwierzęta (l.mn.) domowe	[zve'ʒɛnta dɔ'mɔvɛ]
domesticado (adj)	oswojony	[ɔsfɔɔnɨ]
domesticar (vt)	oswajać	[ɔs'fajatʃ]
criar (vt)	hodować	[hɔ'dɔvatʃ]

fazenda (f)	ferma (ż)	['fɛrma]
aves (f pl) domésticas	drób (m)	[drup]
gado (m)	bydło (n)	['bɨdwɔ]
rebanho (m), manada (f)	stado (n)	['stadɔ]

estábulo (m)	stajnia (ż)	['stajɲa]
chiqueiro (m)	chlew (m)	[hlef]
estábulo (m)	obora (ż)	[ɔ'bɔra]
coelheira (f)	klatka (ż) dla królików	['klatka dʎa krɔ'likɔf]
galinheiro (m)	kurnik (m)	['kurnik]

213. Cães. Raças de cães

cão (m)	pies (m)	[pes]
cão pastor (m)	owczarek (m)	[ɔft'ʃarɛk]
poodle (m)	pudel (m)	['pudɛʎ]
linguicinha (m)	jamnik (m)	['jamnik]
buldogue (m)	buldog (m)	['buʎdɔk]
boxer (m)	bokser (m)	['bɔksɛr]

mastim (m)	mastyf (m)	['mastif]
rottweiler (m)	rottweiler (m)	[rɔt'vajler]
dóberman (m)	doberman (m)	[dɔ'bɛrman]

basset (m)	basset (m)	['basɛt]
pastor inglês (m)	owczarek (m) staroangielski	[ɔft'ʃarɛk starɔa'ŋeʌski]
dálmata (m)	dalmatyńczyk (m)	[daʌma'tiɲʧik]
cocker spaniel (m)	cocker spaniel (m)	['kɔkɛr 'spaneʌ]

| terra-nova (m) | nowofundland (m) | [nɔvɔ'fundʌant] |
| são-bernardo (m) | bernardyn (m) | [bɛr'nardin] |

husky (m) siberiano	husky (m)	['haski]
Chow-chow (m)	chow-chow (m)	[ʧau ʧau]
spitz alemão (m)	szpic (m)	[ʃpits]
pug (m)	mops (m)	[mɔps]

214. Sons produzidos pelos animais

latido (m)	szczekanie (n)	[ʃʧɛ'kane]
latir (vi)	szczekać	['ʃʧɛkaʧ]
miar (vi)	miauczeć	[mʲa'uʧɛʧ]
ronronar (vi)	mruczeć	['mruʧɛʧ]

mugir (vaca)	muczeć	['muʧɛʧ]
bramir (touro)	ryczeć	['riʧɛʧ]
rosnar (vi)	warczeć	['varʧɛʧ]

uivo (m)	wycie (n)	['viʧe]
uivar (vi)	wyć	['viʧ]
ganir (vi)	skomleć	['skɔmleʧ]

balir (vi)	beczeć	['bɛʧɛʧ]
grunhir (vi)	chrząkać	['hʃɔ̃kaʧ]
guinchar (vi)	kwiczeć	['kfiʧɛʧ]

coaxar (sapo)	kwakać	['kfakaʧ]
zumbir (inseto)	bzyczeć	['bzɨʧɛʧ]
ziziar (vi)	cykać	['tsɨkaʧ]

215. Animais jovens

cria (f), filhote (m)	małe (n)	['mawɛ]
gatinho (m)	kotek (m)	['kɔtɛk]
ratinho (m)	mała myszka (ż)	['mawa 'miʃka]
cachorro (m)	małe piesek (m)	['mawɛ 'pʲɛsɛk]

filhote (m) de lebre	zajączek (m)	[zaɔ̃ʧɛk]
coelhinho (m)	króliczek (m)	[kru'liʧɛk]
lobinho (m)	wilczek (m)	['viʌʧɛk]
filhote (m) de raposa	lisek (m)	['lisɛk]
filhote (m) de urso	niedźwiadek (m)	[nedʒʲ'vʲadɛk]

filhote (m) de leão	lwiątko (n)	[ʌvɔ̃tkɔ]
filhote (m) de tigre	tygrysiątko (n)	[tigriçɔ̃tkɔ]
filhote (m) de elefante	słoniątko (n)	[swɔnɔ̃tkɔ]
leitão (m)	prosiak (m)	['prɔçak]
bezerro (m)	cielę (n), cielak (m)	['ʨelɛ̃], ['ʨeʌak]
cabrito (m)	koźlątko (n)	[kɔzʲlɔ̃tkɔ]
cordeiro (m)	jagniątko (n)	[jagnɔ̃tkɔ]
filhote (m) de veado	jelonek (m)	[e'lɔnɛk]
cria (f) de camelo	młody wielbłąd (m)	['mwɔdi 'vewʲbwɔ̃t]
filhote (m) de serpente	żmijka (ż)	['ʒmijka]
filhote (m) de rã	żabka (ż)	['ʒapka]
cria (f) de ave	pisklę (n)	['pisklɛ̃]
pinto (m)	kurczątko (n)	[kurt'ʃɔ̃tkɔ]
patinho (m)	kaczątko (n)	[kat'ʃɔ̃tkɔ]

216. Pássaros

pássaro (m), ave (f)	ptak (m)	[ptak]
pombo (m)	gołąb (m)	['gɔwɔ̃p]
pardal (m)	wróbel (m)	['vrubɛʌ]
chapim-real (m)	sikorka (ż)	[çi'kɔrka]
pega-rabuda (f)	sroka (ż)	['srɔka]
corvo (m)	kruk (m)	[kruk]
gralha-cinzenta (f)	wrona (ż)	['vrɔna]
gralha-de-nuca-cinzenta (f)	kawka (ż)	['kafka]
gralha-calva (f)	gawron (m)	['gavrɔn]
pato (m)	kaczka (ż)	['katʃka]
ganso (m)	gęś (ż)	[gɛ̃ç]
faisão (m)	bażant (m)	['baʒant]
águia (f)	orzeł (m)	['ɔʒɛw]
açor (m)	jastrząb (m)	['jastʃɔ̃p]
falcão (m)	sokół (m)	['sɔkuw]
abutre (m)	sęp (m)	[sɛ̃p]
condor (m)	kondor (m)	['kɔndɔr]
cisne (m)	łabędź (m)	['wabɛ̃tʃ]
grou (m)	żuraw (m)	['ʒuraf]
cegonha (f)	bocian (m)	['bɔtʃʲan]
papagaio (m)	papuga (ż)	[pa'puga]
beija-flor (m)	koliber (m)	[kɔ'libɛr]
pavão (m)	paw (m)	[paf]
avestruz (m)	struś (m)	[struç]
garça (f)	czapla (ż)	['ʨapʌa]
flamingo (m)	flaming (m)	['fʌamiŋ]
pelicano (m)	pelikan (m)	[pɛ'likan]
rouxinol (m)	słowik (m)	['swɔvik]

andorinha (f)	jaskółka (ż)	[jas'kuwka]
tordo-zornal (m)	drozd (m)	[drɔst]
tordo-músico (m)	drozd śpiewak (m)	[drɔst 'ɕpevak]
melro-preto (m)	kos (m)	[kɔs]

andorinhão (m)	jerzyk (m)	['eʒik]
cotovia (f)	skowronek (m)	[skɔv'rɔnɛk]
codorna (f)	przepiórka (ż)	[pʃɛ'pyrka]

pica-pau (m)	dzięcioł (m)	['dʒɛ̃tɕow]
cuco (m)	kukułka (ż)	[ku'kuwka]
coruja (f)	sowa (ż)	['sɔva]
bufo-real (m)	puchacz (m)	['puhatʃ]
tetraz-grande (m)	głuszec (m)	['gwuʃɛts]
tetraz-lira (m)	cietrzew (m)	['tʃetʃɛf]
perdiz-cinzenta (f)	kuropatwa (ż)	[kurɔ'patfa]

estorninho (m)	szpak (m)	[ʃpak]
canário (m)	kanarek (m)	[ka'narɛk]
galinha-do-mato (f)	jarząbek (m)	[ja'ʒɔ̃bɛk]
tentilhão (m)	zięba (ż)	['ʒɛ̃ba]
dom-fafe (m)	gil (m)	[giʎ]

gaivota (f)	mewa (ż)	['mɛva]
albatroz (m)	albatros (m)	[aʎ'batrɔs]
pinguim (m)	pingwin (m)	['piɳvin]

217. Pássaros. Canto e sons

cantar (vi)	śpiewać	['ɕpevatʃ]
gritar, chamar (vi)	krzyczeć	['kʃitʃɛtʃ]
cantar (o galo)	piać	[pʲatʃ]
cocorocó (m)	kukuryku	[kuku'riku]

cacarejar (vi)	gdakać	['gdakatʃ]
crocitar (vi)	krakać	['krakatʃ]
grasnar (vi)	kwakać	['kfakatʃ]
piar (vi)	piszczeć	['piɕtʃatʃ]
chilrear, gorjear (vi)	ćwierkać	['tʃferkatʃ]

218. Peixes. Animais marinhos

brema (f)	leszcz (m)	[leʃtʃ]
carpa (f)	karp (m)	[karp]
perca (f)	okoń (m)	['ɔkɔɲ]
siluro (m)	sum (m)	[sum]
lúcio (m)	szczupak (m)	['ʃtʃupak]

salmão (m)	łosoś (m)	['wɔsɔɕ]
esturjão (m)	jesiotr (m)	['eɕɔtr]
arenque (m)	śledź (m)	[ɕledʒ]
salmão (m) do Atlântico	łosoś (m)	['wɔsɔɕ]

cavala, sarda (f)	makrela (ż)	[mak'rɛla]
solha (f), linguado (m)	flądra (ż)	[flɔ̃dra]
lúcio perca (m)	sandacz (m)	['sandatʃ]
bacalhau (m)	dorsz (m)	[dorʃ]
atum (m)	tuńczyk (m)	['tuɲtʃik]
truta (f)	pstrąg (m)	[pstrɔ̃k]
enguia (f)	węgorz (m)	['vɛŋɔʃ]
raia (f) elétrica	drętwa (ż)	['drɛntfa]
moreia (f)	murena (ż)	[mu'rɛna]
piranha (f)	pirania (ż)	[pi'raɲja]
tubarão (m)	rekin (m)	['rɛkin]
golfinho (m)	delfin (m)	['dɛʎfin]
baleia (f)	wieloryb (m)	[ve'lɜrip]
caranguejo (m)	krab (m)	[krap]
água-viva (f)	meduza (ż)	[mɛ'duza]
polvo (m)	ośmiornica (ż)	[ɔɕmɜr'nitsa]
estrela-do-mar (f)	rozgwiazda (ż)	[rɔzg'vʲazda]
ouriço-do-mar (m)	jeżowiec (m)	[e'ʒɔveʦ]
cavalo-marinho (m)	konik (m) morski	['kɔnik 'mɔrski]
ostra (f)	ostryga (ż)	[ɔst'riga]
camarão (m)	krewetka (ż)	[krɛ'vɛtka]
lagosta (f)	homar (m)	['hɔmar]
lagosta (f)	langusta (ż)	[ʎa'ŋusta]

219. Anfíbios. Répteis

cobra (f)	wąż (m)	[vɔ̃ʃ]
venenoso (adj)	jadowity	[jadɔ'viti]
víbora (f)	żmija (ż)	['ʒmija]
naja (f)	kobra (ż)	['kɔbra]
píton (m)	pyton (m)	['pitɔn]
jiboia (f)	wąż dusiciel (m)	[vɔ̃ʒ du'ɕitʃeʎ]
cobra-de-água (f)	zaskroniec (m)	[zask'rɔneʦ]
cascavel (f)	grzechotnik (m)	[gʒɛ'hɔtnik]
anaconda (f)	anakonda (ż)	[ana'kɔnda]
lagarto (m)	jaszczurka (ż)	[jaʃt'ʃurka]
iguana (f)	legwan (m)	['legvan]
varano (m)	waran (m)	['varan]
salamandra (f)	salamandra (ż)	[saʎa'mandra]
camaleão (m)	kameleon (m)	[kamɛ'leɔn]
escorpião (m)	skorpion (m)	['skɔrpʰɜn]
tartaruga (f)	żółw (m)	[ʒuwf]
rã (f)	żaba (ż)	['ʒaba]
sapo (m)	ropucha (ż)	[rɔ'puha]
crocodilo (m)	krokodyl (m)	[krɔ'kɔdiʎ]

220. Insetos

inseto (m)	owad (m)	['ɔvat]
borboleta (f)	motyl (m)	['mɔtiʎ]
formiga (f)	mrówka (ż)	['mrufka]
mosca (f)	mucha (ż)	['muha]
mosquito (m)	komar (m)	['kɔmar]
escaravelho (m)	żuk (m), chrząszcz (m)	[ʒuk], [hʃɔ̃ʃʧ]
vespa (f)	osa (ż)	['ɔsa]
abelha (f)	pszczoła (ż)	['pʃʧɔwa]
mamangaba (f)	trzmiel (m)	[ʧmeʎ]
moscardo (m)	giez (m)	[ges]
aranha (f)	pająk (m)	['paɔ̃k]
teia (f) de aranha	pajęczyna (ż)	[paɛ̃t'ʃina]
libélula (f)	ważka (ż)	['vaʃka]
gafanhoto (m)	konik (m) polny	['kɔnik 'pɔʎni]
traça (f)	omacnica (ż)	[ɔmats'nitsa]
barata (f)	karaluch (m)	[ka'ralyh]
carrapato (m)	kleszcz (m)	[kleʃʧ]
pulga (f)	pchła (ż)	[phwa]
borrachudo (m)	meszka (ż)	['mɛʃka]
gafanhoto (m)	szarańcza (ż)	[ʃa'raɲʧa]
caracol (m)	ślimak (m)	['ɕlimak]
grilo (m)	świerszcz (m)	[ɕferʃʧ]
pirilampo, vaga-lume (m)	robaczek (m) świętojański	[rɔ'batʃek ɕfɛ̃tɔ'jaɲski]
joaninha (f)	biedronka (ż)	[bed'rɔŋka]
besouro (m)	chrabąszcz (m) majowy	['hrabɔ̃ʃʧ maʒvi]
sanguessuga (f)	pijawka (ż)	[pi'jafka]
lagarta (f)	gąsienica (ż)	[gɔ̃ɕe'nitsa]
minhoca (f)	robak (m)	['rɔbak]
larva (f)	poczwarka (ż)	[pɔʧ'farka]

221. Animais. Partes do corpo

bico (m)	dziób (m)	[ʤyp]
asas (f pl)	skrzydła (l.mn.)	['skʃidwa]
pata (f)	łapa (ż)	['wapa]
plumagem (f)	upierzenie (n)	[upe'ʒɛne]
pena, pluma (f)	pióro (n)	['pyrɔ]
crista (f)	czubek (m)	['ʧubɛk]
brânquias, guelras (f pl)	skrzela (l.mn.)	['skʃɛʎa]
ovas (f pl)	ikra (ż)	['ikra]
larva (f)	larwa (ż)	['ʎarva]
barbatana (f)	płetwa (ż)	['pwɛtfa]
escama (f)	łuska (ż)	['wuska]
presa (f)	kieł (m)	[kew]

pata (f)	łapa (ż)	['wapa]
focinho (m)	pysk (m)	[pisk]
boca (f)	paszcza (ż)	['paʃtʃa]
cauda (f), rabo (m)	ogon (m)	['ɔgɔn]
bigodes (m pl)	wąsy (l.mn.)	['vɔ̃si]
casco (m)	kopyto (n)	[kɔ'pitɔ]
corno (m)	róg (m)	[ruk]
carapaça (f)	pancerz (m)	['pantsɛʃ]
concha (f)	muszla (ż)	['muʃʎa]
casca (f) de ovo	skorupa (ż)	[skɔ'rupa]
pelo (m)	sierść (ż)	[ɕerɕtʃ]
pele (f), couro (m)	skóra (ż)	['skura]

222. Ações dos animais

voar (vi)	latać	['ʎatatʃ]
dar voltas	krążyć	['krɔ̃ʒitʃ]
voar (para longe)	odlecieć	[ɔd'letʃetʃ]
bater as asas	machać	['mahatʃ]
bicar (vi)	dziobać	['dʒɔbatʃ]
incubar (vt)	wysiadywać jajka	[viɕa'divatʃ 'jajka]
sair do ovo	wykluwać się	[vik'lyvatʃ ɕɛ̃]
fazer o ninho	wić	[vitʃ]
rastejar (vi)	pełznąć	['pɛwznɔ̃tʃ]
picar (vt)	żądlić	['ʒɔ̃dlitʃ]
morder (cachorro, etc.)	gryźć	[griɕtʃ]
cheirar (vt)	wąchać	['vɔ̃hatʃ]
latir (vi)	szczekać	['ʃtʃɛkatʃ]
silvar (vi)	syczeć	['sitʃɛtʃ]
assustar (vt)	straszyć	['straʃitʃ]
atacar (vt)	napadać	[na'padatʃ]
roer (vt)	gryźć	[griɕtʃ]
arranhar (vt)	drapać	['drapatʃ]
esconder-se (vr)	chować się	['hɔvatʃ ɕɛ̃]
brincar (vi)	bawić się	['bavitʃ ɕɛ̃]
caçar (vi)	polować	[pɔ'lɔvatʃ]
hibernar (vi)	zapadać w sen zimowy	[za'padatʃ f sɛn ʒi'mɔvi]
extinguir-se (vr)	wymrzeć	['vimʒɛtʃ]

223. Animais. Habitats

hábitat (m)	siedlisko (n)	[ɕed'liskɔ]
migração (f)	migracja (ż)	[mig'ratsʰja]
montanha (f)	góra (ż)	['gura]

| recife (m) | rafa (ż) | ['rafa] |
| falésia (f) | skała (ż) | ['skawa] |

floresta (f)	las (m)	[ʎas]
selva (f)	dżungla (ż)	['dʒuŋʎa]
savana (f)	sawanna (ż)	[sa'vaŋa]
tundra (f)	tundra (ż)	['tundra]

estepe (f)	step (m)	[stɛp]
deserto (m)	pustynia (ż)	[pus'tiɲa]
oásis (m)	oaza (ż)	[ɔ'aza]

mar (m)	morze (n)	['mɔʒɛ]
lago (m)	jezioro (n)	[e'ʒɜrɔ]
oceano (m)	ocean (m)	[ɔ'ʦɛan]

pântano (m)	bagno (n)	['bagnɔ]
de água doce	słodkowodny	[swɔtkɔ'vɔdnɨ]
lagoa (f)	staw (m)	[staf]
rio (m)	rzeka (ż)	['ʒɛka]

toca (f) do urso	barłóg (m)	['barwuk]
ninho (m)	gniazdo (n)	['gɲazdɔ]
buraco (m) de árvore	dziupla (ż)	['dʒypʎa]
toca (f)	nora (ż)	['nɔra]
formigueiro (m)	mrowisko (n)	[mrɔ'viskɔ]

224. Cuidados com os animais

| jardim (m) zoológico | zoo (n) | ['zɔ:] |
| reserva (f) natural | rezerwat (m) | [rɛ'zɛrvat] |

viveiro (m)	hodowca (m)	[hɔ'dɔvʦɨa]
jaula (f) de ar livre	woliera (ż)	[vɔ'ʎjera]
jaula, gaiola (f)	klatka (ż)	['kʎatka]
casinha (f) de cachorro	buda (ż) dla psa	['buda dʎa psa]

pombal (m)	gołębnik (m)	[gɔ'wɛ̃bnik]
aquário (m)	akwarium (n)	[ak'farʰjum]
delfinário (m)	delfinarium (n)	[dɛʎfi'narʰjum]

criar (vt)	hodować	[hɔ'dɔvaʧ]
cria (f)	miot (m)	['miɔt]
domesticar (vt)	oswajać	[ɔs'fajaʧ]
adestrar (vt)	tresować	[trɛ'sɔvaʧ]

| ração (f) | pokarm (m) | ['pɔkarm] |
| alimentar (vt) | karmić | ['karmiʧ] |

loja (f) de animais	sklep (m) zoologiczny	[sklep zɔ:lɔ'gitʃnɨ]
focinheira (m)	kaganiec (m)	[ka'ganeʦ]
coleira (f)	obroża (ż)	[ɔb'rɔʒa]
nome (do animal)	imię (n)	['imɛ̃]
pedigree (m)	rodowód (m)	[rɔ'dɔvut]

225. Animais. Diversos

alcateia (f)	wataha (ż)	[va'taha]
bando (pássaros)	stado (n)	['stadɔ]
cardume (peixes)	ławica (ż)	[wa'viʦa]
manada (cavalos)	tabun (m)	['tabun]
macho (m)	samiec (m)	['samets]
fêmea (f)	samica (ż)	[sa'miʦa]
faminto (adj)	głodny	['gwɔdni]
selvagem (adj)	dziki	['dʒiki]
perigoso (adj)	niebezpieczny	[nebɛs'peʧni]

226. Cavalos

cavalo (m)	koń (m)	[kɔɲ]
raça (f)	rasa (ż)	['rasa]
potro (m)	źrebię (n)	['zʲrɛbɛ̃]
égua (f)	klacz (ż)	[kʎaʧ]
mustangue (m)	mustang (m)	['mustaŋk]
pônei (m)	kucyk (m)	['kuʦik]
cavalo (m) de tiro	koń (m) pociągowy	[kɔɲ pɔʧɔ̃'gɔvi]
crina (f)	grzywa (ż)	['gʒiva]
rabo (m)	ogon (m)	['ɔgɔn]
casco (m)	kopyto (n)	[kɔ'pitɔ]
ferradura (f)	podkowa (ż)	[pɔt'kɔva]
ferrar (vt)	podkuć	['pɔtkuʧ]
ferreiro (m)	kowal (m)	['kɔvaʎ]
sela (f)	siodło (n)	['ɕɔdwɔ]
estribo (m)	strzemię (n)	['stʃɛmɛ̃]
brida (f)	uzda (ż)	['uzda]
rédeas (f pl)	lejce (l.mn.)	['lejʦɛ]
chicote (m)	bat (m)	[bat]
cavaleiro (m)	jeździec (m)	['eʒdʒeʦ]
colocar sela	osiodłać	[ɔ'ɕɔdwaʧ]
montar no cavalo	usiąść w siodle	['uɕɔ̃ɕ v 'ɕɔdle]
galope (m)	cwał (m)	[ʦfaw]
galopar (vi)	galopować	[galɔ'pɔvaʧ]
trote (m)	kłus (m)	[kwus]
a trote	kłusem	['kwusɛm]
cavalo (m) de corrida	koń (m) wyścigowy	[kɔɲ viɕʧi'gɔvi]
corridas (f pl)	wyścigi (l.mn.) konne	[viɕ'ʧigi 'kɔɲɛ]
estábulo (m)	stajnia (ż)	['stajɲa]
alimentar (vt)	karmić	['karmiʧ]

feno (m)	siano (n)	['ɕanɔ]
dar água	poić	['pɔitɕ]
limpar (vt)	czyścić	['tɕictɕitɕ]

pastar (vi)	paść się	[patɕ ɕɛ̃]
relinchar (vi)	rżeć	[rʒɛtɕ]
dar um coice	wierzgnąć	['veʒgnɔ̃tɕ]

Flora

227. Árvores

árvore (f)	drzewo (n)	['dʒɛvɔ]
decídua (adj)	liściaste	[liɕ'tʃastɛ]
conífera (adj)	iglaste	[ig'ʎastɛ]
perene (adj)	wiecznie zielony	[vetʃnɛʒe'lɔni]

macieira (f)	jabłoń (ż)	['jabwɔɲ]
pereira (f)	grusza (ż)	['gruʃa]
cerejeira (f)	czereśnia (ż)	[tʃɛ'rɛɕɲa]
ginjeira (f)	wiśnia (ż)	['viɕɲa]
ameixeira (f)	śliwa (ż)	['ɕliva]

bétula (f)	brzoza (ż)	['bʒɔza]
carvalho (m)	dąb (m)	[dɔ̃p]
tília (f)	lipa (f)	['lipa]
choupo-tremedor (m)	osika (ż)	[ɔ'ɕika]
bordo (m)	klon (m)	['klɔn]
espruce (m)	świerk (m)	['ɕferk]
pinheiro (m)	sosna (ż)	['sɔsna]
alerce, lariço (m)	modrzew (m)	['mɔdʒɛf]
abeto (m)	jodła (ż)	[ɜdwa]
cedro (m)	cedr (m)	[tsɛdr]

choupo, álamo (m)	topola (ż)	[tɔ'pɔʎa]
tramazeira (f)	jarzębina (ż)	[jaʒɛ̃'bina]
salgueiro (m)	wierzba iwa (ż)	['veʒba 'iva]
amieiro (m)	olcha (ż)	['ɔʎha]
faia (f)	buk (m)	[buk]
ulmeiro, olmo (m)	wiąz (m)	[võz]
freixo (m)	jesion (m)	['eɕɔn]
castanheiro (m)	kasztan (m)	['kaʃtan]

magnólia (f)	magnolia (ż)	[mag'nɔʎja]
palmeira (f)	palma (ż)	['paʎma]
cipreste (m)	cyprys (m)	['tsipris]

mangue (m)	drzewo (n) mangrowe	['dʒɛvɔ maɲ'rɔvɛ]
embondeiro, baobá (m)	baobab (m)	[ba'ɔbap]
eucalipto (m)	eukaliptus (m)	[ɛuka'liptus]
sequoia (f)	sekwoja (ż)	[sɛk'fɔja]

228. Arbustos

| arbusto (m) | krzew (m) | [kʃɛf] |
| arbusto (m), moita (f) | krzaki (l.mn.) | ['kʃaki] |

videira (f)	winorośl (ż)	[vi'nɔrɔɕʎ]
vinhedo (m)	winnica (ż)	[vi'ɲitsa]

framboeseira (f)	malina (ż)	[ma'lina]
groselheira-vermelha (f)	porzeczka (ż) czerwona	[pɔ'ʒɛtʃka tʃɛr'vɔna]
groselheira (f) espinhosa	agrest (m)	['agrɛst]

acácia (f)	akacja (ż)	[a'katsʰja]
bérberis (f)	berberys (m)	[bɛr'bɛris]
jasmim (m)	jaśmin (m)	['jaɕmin]

junípero (m)	jałowiec (m)	[ja'wɔvets]
roseira (f)	róża (ż)	['ruʒa]
roseira (f) brava	dzika róża (ż)	['dʑika 'ruʒa]

229. Cogumelos

cogumelo (m)	grzyb (m)	[gʒip]
cogumelo (m) comestível	grzyb (m) jadalny	[gʒip ja'daʎni]
cogumelo (m) venenoso	grzyb (m) trujący	[gʒip truɔ̃tsi]
chapéu (m)	kapelusz (m)	[ka'pɛlyʃ]
pé, caule (m)	nóżka (ż)	['nuʃka]

boleto, porcino (m)	prawdziwek (m)	[prav'dʑivɛk]
boleto (m) alaranjado	koźlarz (m) czerwony	['kɔʑʎaʃ tʃɛr'vɔni]
boleto (m) de bétula	koźlarz (m)	['kɔʑʎaʃ]
cantarelo (m)	kurka (ż)	['kurka]
rússula (f)	gołąbek (m)	[gɔ'wɔ̃bɛk]

morchella (f)	smardz (m)	[smarts]
agário-das-moscas (m)	muchomor (m)	[mu'hɔmɔr]
cicuta (f) verde	psi grzyb (m)	[pɕi gʒip]

230. Frutos. Bagas

fruta (f)	owoc (m)	['ɔvɔts]
frutas (f pl)	owoce (l.mn.)	[ɔ'vɔtsɛ]
maçã (f)	jabłko (n)	['jabkɔ]
pera (f)	gruszka (ż)	['gruʃka]
ameixa (f)	śliwka (ż)	['ɕlifka]

morango (m)	truskawka (ż)	[trus'kafka]
ginja (f)	wiśnia (ż)	['viɕɲa]
cereja (f)	czereśnia (ż)	[tʃɛ'rɛɕɲa]
uva (f)	winogrona (l.mn.)	[vinɔg'rɔna]

framboesa (f)	malina (ż)	[ma'lina]
groselha (f) negra	czarna porzeczka (ż)	['tʃarna pɔ'ʒɛtʃka]
groselha (f) vermelha	czerwona porzeczka (ż)	[tʃɛr'vɔna pɔ'ʒɛtʃka]
groselha (f) espinhosa	agrest (m)	['agrɛst]
oxicoco (m)	żurawina (ż)	[ʒura'vina]
laranja (f)	pomarańcza (ż)	[pɔma'raɲtʃa]

tangerina (f)	mandarynka (ż)	[manda'riŋka]
abacaxi (m)	ananas (z)	[a'nanas]
banana (f)	banan (m)	['banan]
tâmara (f)	daktyl (m)	['daktɨl]

limão (m)	cytryna (ż)	[ʦit'rina]
damasco (m)	morela (ż)	[mɔ'rɛʎa]
pêssego (m)	brzoskwinia (ż)	[bʒɔsk'fiɲa]
quiuí (m)	kiwi (n)	['kivi]
toranja (f)	grejpfrut (m)	['grɛjpfrut]

baga (f)	jagoda (ż)	[ja'gɔda]
bagas (f pl)	jagody (l.mn.)	[ja'gɔdɨ]
arando (m) vermelho	borówka (ż)	[bɔ'rufka]
morango-silvestre (m)	poziomka (ż)	[pɔ'ʒɔmka]
mirtilo (m)	borówka (ż) czarna	[bɔ'rɔfka 'ʧarna]

231. Flores. Plantas

| flor (f) | kwiat (m) | [kfʲat] |
| buquê (m) de flores | bukiet (m) | ['buket] |

rosa (f)	róża (ż)	['ruʒa]
tulipa (f)	tulipan (m)	[tu'lipan]
cravo (m)	goździk (m)	['gɔʑʲdʒik]
gladíolo (m)	mieczyk (m)	['metʃɨk]

centáurea (f)	bławatek (m)	[bwa'vatɛk]
campainha (f)	dzwonek (m)	['ʣvɔnɛk]
dente-de-leão (m)	dmuchawiec (m)	[dmu'havets]
camomila (f)	rumianek (m)	[ru'mʲanɛk]

aloé (m)	aloes (m)	[a'lɜɛs]
cacto (m)	kaktus (m)	['kaktus]
fícus (m)	fikus (m)	['fikus]

lírio (m)	lilia (ż)	['liʎja]
gerânio (m)	pelargonia (ż)	[pɛʎar'gɔɲja]
jacinto (m)	hiacynt (m)	['hʰjaʦint]

mimosa (f)	mimoza (ż)	[mi'mɔza]
narciso (m)	narcyz (m)	['narʦis]
capuchinha (f)	nasturcja (ż)	[nas'turʦʰja]

orquídea (f)	orchidea (ż)	[ɔrhi'dɛa]
peônia (f)	piwonia (ż)	[pi'vɔɲja]
violeta (f)	fiołek (m)	[fʰɜwɛk]

amor-perfeito (m)	bratek (m)	['bratɛk]
não-me-esqueças (m)	niezapominajka (ż)	[nezapɔmi'najka]
margarida (f)	stokrotka (ż)	[stɔk'rɔtka]

| papoula (f) | mak (m) | [mak] |
| cânhamo (m) | konopie (l.mn.) | [kɔ'nɔpje] |

hortelã, menta (f)	mięta (ż)	['menta]
lírio-do-vale (m)	konwalia (ż)	[kɔn'vaʎja]
campânula-branca (f)	przebiśnieg (m)	[pʃɛ'bignek]

urtiga (f)	pokrzywa (ż)	[pɔk'ʃiva]
azedinha (f)	szczaw (m)	[ʃʧaf]
nenúfar (m)	lilia wodna (ż)	['liʎja 'vɔdna]
samambaia (f)	paproć (ż)	['paprɔʧ]
líquen (m)	porost (m)	['pɔrɔst]

estufa (f)	szklarnia (ż)	['ʃkʎarɲa]
gramado (m)	trawnik (m)	['travnik]
canteiro (m) de flores	klomb (m)	['klɜmp]

planta (f)	roślina (ż)	[rɔg'lina]
grama (f)	trawa (ż)	['trava]
folha (f) de grama	źdźbło (n)	[zʲdʒʲbwɔ]

folha (f)	liść (m)	[liɕʧ]
pétala (f)	płatek (m)	['pwatɛk]
talo (m)	łodyga (ż)	[wɔ'diga]
tubérculo (m)	bulwa (ż)	['buʎva]

broto, rebento (m)	kiełek (m)	['kewɛk]
espinho (m)	kolec (m)	['kɔlets]

florescer (vi)	kwitnąć	['kfitnɔ̃ʧ]
murchar (vi)	więdnąć	['vendnɔ̃ʧ]
cheiro (m)	zapach (m)	['zapah]
cortar (flores)	ściąć	[ɕʧɔ̃ʲʧ]
colher (uma flor)	zerwać	['zɛrvaʧ]

232. Cereais, grãos

grão (m)	zboże (n)	['zbɔʒɛ]
cereais (plantas)	zboża (l.mn.)	['zbɔʒa]
espiga (f)	kłos (m)	[kwɔs]

trigo (m)	pszenica (ż)	[pʃɛ'nitsa]
centeio (m)	żyto (n)	['ʒitɔ]
aveia (f)	owies (m)	['ɔves]

painço (m)	proso (n)	['prɔsɔ]
cevada (f)	jęczmień (m)	['enʧmɛ̃]

milho (m)	kukurydza (ż)	[kuku'ridza]
arroz (m)	ryż (m)	[riʃ]
trigo-sarraceno (m)	gryka (ż)	['grika]

ervilha (f)	groch (m)	[grɔh]
feijão (m) roxo	fasola (ż)	[fa'sɔʎa]
soja (f)	soja (ż)	['sɔja]
lentilha (f)	soczewica (ż)	[sɔʧɛ'vitsa]
feijão (m)	bób (m)	[bup]

233. Vegetais. Verduras

vegetais (m pl)	warzywa (l.mn.)	[va'ʒiva]
verdura (f)	włoszczyzna (ż)	[vwɔʃt'ʃizna]
tomate (m)	pomidor (m)	[pɔ'midɔr]
pepino (m)	ogórek (m)	[ɔ'gurɛk]
cenoura (f)	marchew (ż)	['marhɛf]
batata (f)	ziemniak (m), kartofel (m)	[ʒem'ɲak], [kar'tɔfɛʎ]
cebola (f)	cebula (ż)	[ʦɛ'buʎa]
alho (m)	czosnek (m)	['ʧɔsnɛk]
couve (f)	kapusta (ż)	[ka'pusta]
couve-flor (f)	kalafior (m)	[ka'ʎafɜr]
couve-de-bruxelas (f)	brukselka (ż)	[bruk'sɛʎka]
beterraba (f)	burak (m)	['burak]
berinjela (f)	bakłażan (m)	[bak'waʒan]
abobrinha (f)	kabaczek (m)	[ka'baʧɛk]
abóbora (f)	dynia (ż)	['diɲa]
nabo (m)	rzepa (ż)	['ʒɛpa]
salsa (f)	pietruszka (ż)	[pet'ruʃka]
endro, aneto (m)	koperek (m)	[kɔ'pɛrɛk]
alface (f)	sałata (ż)	[sa'wata]
aipo (m)	seler (m)	['sɛler]
aspargo (m)	szparag (m)	['ʃparag]
espinafre (m)	szpinak (m)	['ʃpinak]
ervilha (f)	groch (m)	[grɔh]
feijão (~ soja, etc.)	bób (m)	[bup]
milho (m)	kukurydza (ż)	[kuku'riʣa]
feijão (m) roxo	fasola (ż)	[fa'sɔʎa]
pimentão (m)	słodka papryka (ż)	['swɔdka pap'rika]
rabanete (m)	rzodkiewka (ż)	[ʒɔt'kefka]
alcachofra (f)	karczoch (m)	['karʧɔh]

GEOGRAFIA REGIONAL

Países. Nacionalidades

234. Europa Ocidental

Europa (f)	Europa (ż)	[ɛu'rɔpa]
União (f) Europeia	Unia (ż) Europejska	['uɲja ɛurɔ'pɛjska]
europeu (m)	Europejczyk (m)	[ɛurɔ'pɛjʧik]
europeu (adj)	europejski	[ɛurɔ'pɛjski]
Áustria (f)	Austria (ż)	['austrʰja]
austríaco (m)	Austriak (m)	['austrʰjak]
austríaca (f)	Austriaczka (ż)	[austrʰ'jaʧka]
austríaco (adj)	austriacki	[austrʰ'jatski]
Grã-Bretanha (f)	Wielka Brytania (ż)	['veʎka bri'taɲja]
Inglaterra (f)	Anglia (ż)	['aŋʎja]
inglês (m)	Anglik (m)	['aŋlik]
inglesa (f)	Angielka (ż)	[a'ŋeʎka]
inglês (adj)	angielski	[a'ŋeʎski]
Bélgica (f)	Belgia (ż)	['bɛʎgʰja]
belga (m)	Belg (m)	['bɛʎk]
belga (f)	Belgijka (ż)	[bɛʎ'gijka]
belga (adj)	belgijski	[bɛʎ'gijski]
Alemanha (f)	Niemcy (l.mn.)	['nemtsi]
alemão (m)	Niemiec (m)	['nemets]
alemã (f)	Niemka (ż)	['nemka]
alemão (adj)	niemiecki	[ne'metski]
Países Baixos (m pl)	Niderlandy (l.mn.)	[nidɛr'ʎandi]
Holanda (f)	Holandia (ż)	[hɔ'ʎandʰja]
holandês (m)	Holender (m)	[hɔ'lendɛr]
holandesa (f)	Holenderka (ż)	[hɔlen'dɛrka]
holandês (adj)	holenderski	[hɔlen'dɛrski]
Grécia (f)	Grecja (ż)	['grɛtsʰja]
grego (m)	Grek (m)	[grɛk]
grega (f)	Greczynka (ż)	[grɛt'ʃiŋka]
grego (adj)	grecki	['grɛtski]
Dinamarca (f)	Dania (ż)	['daɲja]
dinamarquês (m)	Duńczyk (m)	['duɲʧik]
dinamarquesa (f)	Dunka (ż)	['duŋka]
dinamarquês (adj)	duński	['duɲski]
Irlanda (f)	Irlandia (ż)	[ir'ʎandʰja]
irlandês (m)	Irlandczyk (m)	[ir'ʎanʧik]

irlandesa (f)	**Irlandka** (ż)	[ir'ʎantka]
irlandês (adj)	**irlandzki**	[ir'ʎantski]
Islândia (f)	**Islandia** (ż)	[is'ʎandʰja]
islandês (m)	**Islandczyk** (m)	[is'ʎantʃik]
islandesa (f)	**Islandka** (ż)	[is'ʎantka]
islandês (adj)	**islandzki**	[is'ʎantski]
Espanha (f)	**Hiszpania** (ż)	[hiʃ'paɲja]
espanhol (m)	**Hiszpan** (m)	['hiʃpan]
espanhola (f)	**Hiszpanka** (ż)	[hiʃ'paŋka]
espanhol (adj)	**hiszpański**	[hiʃ'paɲski]
Itália (f)	**Włochy** (l.mn.)	['vwɔhi]
italiano (m)	**Włoch** (m)	[vwɔh]
italiana (f)	**Włoszka** (ż)	['vwɔʃka]
italiano (adj)	**włoski**	['vwɔski]
Chipre (m)	**Cypr** (m)	[ʦipr]
cipriota (m)	**Cypryjczyk** (m)	[ʦip'rijtʃik]
cipriota (f)	**Cypryjka** (ż)	[ʦip'rijka]
cipriota (adj)	**cypryjski**	[ʦip'rijski]
Malta (f)	**Malta** (ż)	['maʎta]
maltês (m)	**Maltańczyk** (m)	[maʎ'taɲtʃik]
maltesa (f)	**Maltanka** (ż)	[maʎ'taŋka]
maltês (adj)	**maltański**	[maʎ'taɲski]
Noruega (f)	**Norwegia** (ż)	[nɔr'vɛgʰja]
norueguês (m)	**Norweg** (m)	['nɔrvɛk]
norueguesa (f)	**Norweżka** (ż)	[nɔr'vɛʒka]
norueguês (adj)	**norweski**	[nɔr'vɛski]
Portugal (m)	**Portugalia** (ż)	[pɔrtu'gaʎja]
português (m)	**Portugalczyk** (m)	[pɔrtu'gaʎtʃik]
portuguesa (f)	**Portugalka** (ż)	[pɔrtu'gaʎka]
português (adj)	**portugalski**	[pɔrtu'gaʎski]
Finlândia (f)	**Finlandia** (ż)	[fin'ʎandʰja]
finlandês (m)	**Fin** (m)	[fin]
finlandesa (f)	**Finka** (ż)	['fiŋka]
finlandês (adj)	**fiński**	['fiɲski]
França (f)	**Francja** (ż)	['franʦʰja]
francês (m)	**Francuz** (m)	['franʦus]
francesa (f)	**Francuzka** (ż)	[fran'ʦuska]
francês (adj)	**francuski**	[fran'ʦuski]
Suécia (f)	**Szwecja** (ż)	['ʃfɛʦʰja]
sueco (m)	**Szwed** (m)	[ʃfɛt]
sueca (f)	**Szwedka** (ż)	['ʃfɛtka]
sueco (adj)	**szwedzki**	['ʃfɛtski]
Suíça (f)	**Szwajcaria** (ż)	[ʃfaj'ʦarʰja]
suíço (m)	**Szwajcar** (m)	['ʃfajʦar]
suíça (f)	**Szwajcarka** (ż)	[ʃfaj'ʦarka]

suíço (adj)	szwajcarski	[ʃfaj'tsarski]
Escócia (f)	Szkocja (ż)	['ʃkɔtsʰja]
escocês (m)	Szkot (m)	[ʃkɔt]
escocesa (f)	Szkotka (ż)	['ʃkɔtka]
escocês (adj)	szkocki	['ʃkɔtski]

Vaticano (m)	Watykan (m)	[va'tikan]
Liechtenstein (m)	Liechtenstein (m)	['lihtɛnʃtajn]
Luxemburgo (m)	Luksemburg (m)	['lyksɛmburk]
Mônaco (m)	Monako (n)	[mɔ'nakɔ]

235. Europa Central e de Leste

Albânia (f)	Albania (ż)	[aʎ'baɲja]
albanês (m)	Albańczyk (m)	[aʎ'bantʃik]
albanesa (f)	Albanka (ż)	[aʎ'baŋka]
albanês (adj)	albański	[aʎ'baɲski]

Bulgária (f)	Bułgaria (ż)	[buw'garʰja]
búlgaro (m)	Bułgar (m)	['buwgar]
búlgara (f)	Bułgarka (ż)	[buw'garka]
búlgaro (adj)	bułgarski	[buw'garski]

Hungria (f)	Węgry (l.mn.)	['vɛŋri]
húngaro (m)	Węgier (m)	['vɛŋer]
húngara (f)	Węgierka (ż)	[vɛ̃'gerka]
húngaro (adj)	węgierski	[vɛ̃'gerski]

Letônia (f)	Łotwa (ż)	['wɔtfa]
letão (m)	Łotysz (m)	['wɔtiʃ]
letã (f)	Łotyszka (ż)	[wɔ'tiʃka]
letão (adj)	łotewski	[wɔ'tɛfski]

Lituânia (f)	Litwa (ż)	['litfa]
lituano (m)	Litwin (m)	['litfin]
lituana (f)	Litwinka (ż)	[lit'fiŋka]
lituano (adj)	litewski	[li'tɛfski]

Polônia (f)	Polska (ż)	['pɔʎska]
polonês (m)	Polak (m)	['pɔʎak]
polonesa (f)	Polka (ż)	['pɔʎka]
polonês (adj)	polski	['pɔʎski]

Romênia (f)	Rumunia (ż)	[ru'muɲja]
romeno (m)	Rumun (m)	['rumun]
romena (f)	Rumunka (ż)	[ru'muŋka]
romeno (adj)	rumuński	[ru'muɲski]

Sérvia (f)	Serbia (ż)	['sɛrbʰja]
sérvio (m)	Serb (m)	[sɛrp]
sérvia (f)	Serbka (ż)	['sɛrpka]
sérvio (adj)	serbski	['sɛrpski]
Eslováquia (f)	Słowacja (ż)	[swɔ'vatsʰja]
eslovaco (m)	Słowak (m)	['swɔvak]

eslovaca (f)	Słowaczka (ż)	[swɔ'vatʃka]
eslovaco (adj)	słowacki	[swɔ'vatski]

Croácia (f)	Chorwacja (ż)	[hɔr'vatsʰja]
croata (m)	Chorwat (m)	['hɔrvat]
croata (f)	Chorwatka (ż)	[hɔr'vatka]
croata (adj)	chorwacki	[hɔr'vatski]

República (f) Checa	Czechy (l.mn.)	['tʃɛhi]
checo (m)	Czech (m)	[tʃɛh]
checa (f)	Czeszka (ż)	['tʃɛʃka]
checo (adj)	czeski	['tʃɛski]

Estônia (f)	Estonia (ż)	[ɛs'tɔɲja]
estônio (m)	Estończyk (m)	[ɛs'tɔɲtʃik]
estônia (f)	Estonka (ż)	[ɛs'tɔŋka]
estônio (adj)	estoński	[ɛs'tɔɲski]

Bósnia e Herzegovina (f)	Bośnia i Hercegowina (ż)	['bɔɕɲa i hɛrtsɛgɔ'vina]
Macedônia (f)	Macedonia (ż)	[matsɛ'dɔɲja]
Eslovênia (f)	Słowenia (ż)	[swɔ'vɛɲja]
Montenegro (m)	Czarnogóra (ż)	[tʃarnɔ'gura]

236. Países da ex-URSS

Azerbaijão (m)	Azerbejdżan (m)	[azɛr'bɛjdʒan]
azeri (m)	Azerbejdżanin (m)	[azɛrbɛj'dʒanin]
azeri (f)	Azerbejdżanka (ż)	[azɛrbɛj'dʒaŋka]
azeri, azerbaijano (adj)	azerbejdżański	[azɛrbɛj'dʒaɲski]

Armênia (f)	Armenia (ż)	[ar'mɛɲja]
armênio (m)	Ormianin (m)	[ɔr'mʲanin]
armênia (f)	Ormianka (ż)	[ɔr'mʲaŋka]
armênio (adj)	ormiański	[ɔr'mʲaɲski]

Belarus	Białoruś (ż)	[bʲa'woruɕ]
bielorrusso (m)	Białorusin (m)	[bʲawɔ'ruɕin]
bielorrussa (f)	Białorusinka (ż)	[bʲawɔru'ɕiŋka]
bielorrusso (adj)	białoruski	[bʲawɔ'ruski]

Geórgia (f)	Gruzja (ż)	['gruzʰja]
georgiano (m)	Gruzin (m)	['gruʒin]
georgiana (f)	Gruzinka (ż)	[gru'ʒiŋka]
georgiano (adj)	gruziński	[gru'ʒiɲski]

Cazaquistão (m)	Kazachstan (m)	[ka'zahstan]
cazaque (m)	Kazach (m)	['kazah]
cazaque (f)	Kazaszka (ż)	[ka'zaʃka]
cazaque (adj)	kazachski	[ka'zahski]

Quirguistão (m)	Kirgizja (ż), Kirgistan (m)	[kir'gizʰja], [kir'gistan]
quirguiz (m)	Kirgiz (m)	['kirgis]
quirguiz (f)	Kirgizka (ż)	[kir'giska]
quirguiz (adj)	kirgiski	[kir'giski]

211

Moldávia (f)	Mołdawia (ż)	[mɔw'davʰja]
moldavo (m)	Mołdawianin (m)	[mɔw'davʲanin]
moldava (f)	Mołdawianka (ż)	[mɔwda'vʲaŋka]
moldavo (adj)	mołdawski	[mɔw'dafski]

Rússia (f)	Rosja (ż)	['rɔsʰja]
russo (m)	Rosjanin (m)	[rɔsʰʲanin]
russa (f)	Rosjanka (ż)	[rɔsʰʲaŋka]
russo (adj)	rosyjski	[rɔ'sijski]

Tajiquistão (m)	Tadżykistan (m)	[tadʒi'kistan]
tajique (m)	Tadżyk (m)	['tadʒik]
tajique (f)	Tadżyjka (ż)	[ta'dʒijka]
tajique (adj)	tadżycki	[ta'dʒitski]

Turquemenistão (m)	Turkmenia (ż)	[turk'mɛɲja]
turcomeno (m)	Turkmen (m)	['turkmɛn]
turcomena (f)	Turkmenka (ż)	[turk'mɛŋka]
turcomeno (adj)	turkmeński	[turk'mɛɲski]

Uzbequistão (f)	Uzbekistan (m)	[uzbɛ'kistan]
uzbeque (m)	Uzbek (m)	['uzbɛk]
uzbeque (f)	Uzbeczka (ż)	[uz'bɛtʃka]
uzbeque (adj)	uzbecki	[uz'bɛtski]

Ucrânia (f)	Ukraina (ż)	[ukra'ina]
ucraniano (m)	Ukrainiec (m)	[ukra'inets]
ucraniana (f)	Ukrainka (ż)	[ukra'iŋka]
ucraniano (adj)	ukraiński	[ukra'iɲski]

237. Asia

Ásia (f)	Azja (ż)	['azʰja]
asiático (adj)	azjatycki	[azʰja'titski]

Vietnã (m)	Wietnam (m)	['vʰetnam]
vietnamita (m)	Wietnamczyk (m)	[vʰet'namtʃik]
vietnamita (f)	Wietnamka (ż)	[vʰet'namka]
vietnamita (adj)	wietnamski	[vʰet'namski]

Índia (f)	Indie (l.mn.)	['indʰe]
indiano (m)	Hindus (m)	['hindus]
indiana (f)	Hinduska (ż)	[hin'duska]
indiano (adj)	indyjski	[in'dijski]

Israel (m)	Izrael (m)	[iz'raɛʎ]
israelense (m)	Izraelczyk (m)	[izra'ɛʎtʃik]
israelita (f)	Izraelka (ż)	[izra'ɛʎka]
israelense (adj)	izraelski	[izra'ɛʎski]

judeu (m)	Żyd (m)	[ʒit]
judia (f)	Żydówka (ż)	[ʒi'dufka]
judeu (adj)	żydowski	[ʒi'dɔfski]
China (f)	Chiny (l.mn.)	['hini]

chinês (m)	Chińczyk (m)	['hiɲtʃik]
chinesa (f)	Chinka (ż)	['hiŋka]
chinês (adj)	chiński	['hiɲski]

coreano (m)	Koreańczyk (m)	[kɔrɛ'aɲtʃik]
coreana (f)	Koreanka (ż)	[kɔrɛ'aŋka]
coreano (adj)	koreański	[kɔrɛ'aɲski]

Líbano (m)	Liban (m)	['liban]
libanês (m)	Libańczyk (m)	[li'baɲtʃik]
libanesa (f)	Libanka (ż)	[li'baŋka]
libanês (adj)	libański	[li'baɲski]

Mongólia (f)	Mongolia (ż)	[mɔ'ŋɔʎja]
mongol (m)	Mongoł (m)	['mɔŋɔw]
mongol (f)	Mongołka (ż)	[mɔ'ŋɔwka]
mongol (adj)	mongolski	[mɔ'ŋɔʎski]

Malásia (f)	Malezja (ż)	[ma'lezʰja]
malaio (m)	Malezyjczyk (m)	[male'zijtʃik]
malaia (f)	Malezyjka (ż)	[male'zijka]
malaio (adj)	malajski	[ma'ʎajski]

Paquistão (m)	Pakistan (m)	[pa'kistan]
paquistanês (m)	Pakistańczyk (m)	[pakis'taɲtʃik]
paquistanesa (f)	Pakistanka (ż)	[pakis'taŋka]
paquistanês (adj)	pakistański	[pakis'taɲski]

Arábia (f) Saudita	Arabia (ż) Saudyjska	[a'rabʰja sau'dijska]
árabe (m)	Arab (m)	['arap]
árabe (f)	Arabka (ż)	[a'rapka]
árabe (adj)	arabski	[a'rapski]

Tailândia (f)	Tajlandia (ż)	[taj'ʎandʰja]
tailandês (m)	Taj (m)	[taj]
tailandesa (f)	Tajka (ż)	['tajka]
tailandês (adj)	tajski	['tajski]

Taiwan (m)	Tajwan (m)	['tajvan]
taiwanês (m)	Tajwańczyk (m)	[taj'vaɲtʃik]
taiwanesa (f)	Tajwanka (ż)	[taj'vaŋka]
taiwanês (adj)	tajwański	[taj'vaɲski]

Turquia (f)	Turcja (ż)	['turʦʰja]
turco (m)	Turek (m)	['turɛk]
turca (f)	Turczynka (ż)	[turt'ʃiŋka]
turco (adj)	turecki	[tu'rɛʦki]

Japão (m)	Japonia (ż)	[ja'pɔɲja]
japonês (m)	Japończyk (m)	[ja'pɔɲtʃik]
japonesa (f)	Japonka (ż)	[ja'pɔŋka]
japonês (adj)	japoński	[ja'pɔɲski]

Afeganistão (m)	Afganistan (n)	[avga'nistan]
Bangladesh (m)	Bangladesz (m)	[baŋʎa'dɛʃ]
Indonésia (f)	Indonezja (ż)	[indɔ'nɛzʰja]

213

Jordânia (f)	Jordania (ż)	[ɜr'daɲja]
Iraque (m)	Irak (m)	['irak]
Irã (m)	Iran (m)	['iran]
Camboja (f)	Kambodża (ż)	[kam'bɔdʒa]
Kuwait (m)	Kuwejt (m)	['kuvɛjt]

Laos (m)	Laos (m)	['ʎaɔs]
Birmânia (f)	Mjanma (ż)	['mjanma]
Nepal (m)	Nepal (m)	['nɛpaʎ]
Emirados Árabes Unidos	Zjednoczone Emiraty Arabskie	[zʰednɔt'ʃɔnɛ ɛmi'ratɨ a'rapske]

Síria (f)	Syria (ż)	['sɨrʰja]
Palestina (f)	Autonomia (ż) Palestyńska	[autɔ'nɔmʰja pales'tɨɲska]
Coreia (f) do Sul	Korea (ż) Południowa	[kɔ'rɛa pɔwud'nɔva]
Coreia (f) do Norte	Korea (ż) Północna	[kɔ'rɛa puw'nɔtsna]

238. América do Norte

Estados Unidos da América	Stany (l.mn.) Zjednoczone Ameryki	['stanɨ zʰednɔt'ʃɔnɛ a'mɛriki]
americano (m)	Amerykanin (m)	[amɛri'kanin]
americana (f)	Amerykanka (ż)	[amɛri'kaŋka]
americano (adj)	amerykański	[amɛri'kaɲski]

Canadá (m)	Kanada (ż)	[ka'nada]
canadense (m)	Kanadyjczyk (m)	[kana'dijtʃik]
canadense (f)	Kanadyjka (ż)	[kana'dijka]
canadense (adj)	kanadyjski	[kana'dijski]

México (m)	Meksyk (m)	['mɛksɨk]
mexicano (m)	Meksykanin (m)	[mɛksɨ'kanin]
mexicana (f)	Meksykanka (ż)	[mɛksɨ'kaŋka]
mexicano (adj)	meksykański	[mɛksɨ'kaɲski]

239. América Central do Sul

Argentina (f)	Argentyna (ż)	[argɛn'tɨna]
argentino (m)	Argentyńczyk (m)	[argɛn'tɨɲtʃik]
argentina (f)	Argentynka (ż)	[argɛn'tɨŋka]
argentino (adj)	argentyński	[argɛn'tɨɲski]

Brasil (m)	Brazylia (ż)	[bra'zɨʎja]
brasileiro (m)	Brazylijczyk (m)	[brazɨ'lijtʃik]
brasileira (f)	Brazylijka (ż)	[brazɨ'lijka]
brasileiro (adj)	brazylijski	[brazɨ'lijski]

Colômbia (f)	Kolumbia (ż)	[kɔ'lymbʰja]
colombiano (m)	Kolumbijczyk (m)	[kɔlym'bijtʃik]
colombiana (f)	Kolumbijka (ż)	[kɔlym'bijka]
colombiano (adj)	kolumbijski	[kɔlym'bijski]
Cuba (f)	Kuba (ż)	['kuba]

cubano (m)	Kubańczyk (m)	[ku'bantʃik]
cubana (f)	Kubanka (ż)	[ku'baŋka]
cubano (adj)	kubański	[ku'baɲski]
Chile (m)	Chile (n)	['tʃile]
chileno (m)	Chilijczyk (m)	[tʃi'lijtʃik]
chilena (f)	Chilijka (ż)	[tʃi'lijka]
chileno (adj)	chilijski	[tʃi'lijski]
Bolívia (f)	Boliwia (ż)	[bɔ'livʰja]
Venezuela (f)	Wenezuela (ż)	[vɛnɛzu'ɛʎa]
Paraguai (m)	Paragwaj (m)	[pa'ragvaj]
Peru (m)	Peru (n)	['pɛru]
Suriname (m)	Surinam (m)	[su'rinam]
Uruguai (m)	Urugwaj (m)	[u'rugvaj]
Equador (m)	Ekwador (m)	[ɛk'fadɔr]
Bahamas (f pl)	Wyspy (l.mn.) Bahama	['vispɫ ba'hama]
Haiti (m)	Haiti (n)	[ha'iti]
República Dominicana	Dominikana (ż)	[dɔmini'kana]
Panamá (m)	Panama (ż)	[pa'nama]
Jamaica (f)	Jamajka (ż)	[ja'majka]

240. Africa

Egito (m)	Egipt (m)	['ɛgipt]
egípcio (m)	Egipcjanin (m)	[ɛgiptsʰ'janin]
egípcia (f)	Egipcjanka (ż)	[ɛgiptsʰ'jaŋka]
egípcio (adj)	egipski	[ɛ'gipski]
Marrocos	Maroko (n)	[ma'rɔkɔ]
marroquino (m)	Marokańczyk (m)	[marɔ'kantʃik]
marroquina (f)	Marokanka (ż)	[marɔ'kaŋka]
marroquino (adj)	marokański	[marɔ'kaɲski]
Tunísia (f)	Tunezja (ż)	[tu'nɛzʰja]
tunisiano (m)	Tunezyjczyk (m)	[tunɛ'zijtʃik]
tunisiana (f)	Tunezyjka (ż)	[tunɛ'zijka]
tunisiano (adj)	tunezyjski	[tunɛ'zijski]
Gana (f)	Ghana (ż)	['gana]
Zanzibar (m)	Zanzibar (m)	[zan'zibar]
Quênia (f)	Kenia (ż)	['kɛɲja]
Líbia (f)	Libia (ż)	['libʰja]
Madagascar (m)	Madagaskar (m)	[mada'gaskar]
Namíbia (f)	Namibia (ż)	[na'mibʰja]
Senegal (m)	Senegal (m)	[sɛ'nɛgaʎ]
Tanzânia (f)	Tanzania (ż)	[tan'zaɲja]
África (f) do Sul	Afryka (ż) Południowa	['afrika pɔwud'nɔva]
africano (m)	Afrykanin (m)	[afri'kanin]
africana (f)	Afrykanka (ż)	[afri'kaŋka]
africano (adj)	afrykański	[afri'kaɲski]

241. Austrália. Oceania

Austrália (f)	Australia (ż)	[aust'raʎja]
australiano (m)	Australijczyk (m)	[austra'lijtʃik]
australiana (f)	Australijka (ż)	[austra'lijka]
australiano (adj)	australijski	[austra'lijski]

Nova Zelândia (f)	Nowa Zelandia (ż)	['nɔva zɛ'ʎandʰja]
neozelandês (m)	Nowozelandczyk (m)	[nɔvɔzɛ'ʎantʃik]
neozelandesa (f)	Nowozelandka (ż)	[nɔvɔzɛ'ʎantka]
neozelandês (adj)	nowozelandzki	[nɔvɔzɛ'ʎantki]

| Tasmânia (f) | Tasmania (ż) | [tas'maɲja] |
| Polinésia (f) Francesa | Polinezja (ż) Francuska | [pɔli'nɛzʰja fran'tsuska] |

242. Cidades

Amesterdã, Amsterdã	Amsterdam (m)	[ams'tɛrdam]
Ancara	Ankara (ż)	[a'ŋkara]
Atenas	Ateny (l.mn.)	[a'tɛnɨ]
Bagdade	Bagdad (m)	['bagdat]
Bancoque	Bangkok (m)	['baŋkɔk]

Barcelona	Barcelona (ż)	[bartsɛ'lɔna]
Beirute	Bejrut (m)	['bɛjrut]
Berlim	Berlin (m)	['bɛrlin]
Bonn	Bonn (n)	[bɔn]
Bordéus	Bordeaux (n)	[bor'dɔ]

Bratislava	Bratysława (ż)	[bratis'wava]
Bruxelas	Bruksela (ż)	[bruk'sɛʎa]
Bucareste	Bukareszt (m)	[bu'karɛʃt]
Budapeste	Budapeszt (m)	[bu'dapɛʃt]
Cairo	Kair (m)	['kair]

Calcutá	Kalkuta (ż)	[kaʎ'kuta]
Chicago	Chicago (n)	[tʃi'kagɔ]
Cidade do México	Meksyk (m)	['mɛksɨk]
Copenhague	Kopenhaga (ż)	[kɔpɛn'haga]
Dar es Salaam	Dar es Salam (m)	[dar ɛs 'saʎam]

Deli	Delhi (n)	['dɛli]
Dubai	Dubaj (n)	['dubaj]
Dublim	Dublin (m)	['dublin]
Düsseldorf	Düsseldorf (m)	['dysɛʎdɔrf]
Estocolmo	Sztokholm (m)	['ʃtɔkhɔʎm]

Florença	Florencja (ż)	[flɔ'rɛntsʰja]
Frankfurt	Frankfurt (m)	['fraŋkfurt]
Genebra	Genewa (ż)	[gɛ'nɛva]
Haia	Haga (ż)	['haga]
Hamburgo	Hamburg (m)	['hamburk]
Hanói	Hanoi (n)	['hanɔj]

Havana	Hawana (ż)	[ha'vana]
Helsinque	Helsinki (l.mn.)	[hɛʎ'siŋki]
Hiroshima	Hiroszima (ż)	[hirɔ'ʃima]
Hong Kong	Hongkong (m)	['hɔŋkɔŋk]
Istambul	Stambuł (m)	['stambuw]

Jerusalém	Jerozolima (ż)	[jerɔzɔ'lima]
Kiev, Quieve	Kijów (m)	['kijuf]
Kuala Lumpur	Kuala Lumpur (n)	[ku'aʎa 'lympur]
Lion	Lyon (m)	['ljɔn]
Lisboa	Lizbona (ż)	[liz'bɔna]

Londres	Londyn (m)	['lɔndin]
Los Angeles	Los Angeles (n)	['lɔs 'andʒɛles]
Madrid	Madryt (m)	['madrit]
Marselha	Marsylia (ż)	[mar'siʎja]
Miami	Miami (n)	[ma'jami]

Montreal	Montreal (m)	[mɔnt'rɛaʎ]
Moscou	Moskwa (ż)	['mɔskfa]
Mumbai	Bombaj (m)	['bɔmbaj]
Munique	Monachium (n)	[mɔ'nahʲjum]
Nairóbi	Nairobi (n)	[naj'rɔbi]
Nápoles	Neapol (m)	[nɛ'apɔʎ]

Nice	Nicea (ż)	[ni'tsɛa]
Nova York	Nowy Jork (m)	['nɔvi ɜrk]
Oslo	Oslo (n)	['ɔslɔ]
Ottawa	Ottawa (ż)	[ɔt'tava]
Paris	Paryż (m)	['pariʃ]

Pequim	Pekin (m)	['pɛkin]
Praga	Praga (ż)	['praga]
Rio de Janeiro	Rio de Janeiro (n)	['riɜ dɛ ʒa'nɛjrɔ]
Roma	Rzym (m)	[ʒim]
São Petersburgo	Sankt Petersburg (m)	[saŋkt pe'tɛrsburk]
Seul	Seul (m)	['sɛuʎ]

Singapura	Singapur (m)	[si'ŋapur]
Sydney	Sydney (n)	['sidni]
Taipé	Tajpej (m)	['tajpɛj]
Tóquio	Tokio (n)	['tɔkʲɜ]
Toronto	Toronto (n)	[tɔ'rɔntɔ]

Varsóvia	Warszawa (ż)	[var'ʃava]
Veneza	Wenecja (ż)	[vɛ'nɛtsʲja]
Viena	Wiedeń (m)	['vedɛn]
Washington	Waszyngton (m)	['vaʃiŋktɔn]
Xangai	Szanghaj (m)	['ʃaŋkhaj]

243. Política. Governo. Parte 1

| política (f) | polityka (ż) | [pɔ'litika] |
| político (adj) | polityczny | [pɔli'tiʧni] |

político (m)	polityk (m)	[pɔ'litik]
estado (m)	państwo (n)	['paɲstfɔ]
cidadão (m)	obywatel (m)	[ɔbi'vatɛʎ]
cidadania (f)	obywatelstwo (n)	[ɔbiva'tɛʎstfɔ]

brasão (m) de armas	godło (n) państwowe	['gɔdwɔ paɲst'vɔvɛ]
hino (m) nacional	hymn (m) państwowy	[himn paɲst'fɔvi]

governo (m)	rząd (m)	[ʒɔ̃t]
Chefe (m) de Estado	szef (m) państwa	[ʃɛf 'paɲstfa]
parlamento (m)	parlament (m)	[par'ʎamɛnt]
partido (m)	partia (ż)	['partʰja]

capitalismo (m)	kapitalizm (m)	[kapi'talizm]
capitalista (adj)	kapitalistyczny	[kapitalis'titʃni]

socialismo (m)	socjalizm (m)	[sɔtsʰ'jalizm]
socialista (adj)	socjalistyczny	[sɔtsʰjalis'titʃni]

comunismo (m)	komunizm (m)	[kɔ'munizm]
comunista (adj)	komunistyczny	[kɔmunis'titʃni]
comunista (m)	komunista (m)	[kɔmu'nista]

democracia (f)	demokracja (ż)	[dɛmɔk'ratsʰja]
democrata (m)	demokrata (m)	[dɛmɔk'rata]
democrático (adj)	demokratyczny	[dɛmɔkra'titʃni]
Partido (m) Democrático	partia (ż) demokratyczna	['partʰja dɛmɔkra'titʃna]

liberal (m)	liberał (m)	[li'bɛraw]
liberal (adj)	liberalny	[libɛ'raʎni]

conservador (m)	konserwatysta (m)	[kɔnsɛrva'tista]
conservador (adj)	konserwatywny	[kɔnsɛrva'tivni]

república (f)	republika (ż)	[rɛ'publika]
republicano (m)	republikanin (m)	[rɛpubli'kanin]
Partido (m) Republicano	partia (ż) republikańska	['partʰja rɛpubli'kaɲska]

eleições (f pl)	wybory (l.mn.)	[vi'bɔri]
eleger (vt)	wybierać	[vi'beratʃ]
eleitor (m)	wyborca (m)	[vi'bɔrtsa]
campanha (f) eleitoral	kampania (ż) wyborcza	[kam'paɲja vi'bɔrtʃa]

votação (f)	głosowanie (n)	[gwɔsɔ'vane]
votar (vi)	głosować	[gwɔ'sɔvatʃ]
sufrágio (m)	prawo (n) wyborcze	['pravɔ vi'bɔrtʃɛ]

candidato (m)	kandydat (m)	[kan'didat]
candidatar-se (vi)	kandydować	[kandi'dɔvatʃ]
campanha (f)	kampania (ż)	[kam'paɲja]

da oposição	opozycyjny	[ɔpɔzi'tsijni]
oposição (f)	opozycja (ż)	[ɔpɔ'zitsʰja]

visita (f)	wizyta (ż)	[vi'zita]
visita (f) oficial	wizyta (ż) oficjalna	[vi'zita ɔfitsʰ'jaʎna]

internacional (adj)	międzynarodowy	[mɛ̃dzinarɔ'dɔvi]
negociações (f pl)	rozmowy (l.mn.)	[rɔz'mɔvi]
negociar (vi)	prowadzić rozmowy	[prɔ'vadʑiʧ rɔz'mɔvi]

244. Política. Governo. Parte 2

sociedade (f)	społeczeństwo (n)	[spɔwɛt'ʃɛɲstfɔ]
constituição (f)	konstytucja (ż)	[kɔnsti'tutsʰja]
poder (ir para o ~)	władza (ż)	['vwadza]
corrupção (f)	korupcja (ż)	[kɔ'ruptsʰja]

| lei (f) | prawo (n) | ['pravɔ] |
| legal (adj) | prawny | ['pravni] |

| justeza (f) | sprawiedliwość (ż) | [spraved'livɔʨ] |
| justo (adj) | sprawiedliwy | [spraved'livi] |

comitê (m)	komitet (m)	[kɔ'mitɛt]
projeto-lei (m)	projekt (m) ustawy	['prɔekt us'tavi]
orçamento (m)	budżet (m)	['budʒɛt]
política (f)	polityka (ż)	[pɔ'litika]
reforma (f)	reforma (ż)	[rɛ'fɔrma]
radical (adj)	radykalny	[radi'kaʎni]

força (f)	siła (ż)	['ʨiwa]
poderoso (adj)	silny	['ʨiʎni]
partidário (m)	zwolennik (m)	[zvɔ'leɲik]
influência (f)	wpływ (m)	[fpwif]

regime (m)	reżim (m)	['rɛʒim]
conflito (m)	konflikt (m)	['kɔnflikt]
conspiração (f)	spisek (m)	['spisɛk]
provocação (f)	prowokacja (ż)	[prɔvɔ'katsʰja]

derrubar (vt)	obalić	[ɔ'baliʧ]
derrube (m), queda (f)	obalenie (n)	[ɔba'lene]
revolução (f)	rewolucja (ż)	[rɛvɔ'lytsʰja]

| golpe (m) de Estado | przewrót (m) | ['pʃɛvrut] |
| golpe (m) militar | przewrót (m) wojskowy | ['pʃɛvrut vɔjs'kɔvi] |

crise (f)	kryzys (m)	['krizis]
recessão (f) econômica	recesja (ż)	[rɛ'tsɛsʰja]
manifestante (m)	demonstrant (m)	[dɛ'mɔnstrant]
manifestação (f)	demonstracja (ż)	[dɛmɔnst'ratsʰja]
lei (f) marcial	stan (m) wojenny	[stan vɔ'eɲi]
base (f) militar	baza (ż) wojskowa	['baza vɔjs'kɔva]

| estabilidade (f) | stabilność (ż) | [sta'biʎnɔʨ] |
| estável (adj) | stabilny | [sta'biʎni] |

exploração (f)	eksploatacja (ż)	[ɛksplɔa'tatsʰja]
explorar (vt)	eksploatować	[ɛksplɔa'tɔvaʧ]
racismo (m)	rasizm (m)	['raʨizm]

racista (m)	rasista (m)	[ra'ɕista]
fascismo (m)	faszyzm (m)	['faʃizm]
fascista (m)	faszysta (m)	[fa'ʃista]

245. Países. Diversos

estrangeiro (m)	obcokrajowiec (m)	[ɔptsɔkraɔveʦ]
estrangeiro (adj)	zagraniczny	[zagra'niʧni]
no estrangeiro	za granicą	[za gra'niʦɔ̃]

emigrante (m)	emigrant (m)	[ɛ'migrant]
emigração (f)	emigracja (ż)	[ɛmig'raʦʰja]
emigrar (vi)	emigrować	[ɛmig'rɔvaʧ]

Ocidente (m)	Zachód (m)	['zahut]
Oriente (m)	Wschód (m)	[fshut]
Extremo Oriente (m)	Daleki Wschód (m)	[da'leki fshut]
civilização (f)	cywilizacja (ż)	[ʦivili'zaʦʰja]
humanidade (f)	ludzkość (ż)	['lyʦkɔʧ]
mundo (m)	świat (m)	[ɕfʲat]
paz (f)	pokój (m)	['pɔkuj]
mundial (adj)	światowy	[ɕfʲa'tɔvi]

pátria (f)	ojczyzna (ż)	[ɔjt'ʃizna]
povo (população)	naród (m)	['narut]
população (f)	ludność (ż)	['lydnɔʧ]
gente (f)	ludzie (l.mn.)	['lydʑe]
nação (f)	naród (m)	['narut]
geração (f)	pokolenie (n)	[pɔkɔ'lene]
território (m)	terytorium (n)	[tɛri'tɔrʰjum]
região (f)	region (m)	['rɛgʰɔn]
estado (m)	stan (m)	[stan]

tradição (f)	tradycja (ż)	[tra'dɨʦʰja]
costume (m)	obyczaj (m)	[ɔ'biʧaj]
ecologia (f)	ekologia (ż)	[ɛkɔ'lɔgʰja]

índio (m)	Indianin (m)	[indʰ'janin]
cigano (m)	Cygan (m)	['ʦigan]
cigana (f)	Cyganka (ż)	[ʦi'gaŋka]
cigano (adj)	cygański	[ʦi'gaɲski]

império (m)	imperium (n)	[im'pɛrʰjum]
colônia (f)	kolonia (ż)	[kɔ'lɔɲja]
escravidão (f)	niewolnictwo (n)	[nevɔʎ'niʦtfɔ]
invasão (f)	najazd (m)	['najast]
fome (f)	głód (m)	[gwut]

246. Grupos religiosos mais importantes. Confissões

| religião (f) | religia (ż) | [rɛ'ligʰja] |
| religioso (adj) | religijny | [rɛli'gijni] |

crença (f)	wiara (ż)	['vʲara]
crer (vt)	wierzyć	['veʒiʨ]
crente (m)	wierzący (m)	[ve'ʒɔ̃ʦi]
ateísmo (m)	ateizm (m)	[a'tɛizm]
ateu (m)	ateista (m)	[atɛ'ista]
cristianismo (m)	chrześcijaństwo (n)	[hʃɛʨi'jaɲstfɔ]
cristão (m)	chrześcijanin (m)	[hʃɛʨi'janin]
cristão (adj)	chrześcijański	[hʃɛʨi'jaɲski]
catolicismo (m)	katolicyzm (m)	[katɔ'liʦizm]
católico (m)	katolik (m)	[ka'tɔlik]
católico (adj)	katolicki	[katɔ'liʦki]
protestantismo (m)	protestantyzm (m)	[prɔtɛs'tantizm]
Igreja (f) Protestante	kościół (m) protestancki	['kɔʃʨɔw prɔtɛs'tantski]
protestante (m)	protestant (m)	[prɔ'tɛstant]
ortodoxia (f)	prawosławie (n)	[pravɔs'wave]
Igreja (f) Ortodoxa	kościół (m) prawosławny	['kɔʃʨɔw pravɔs'wavni]
ortodoxo (m)	prawosławny (m)	[pravɔs'wavni]
presbiterianismo (m)	prezbiterianizm (m)	[prɛzbitɛrʰ'janizm]
Igreja (f) Presbiteriana	kościół (m) prezbiteriański	['kɔʃʨɔw prɛzbitɛ'rjaɲski]
presbiteriano (m)	prezbiterianin (m)	[prɛzbitɛrʰ'janin]
luteranismo (m)	kościół (m) luterański	['kɔʃʨɔw lytɛ'raɲski]
luterano (m)	luteranin (m)	[lytɛ'ranin]
Igreja (f) Batista	baptyzm (m)	['baptizm]
batista (m)	baptysta (m)	[bap'tista]
Igreja (f) Anglicana	Kościół Anglikański (m)	['kɔʃʨɔw aɲli'kaɲski]
anglicano (m)	anglikanin (m)	[aɲli'kanin]
mormonismo (m)	religia (ż) mormonów	[rɛ'ligʰja mɔr'mɔnuf]
mórmon (m)	mormon (m)	['mɔrmɔn]
Judaísmo (m)	judaizm (m)	[ju'daizm]
judeu (m)	żyd (m)	[ʒit]
budismo (m)	buddyzm (m)	['buddizm]
budista (m)	buddysta (m)	[bud'dista]
hinduísmo (m)	hinduizm (m)	[hin'duizm]
hindu (m)	hinduista (m)	[hindu'ista]
Islã (m)	islam (m)	['isʎam]
muçulmano (m)	muzułmanin (m)	[muzuw'manin]
muçulmano (adj)	muzułmański	[muzuw'maɲski]
xiismo (m)	szyizm (m)	['ʃiizm]
xiita (m)	szyita (m)	['ʃiita]
sunismo (m)	sunnizm (m)	['suɲizm]
sunita (m)	sunnita (m)	[su'ɲita]

221

247. Religiões. Padres

padre (m)	ksiądz (m)	[kɕɔ̃ts]
Papa (m)	papież (m)	['papeʃ]
monge (m)	zakonnik (m)	[za'kɔŋik]
freira (f)	zakonnica (ż)	[zakɔ'ɲitsa]
pastor (m)	pastor (m)	['pastɔr]
abade (m)	opat (m)	['ɔpat]
vigário (m)	wikariusz (m)	[vi'karjyʃ]
bispo (m)	biskup (m)	['biskup]
cardeal (m)	kardynał (m)	[kar'dinaw]
pregador (m)	kaznodzieja (m)	[kaznɔ'dʒeja]
sermão (m)	kazanie (n)	[ka'zane]
paroquianos (pl)	parafianie (l.mn.)	[para'fiane]
crente (m)	wierzący (m)	[ve'ʒɔ̃tɕi]
ateu (m)	ateista (m)	[atɛ'ista]

248. Fé. Cristianismo. Islão

Adão	Adam (m)	['adam]
Eva	Ewa (ż)	['ɛva]
Deus (m)	Bóg (m)	[buk]
Senhor (m)	Pan (m)	[pan]
Todo Poderoso (m)	Wszechmogący (m)	[fʃɛhmɔ'gɔ̃tɕi]
pecado (m)	grzech (m)	[gʒɛh]
pecar (vi)	grzeszyć	['gʒɛʃiʈ]
pecador (m)	grzesznik (m)	['gʒɛʃnik]
pecadora (f)	grzesznica (ż)	[gʒɛʃ'nitsa]
inferno (m)	piekło (n)	['pekwɔ]
paraíso (m)	raj (m)	[raj]
Jesus	Jezus (m)	['ezus]
Jesus Cristo	Jezus Chrystus (m)	['ezus 'hristus]
Espírito (m) Santo	Duch Święty (m)	[duh 'ɕfenti]
Salvador (m)	Zbawiciel (m)	[zba'vitʃeʎ]
Virgem Maria (f)	Matka Boska (ż)	['matka 'bɔska]
Diabo (m)	diabeł (m)	['dʰjabɛw]
diabólico (adj)	diabelski	[dʰja'bɛʎski]
Satanás (m)	szatan (m)	['ʃatan]
satânico (adj)	szatański	[ʃa'taɲski]
anjo (m)	anioł (m)	['anʒw]
anjo (m) da guarda	anioł stróż (m)	['anʒw struʃ]
angelical	anielski	[a'neʎski]

apóstolo (m)	apostoł (m)	[a'pɔstɔw]
arcanjo (m)	archanioł (m)	[ar'hanɜw]
anticristo (m)	antychryst (m)	[an'tihrist]

Igreja (f)	Kościół (m)	['kɔʃʧɔw]
Bíblia (f)	Biblia (ż)	['bibʎja]
bíblico (adj)	biblijny	[bib'lijni]

Velho Testamento (m)	Stary Testament (m)	['stari tɛs'tamɛnt]
Novo Testamento (m)	Nowy Testament (m)	['nɔvi tɛs'tamɛnt]
Evangelho (m)	Ewangelia (ż)	[ɛva'ŋɛʎja]
Sagradas Escrituras (f pl)	Pismo (n) Święte	['pismɔ 'ɕfɛntɛ]
Céu (sete céus)	Królestwo (n) Niebiańskie	[kru'lestfɔ ne'bʲaɲske]

mandamento (m)	przykazanie (n)	[pʃika'zane]
profeta (m)	prorok (m)	['prɔrɔk]
profecia (f)	proroctwo (n)	[prɔ'rɔtstfɔ]

Alá (m)	Allach, Allah (m)	['allah]
Maomé (m)	Mohammed (m)	[mɔ'hamɛt]
Alcorão (m)	Koran (m)	['kɔran]

mesquita (f)	meczet (m)	['mɛʧɛt]
mulá (m)	mułła (m)	['muwwa]
oração (f)	modlitwa (ż)	[mɔd'litfa]
rezar, orar (vi)	modlić się	['mɔdliʧ ɕɛ̃]

peregrinação (f)	pielgrzymka (ż)	[peʎg'ʒimka]
peregrino (m)	pielgrzym (m)	['peʎgʒim]
Meca (f)	Mekka (ż)	['mɛkka]

igreja (f)	kościół (m)	['kɔʃʧɔw]
templo (m)	świątynia (ż)	[ɕfɔ̃'tiɲa]
catedral (f)	katedra (ż)	[ka'tɛdra]
gótico (adj)	gotycki	[gɔ'titski]
sinagoga (f)	synagoga (ż)	[sina'gɔga]
mesquita (f)	meczet (m)	['mɛʧɛt]

capela (f)	kaplica (ż)	[kap'litsa]
abadia (f)	opactwo (n)	[ɔ'patstfɔ]
convento (m)	klasztor (m) żeński	['kʎaʃtɔr 'ʒɛɲski]
monastério (m)	klasztor (m) męski	['kʎaʃtɔr 'mɛnski]

sino (m)	dzwon (m)	[dzvɔn]
campanário (m)	dzwonnica (ż)	[dzvɔ'ɲitsa]
repicar (vi)	dzwonić	['dzvɔniʧ]

cruz (f)	krzyż (m)	[kʃiʃ]
cúpula (f)	kopuła (ż)	[kɔ'puwa]
ícone (m)	ikona (ż)	[i'kɔna]

alma (f)	dusza (ż)	['duʃa]
destino (m)	los (m)	['lɔs]
mal (m)	zło (n)	[zwɔ]
bem (m)	dobro (n)	['dɔbrɔ]
vampiro (m)	wampir (m)	['vampir]

bruxa (f)	wiedźma (ż)	['vedʒima]
demônio (m)	demon (m)	['dɛmɔn]
espírito (m)	duch (m)	[duh]
redenção (f)	odkupienie (n)	[ɔtku'pene]
redimir (vt)	odkupić	[ɔt'kupitʲ]
missa (f)	msza (ż)	[mʃa]
celebrar a missa	odprawiać mszę	[ɔtp'ravʲatʃ mʒɛ̃]
confissão (f)	spowiedź (ż)	['spɔvetʲ]
confessar-se (vr)	spowiadać się	[spɔ'vʲadatʃ ɕɛ̃]
santo (m)	święty (m)	['ɕfenti]
sagrado (adj)	święty	['ɕfenti]
água (f) benta	woda (ż) święcona	['vɔda ɕfɛ̃'tsɔna]
ritual (m)	obrzęd (m)	['ɔbʒɛ̃t]
ritual (adj)	obrzędowy	[ɔbʒɛ̃'dɔvi]
sacrifício (m)	ofiara (ż)	[ɔ'fʲara]
superstição (f)	przesąd (m)	['pʃɛsɔ̃t]
supersticioso (adj)	przesądny	[pʃɛ'sɔ̃dni]
vida (f) após a morte	życie (n) pozagrobowe	['ʒitʃe pɔzagrɔ'bɔvɛ]
vida (f) eterna	życie (n) wieczne	['ʒitʃe 'vetʃnɛ]

TEMAS DIVERSOS

249. Várias palavras úteis

ajuda (f)	pomoc (ż)	['pɔmɔʦ]
barreira (f)	przeszkoda (ż)	[pʃɛʃˈkɔda]
base (f)	baza (ż)	['baza]
categoria (f)	kategoria (ż)	[katɛˈgɔrʲja]
causa (f)	przyczyna (ż)	[pʃitˈʃina]
coincidência (f)	koincydencja (ż)	[kɔjnsiˈdɛnsija]
coisa (f)	rzecz (ż)	[ʒɛtʃ]
começo, início (m)	początek (m)	[pɔtˈʃɔ̃tɛk]
cômodo (ex. poltrona ~a)	wygodny	[viˈgɔdni]
comparação (f)	porównanie (n)	[pɔruvˈnane]
compensação (f)	rekompensata (ż)	[rɛkɔmpɛnˈsata]
crescimento (m)	wzrost (m)	[vzrɔst]
desenvolvimento (m)	rozwój (m)	['rɔzvuj]
diferença (f)	różnica (ż)	[ruʒˈniʦa]
efeito (m)	efekt (m)	['ɛfɛkt]
elemento (m)	element (m)	[ɛˈlemɛnt]
equilíbrio (m)	równowaga (ż)	[ruvnɔˈvaga]
erro (m)	błąd (m)	[bwɔ̃t]
esforço (m)	wysiłek (m)	[viˈɕiwɛk]
estilo (m)	styl (m)	[stiʎ]
exemplo (m)	przykład (m)	['pʃikwat]
fato (m)	fakt (m)	[fakt]
fim (m)	zakończenie (n)	[zakɔɲtˈʃɛne]
forma (f)	kształt (m)	['kʃtawt]
frequente (adj)	częsty	['tʃɛnsti]
fundo (ex. ~ verde)	tło (n)	[twɔ]
gênero (tipo)	rodzaj (m)	['rɔdzaj]
grau (m)	stopień (m)	['stɔpeɲ]
ideal (m)	ideał (m)	[iˈdɛaw]
labirinto (m)	labirynt (m)	[ʎaˈbirint]
modo (m)	sposób (m)	['spɔsup]
momento (m)	moment (m)	['mɔmɛnt]
objeto (m)	obiekt (m)	['ɔbʰekt]
obstáculo (m)	przeszkoda (ż)	[pʃɛʃˈkɔda]
original (m)	oryginał (m)	[ɔriˈginaw]
padrão (adj)	standardowy	[standarˈdɔvi]
padrão (m)	standard (m)	['standart]
paragem (pausa)	przerwa (ż)	['pʃɛrva]
parte (f)	część (ż)	[tʃɛ̃ɕtʃ]

225

partícula (f)	cząstka (ż)	['tʃɔ̃stka]
pausa (f)	pauza (ż)	['pauza]
posição (f)	stanowisko (n)	[stanɔ'viskɔ]
princípio (m)	zasada (ż)	[za'sada]

problema (m)	problem (m)	['prɔblem]
processo (m)	proces (m)	['prɔtsɛs]
progresso (m)	postęp (m)	['pɔstɛ̃p]
propriedade (qualidade)	właściwość (ż)	[vwaɕ'tʃivɔɕtʃ]

reação (f)	reakcja (ż)	[rɛ'aktsʰja]
risco (m)	ryzyko (n)	['riziko]
ritmo (m)	tempo (n)	['tɛmpɔ]
segredo (m)	tajemnica (ż)	[taem'nitsa]
série (f)	seria (ż)	['sɛrʰja]

sistema (m)	system (m)	['sistɛm]
situação (f)	sytuacja (ż)	[situ'atsʰja]
solução (f)	rozwiązanie (n)	[rɔzvɔ̃'zane]
tabela (f)	tablica (ż)	[tab'litsa]
termo (ex. ~ técnico)	termin (m)	['tɛrmin]

tipo (m)	typ (m)	[tip]
urgente (adj)	pilny	['piʎni]
urgentemente	pilnie	['piʎne]
utilidade (f)	korzyść (ż)	['kɔʑitʃ]

variante (f)	wariant (m)	['varʰjant]
variedade (f)	wybór (m)	['vibur]
verdade (f)	prawda (ż)	['pravda]
vez (f)	kolej (ż)	['kɔlej]
zona (f)	strefa (ż)	['strɛfa]

250. Modificadores. Adjetivos. Parte 1

aberto (adj)	otwarty	[ɔt'farti]
afetuoso (adj)	czuły	['tʃuwi]
afiado (adj)	ostry	['ostri]
agradável (adj)	przyjemny	[pʃi'emni]
agradecido (adj)	wdzięczny	['vdʒentʃni]

alegre (adj)	wesoły	[vɛ'sɔwi]
alto (ex. voz ~a)	głośny	['gwɔɕni]
amargo (adj)	gorzki	['gɔʃki]
amplo (adj)	przestronny	[pʃɛst'rɔɲi]
antigo (adj)	dawny	['davni]

apropriado (adj)	przydatny	[pʃi'datni]
arriscado (adj)	ryzykowny	[rizi'kɔvni]
artificial (adj)	sztuczny	['ʃtutʃni]

azedo (adj)	kwaśny	['kfaɕni]
baixo (voz ~a)	cichy	['tʃihi]
barato (adj)	tani	['tani]

belo (adj)	wspaniały	[fspa'ɲawi]
bom (adj)	dobry	['dɔbri]
bondoso (adj)	dobry	['dɔbri]
bonito (adj)	piękny	['peŋkni]
bronzeado (adj)	opalony	[ɔpa'lɔni]
burro, estúpido (adj)	głupi	['gwupi]

calmo (adj)	spokojny	[spɔ'kɔjni]
cansado (adj)	zmęczony	[zmɛ̃t'ʃɔni]
cansativo (adj)	męczący	[mɛ̃t'ʃɔ̃tɕi]
carinhoso (adj)	troskliwy	[trɔsk'livi]
caro (adj)	drogi	['drɔgi]

cego (adj)	ślepy	['ɕlepi]
central (adj)	centralny	[tsɛnt'raʎni]
cerrado (ex. nevoeiro ~)	gęsty	['gɛnsti]
cheio (xícara ~a)	pełny	['pɛwni]

civil (adj)	obywatelski	[ɔbiva'tɛʎski]
clandestino (adj)	podziemny	[pɔ'dʑemni]
claro (explicação ~a)	zrozumiały	[zrɔzu'mʲawi]
claro (pálido)	jasny	['jasni]

compatível (adj)	kompatybilny	[kɔmpati'biʎni]
comum, normal (adj)	zwykły	['zvikwi]
congelado (adj)	mrożony	[mrɔ'ʒɔni]
conjunto (adj)	wspólny	['fspuʎni]
considerável (adj)	znaczny	['znatʃni]

contente (adj)	zadowolony	[zadɔvɔ'lɔni]
contínuo (adj)	długotrwały	[dwugɔtr'fawi]
contrário (ex. o efeito ~)	przeciwny	[pʃɛ'tɕivni]
correto (resposta ~a)	prawidłowy	[pravid'wɔvi]
cru (não cozinhado)	surowy	[su'rɔvi]

curto (adj)	krótki	['krutki]
de curta duração	krótkotrwały	[krutkɔtr'fawi]
de sol, ensolarado	słoneczny	[swɔ'nɛtʃni]
de trás	tylny	['tiʎni]
denso (fumaça ~a)	gęsty	['gɛnsti]

desanuviado (adj)	bezchmurny	[bɛsh'murni]
descuidado (adj)	niedbały	[nied'bawi]
difícil (decisão)	trudny	['trudni]
difícil, complexo (adj)	złożony	[zwɔ'ʒɔni]

direito (lado ~)	prawy	['pravi]
distante (adj)	daleki	[da'lɛki]
doce (açucarado)	słodki	['swɔtki]
doce (água)	słodki	['swɔtki]

doente (adj)	chory	['hɔri]
duro (material ~)	twardy	['tfardi]
educado (adj)	uprzejmy	[up'ʃɛjmi]
encantador (agradável)	miły	['miwi]
enigmático (adj)	tajemniczy	[taem'nitʃi]

enorme (adj)	ogromny	[ɔg'rɔmnʲi]
escuro (quarto ~)	ciemny	['ʨemnʲi]
especial (adj)	specjalny	[spɛts'ʰʲaʎnʲi]
esquerdo (lado ~)	lewy	['levʲi]

estrangeiro (adj)	zagraniczny	[zagra'niʧnʲi]
estreito (adj)	wąski	['vɔ̃ski]
exato (montante ~)	dokładny	[dɔk'wadnʲi]
excelente (adj)	świetny	['ɕfetnʲi]
excessivo (adj)	nadmierny	[nad'mernʲi]

externo (adj)	zewnętrzny	[zɛv'nɛnʧnʲi]
fácil (adj)	łatwy	['watfʲi]
faminto (adj)	głodny	['gwɔdnʲi]
fechado (adj)	zamknięty	[zamk'nenti]
feliz (adj)	szczęśliwy	[ʃʧɛɕ'livʲi]

fértil (terreno ~)	urodzajny	[urɔ'dzajnʲi]
forte (pessoa ~)	silny	['ɕiʎnʲi]
fraco (luz ~a)	przyćmiony	[pʃiʨ'mɜnʲi]
frágil (adj)	kruchy	['kruhʲi]
fresco (pão ~)	świeży	['ɕfeʒi]

fresco (tempo ~)	chłodny	['hwɔdnʲi]
frio (adj)	zimny	['ʒimnʲi]
gordo (alimentos ~s)	tłusty	['twusti]
gostoso, saboroso (adj)	smaczny	['smaʧnʲi]

grande (adj)	duży	['duʒi]
gratuito, grátis (adj)	bezpłatny	[bɛsp'watnʲi]
grosso (camada ~a)	gruby	['grubʲi]
hostil (adj)	wrogi	['vrɔgi]

251. Modificadores. Adjetivos. Parte 2

igual (adj)	jednakowy	[edna'kɔvʲi]
imóvel (adj)	nieruchomy	[neru'hɔmʲi]
importante (adj)	ważny	['vaʒnʲi]
impossível (adj)	niemożliwy	[nemɔʒ'livʲi]
incompreensível (adj)	niezrozumiały	[nezrɔzu'mʲawi]

indigente (muito pobre)	nędzny	['nɛndznʲi]
indispensável (adj)	niezbędny	[nez'bɛndnʲi]
inexperiente (adj)	niedoświadczony	[nedɔɕfʲatt'ʃɔnʲi]
infantil (adj)	dziecięcy	[dʑe'ʧentsi]

ininterrupto (adj)	ciągły	[ʨɔ̃gwi]
insignificante (adj)	nieistotny	[neis'tɔtnʲi]
inteiro (completo)	cały	['ʦawi]
inteligente (adj)	sprytny	['spritnʲi]

interno (adj)	wewnętrzny	[vɛv'nɛnʧnʲi]
jovem (adj)	młody	['mwɔdi]
largo (caminho ~)	szeroki	[ʃɛ'rɔki]

legal (adj)	prawny	['pravnɨ]
leve (adj)	lekki	['lekki]

limitado (adj)	ograniczony	[ɔgranit'ʃɔnɨ]
limpo (adj)	czysty	['ʧistɨ]
líquido (adj)	płynny	['pwiɲɨ]
liso (adj)	gładki	['gwatki]
liso (superfície ~a)	równy	['ruvnɨ]

livre (adj)	wolny	['vɔʎnɨ]
longo (ex. cabelo ~)	długi	['dwugi]
maduro (ex. fruto ~)	dojrzały	[dɔj'ʒawɨ]
magro (adj)	szczupły	['ʃʧupwɨ]
mais próximo (adj)	najbliższy	[najb'liʃɨ]

mais recente (adj)	miniony	[mi'nɔnɨ]
mate (adj)	matowy	[ma'tɔvɨ]
mau (adj)	zły	[zwɨ]
meticuloso (adj)	staranny	[sta'ranɨ]
míope (adj)	krótkowzroczny	[krutkɔvz'rɔʧnɨ]

mole (adj)	miękki	['meŋki]
molhado (adj)	mokry	['mɔkrɨ]
moreno (adj)	śniady	['ɕɲadɨ]
morto (adj)	martwy	['martfɨ]
muito magro (adj)	chudy	['hudɨ]

não difícil (adj)	nietrudny	[net'rudnɨ]
não é clara (adj)	niejasny	[ne'jasnɨ]
não muito grande (adj)	nieduży	[ne'duʒi]
natal (país ~)	ojczysty	[ɔjt'ʃistɨ]
necessário (adj)	potrzebny	[pɔt'ʃɛbnɨ]

negativo (resposta ~a)	negatywny	[nɛga'tivnɨ]
nervoso (adj)	nerwowy	[nɛr'vɔvɨ]
normal (adj)	normalny	[nɔr'maʎnɨ]
novo (adj)	nowy	['nɔvɨ]
o mais importante (adj)	najważniejszy	[najvaʒ'nejʃɨ]

obrigatório (adj)	obowiązkowy	[ɔbɔvʰɔ̃s'kɔvɨ]
original (incomum)	oryginalny	[ɔrigi'naʎnɨ]
passado (adj)	ubiegły	[u'begwɨ]
pequeno (adj)	mały	['mawɨ]
perigoso (adj)	niebezpieczny	[nebɛs'peʧnɨ]

permanente (adj)	stały	['stawɨ]
perto (adj)	pobliski	[pɔb'liski]
pesado (adj)	ciężki	['ʨenʃki]
pessoal (adj)	osobisty	[ɔsɔ'bistɨ]
plano (ex. ecrã ~ a)	płaski	['pwaski]

pobre (adj)	biedny	['bednɨ]
pontual (adj)	punktualny	[puŋktu'aʎnɨ]
possível (adj)	możliwy	[mɔʒ'livɨ]
pouco fundo (adj)	płytki	['pwitki]
presente (ex. momento ~)	obecny	[ɔ'bɛtsnɨ]

prévio (adj)	poprzedni	[pɔp'ʃɛdni]
primeiro (principal)	podstawowy	[pɔtsta'vɔvi]
principal (adj)	główny	['gwuvni]
privado (adj)	prywatny	[pri'vatni]

provável (adj)	prawdopodobny	[pravdɔpɔ'dɔbni]
próximo (adj)	bliski	['bliski]
público (adj)	publiczny	[pub'litʃni]
quente (cálido)	gorący	[gɔ'rɔ̃tsi]

quente (morno)	ciepły	['tʃepwi]
rápido (adj)	szybki	['ʃipki]
raro (adj)	rzadki	['ʒatki]
remoto, longínquo (adj)	daleki	[da'lɛki]
reto (linha ~a)	prosty	['prɔsti]

salgado (adj)	słony	['swɔni]
satisfeito (adj)	zadowolony	[zadɔvɔ'lɔni]
seco (roupa ~a)	suchy	['suhi]
seguinte (adj)	następny	[nas'tɛ̃pni]
seguro (não perigoso)	bezpieczny	[bɛs'petʃni]

similar (adj)	podobny	[pɔ'dɔbni]
simples (fácil)	łatwy	['watfi]
soberbo, perfeito (adj)	doskonały	[dɔskɔ'nawi]
sólido (parede ~a)	trwały	['trfawi]
sombrio (adj)	mroczny	['mrɔtʃni]

sujo (adj)	brudny	['brudni]
superior (adj)	najwyższy	[naj'viʃi]
suplementar (adj)	dodatkowy	[dɔdat'kɔvi]
tranquilo (adj)	spokojny	[spɔ'kɔjni]

transparente (adj)	przezroczysty	[pʃɛzrɔt'ʃisti]
triste (pessoa)	smutny	['smutni]
triste (um ar ~)	smutny	['smutni]
último (adj)	ostatni	[ɔs'tatni]
úmido (adj)	wilgotny	[viʎ'gɔtni]

único (adj)	unikatowy	[unika'tɔvi]
usado (adj)	używany	[uʒi'vani]
vazio (meio ~)	pusty	['pusti]
velho (adj)	stary	['stari]
vizinho (adj)	sąsiedni	[sɔ̃'ɕedni]

500 VERBOS PRINCIPAIS

252. Verbos A-B

abraçar (vt)	ściskać	['ɕt͡ʃiskat͡ʃ]
abrir (vt)	otwierać	[ɔt'ferat͡ʃ]
acalmar (vt)	uspokajać	[uspɔ'kajat͡ʃ]
acariciar (vt)	głaskać	['gwaskat͡ʃ]
acenar (com a mão)	machać	['mahat͡ʃ]
acender (~ uma fogueira)	zapalić	[za'palit͡ʃ]
achar (vt)	sądzić	['sɔ̃d͡ʒit͡ʃ]
acompanhar (vt)	towarzyszyć	[tɔva'ʒiʃit͡ʃ]
aconselhar (vt)	radzić	['rad͡ʒit͡ʃ]
acordar, despertar (vt)	budzić	['bud͡ʒit͡ʃ]
acrescentar (vt)	dodawać	[dɔ'davat͡ʃ]
acusar (vt)	obwiniać	[ɔb'viɲat͡ʃ]
adestrar (vt)	tresować	[trɛ'sɔvat͡ʃ]
adivinhar (vt)	odgadnąć	[ɔd'gadnɔ̃t͡ʃ]
admirar (vt)	zachwycać się	[zah'fitsat͡ʃ ɕɛ̃]
adorar (~ fazer)	lubić	['lybit͡ʃ]
advertir (vt)	ostrzegać	[ɔst'ʃɛgat͡ʃ]
afirmar (vt)	twierdzić	['tferd͡ʒit͡ʃ]
afogar-se (vr)	tonąć	['tɔ̃ɔɲt͡ʃ]
afugentar (vt)	przepędzić	[pʃɛ'pɛnd͡ʒit͡ʃ]
agir (vi)	działać	['d͡ʒʲawat͡ʃ]
agitar, sacudir (vt)	trząść	[t͡ʃɔ̃ɕt͡ʃ]
agradecer (vt)	dziękować	[d͡ʒɛ̃'kɔvat͡ʃ]
ajudar (vt)	pomagać	[pɔ'magat͡ʃ]
alcançar (objetivos)	osiągać	[ɔɕɔ̃gat͡ʃ]
alimentar (dar comida)	karmić	['karmit͡ʃ]
almoçar (vi)	jeść obiad	[et͡ʃ 'ɔbʲat]
alugar (~ o barco, etc.)	wynajmować	[vinaj'mɔvat͡ʃ]
alugar (~ um apartamento)	wynajmować	[vinaj'mɔvat͡ʃ]
amar (pessoa)	kochać	['kɔhat͡ʃ]
amarrar (vt)	związywać	[zviɔ̃'zivat͡ʃ]
ameaçar (vt)	grozić	['grɔʒit͡ʃ]
amputar (vt)	amputować	[ampu'tɔvat͡ʃ]
anotar (escrever)	zanotować	[zanɔ'tɔvat͡ʃ]
anotar (escrever)	zapisywać	[zapi'sivat͡ʃ]
anular, cancelar (vt)	odwołać	[ɔd'vɔwat͡ʃ]
apagar (com apagador, etc.)	zetrzeć	['zɛt͡ʃɛt͡ʃ]
apagar (um incêndio)	gasić	['gaɕit͡ʃ]

apaixonar-se ...	zakochać się	[za'kɔhatʃ ɕɛ̃]
aparecer (vi)	pojawiać się	[pɔ'javʲatʃ ɕɛ̃]
aplaudir (vi)	oklaskiwać	[ɔkʎas'kivatʃ]

apoiar (vt)	poprzeć	['pɔpʃɛtʃ]
apontar para ...	celować	[tsɛ'lɔvatʃ]
apresentar (alguém a alguém)	przedstawiać	[pʃɛts'tavʲatʃ]
apresentar (Gostaria de ~)	przedstawiać	[pʃɛts'tavʲatʃ]

apressar (vt)	naglić	['naglitʃ]
apressar-se (vr)	śpieszyć się	['ɕpeʃitʃ ɕɛ̃]
aproximar-se (vr)	zbliżać się	['zbliʒatʃ ɕɛ̃]
aquecer (vt)	ogrzewać	[ɔg'ʒɛvatʃ]

arrancar (vt)	oderwać	[ɔ'dɛrvatʃ]
arranhar (vt)	drapać	['drapatʃ]
arrepender-se (vr)	żałować	[ʒa'wɔvatʃ]
arriscar (vt)	ryzykować	[rizi'kɔvatʃ]

arrumar, limpar (vt)	sprzątać	['spʃɔ̃tatʃ]
aspirar a ...	dążyć	['dɔ̃ʒitʃ]
assinar (vt)	podpisywać	[pɔtpi'sivatʃ]
assistir (vt)	asystować	[asɨs'tɔvatʃ]
atacar (vt)	atakować	[ata'kɔvatʃ]

atar (vt)	przywiązywać	[pʃivɔ̃'zivatʃ]
atracar (vi)	cumować	[tsu'mɔvatʃ]
aumentar (vi)	zwiększać się	['zveŋkʃatʃ ɕɛ̃]
aumentar (vt)	powiększać	[pɔ'veŋkʃatʃ]

avançar (vi)	postępować	[pɔstɛ̃'pɔvatʃ]
avistar (vt)	zobaczyć	[zɔ'batʃitʃ]
baixar (guindaste, etc.)	opuszczać	[ɔ'puʃtʃatʃ]
barbear-se (vr)	golić się	['gɔlitʃ ɕɛ̃]
basear-se (vr)	bazować się	[ba'zɔvatʃ ɕɛ̃]

bastar (vi)	wystarczać	[vis'tartʃatʃ]
bater (à porta)	pukać	['pukatʃ]
bater (espancar)	bić	[bitʃ]
bater-se (vr)	bić się	[bitʃ ɕɛ̃]

beber, tomar (vt)	pić	[pitʃ]
brilhar (vi)	świecić się	['ɕfetʃitʃ ɕɛ̃]
brincar, jogar (vi, vt)	bawić się	['bavitʃ ɕɛ̃]
buscar (vt)	szukać	['ʃukatʃ]

253. Verbos C-D

caçar (vi)	polować	[pɔ'lɔvatʃ]
calar-se (parar de falar)	zamilknąć	[za'miʎknɔ̃tʃ]
calcular (vt)	liczyć	['litʃitʃ]
carregar (o caminhão, etc.)	ładować	[wa'dɔvatʃ]
carregar (uma arma)	ładować	[wa'dɔvatʃ]

casar-se (vr)	żenić się	['ʒɛniʧ ɕɛ̃]
causar (vt)	wywołać	[vɨ'vɔwaʧ]
cavar (vt)	kopać	['kɔpaʧ]
ceder (não resistir)	ustępować	[ustɛ̃'pɔvaʧ]
cegar, ofuscar (vt)	oślepiać	[ɔɕ'lepʲaʧ]
censurar (vt)	wyrzucać	[vɨ'ʒuʦaʧ]
chamar (~ por socorro)	wołać	['vɔwaʧ]
chamar (alguém para …)	zawołać	[za'vɔwaʧ]
chegar (a algum lugar)	docierać	[dɔ'ʧeraʧ]
chegar (vi)	przybywać	[pʃɨ'bɨvaʧ]
cheirar (~ uma flor)	wąchać	['võhaʧ]
cheirar (tem o cheiro)	pachnieć	['pahneʧ]
chorar (vi)	płakać	['pwakaʧ]
citar (vt)	cytować	[ʦɨ'tɔvaʧ]
colher (flores)	zrywać	['zrɨvaʧ]
colocar (vt)	kłaść	[kwaɕʧ]
combater (vi, vt)	walczyć	['vaʎʧɨʧ]
começar (vt)	rozpoczynać	[rɔspɔt'ʃɨnaʧ]
comer (vt)	jeść	[eɕʧ]
comparar (vt)	porównywać	[pɔruv'nivaʧ]
compensar (vt)	rekompensować	[rɛkɔmpɛn'sɔvaʧ]
competir (vi)	konkurować	[kɔŋku'rɔvaʧ]
complicar (vt)	utrudnić	[ut'rudniʧ]
compor (~ música)	skomponować	[skɔmpɔ'nɔvaʧ]
comportar-se (vr)	zachowywać się	[zahɔ'vivaʧ ɕɛ̃]
comprar (vt)	kupować	[ku'pɔvaʧ]
comprometer (vt)	kompromitować	[kɔmprɔmi'tɔvaʧ]
concentrar-se (vr)	koncentrować się	[kɔntsɛnt'rɔvaʧ ɕɛ̃]
concordar (dizer "sim")	zgadzać się	['zgadzaʧ ɕɛ̃]
condecorar (dar medalha)	odznaczyć	[ɔdz'naʧiʧ]
confessar-se (vr)	przyznawać się	[pʃɨz'navaʧ ɕɛ̃]
confiar (vt)	ufać	['ufaʧ]
confundir (equivocar-se)	mylić	['miliʧ]
conhecer (vt)	znać	[znaʧ]
conhecer-se (vr)	poznawać się	[pɔz'navaʧ ɕɛ̃]
consertar (vt)	doprowadzać do porządku	[dɔprɔ'vadzaʧ dɔ pɔ'ʒõtku]
consultar …	konsultować się z …	[kɔnsuʎ'tɔvaʧ ɕɛ̃ z]
contagiar-se com …	zarazić się	[za'raʒiʧ ɕɛ̃]
contar (vt)	opowiadać	[ɔpɔ'vʲadaʧ]
contar com …	liczyć na …	['liʧiʧ na]
continuar (vt)	kontynuować	[kɔntinu'ɔvaʧ]
contratar (vt)	najmować	[naj'mɔvaʧ]
controlar (vt)	kontrolować	[kɔntrɔ'lɔvaʧ]
convencer (vt)	przekonywać	[pʃɛkɔ'nivaʧ]
convidar (vt)	zapraszać	[zap'raʃaʧ]
cooperar (vi)	współpracować	[fspuwpra'tsɔvaʧ]

coordenar (vt)	koordynować	[kɔːrdɨ'nɔvatʃ]
corar (vi)	czerwienić się	[tʃɛr'venitʃ ɕɛ̃]
correr (vi)	biec	[bets]
corrigir (~ um erro)	poprawiać	[pɔp'ravʲatʃ]

cortar (com um machado)	odrąbać	[ɔd'rɔ̃batʃ]
cortar (com uma faca)	odciąć	['ɔtʃɔ̃ʲtʃ]
cozinhar (vt)	gotować	[gɔ'tɔvatʃ]
crer (pensar)	wierzyć	['veʒitʃ]

criar (vt)	stworzyć	['stfɔʒitʃ]
cultivar (~ plantas)	hodować	[hɔ'dɔvatʃ]
cuspir (vi)	pluć	[plytʃ]
custar (vt)	kosztować	[kɔʃ'tɔvatʃ]

dar banho, lavar (vt)	kąpać	['kɔ̃patʃ]
datar (vi)	datować się	[da'tɔvatʃ ɕɛ̃]
decidir (vt)	decydować	[dɛtsi'dɔvatʃ]
decorar (enfeitar)	ozdabiać	[ɔz'dabʲatʃ]

dedicar (vt)	poświęcać	[pɔɕ'fentsatʃ]
defender (vt)	bronić	['brɔnitʃ]
defender-se (vr)	bronić się	['brɔnitʃ ɕɛ̃]
deixar (~ a mulher)	opuszczać	[ɔ'puʃtʃatʃ]

deixar (esquecer)	zostawiać	[zɔs'tavʲatʃ]
deixar (permitir)	pozwalać	[pɔz'vaʎatʃ]
deixar cair (vt)	upuszczać	[u'puʃtʃatʃ]
denominar (vt)	nazywać	[na'zivatʃ]

denunciar (vt)	denuncjować	[dɛnun'sʲɔvatʃ]
depender de ...	zależeć od ...	[za'lɛʒɛtʃ ɔd]
derramar (~ líquido)	rozlewać	[rɔz'levatʃ]

desaparecer (vi)	zniknąć	['zniknɔ̃tʃ]
desatar (vt)	odwiązywać	[ɔdvɔ̃'zivatʃ]
desatracar (vi)	odbijać	[ɔd'bijatʃ]
descansar (um pouco)	odpoczywać	[ɔtpot'ʃivatʃ]
descer (para baixo)	schodzić	['shɔdʒitʃ]

descobrir (novas terras)	odkrywać	[ɔtk'rivatʃ]
descolar (avião)	startować	[star'tɔvatʃ]
desculpar (vt)	wybaczać	[vi'batʃatʃ]
desculpar-se (vr)	przepraszać	[pʃɛp'raʃatʃ]

desejar (vt)	pragnąć	['pragnɔ̃tʃ]
desempenhar (papel)	grać	[gratʃ]
desligar (vt)	gasić	['gaɕitʃ]
desprezar (vt)	pogardzać	[pɔ'gardzatʃ]

destruir (documentos, etc.)	niszczyć	['niʃtʃitʃ]
dever (vi)	musieć	['muzɛtʃ]
devolver (vt)	odsłać	[ɔ'dɛswatʃ]
direcionar (vt)	kierować	[ke'rɔvatʃ]
dirigir (~ um carro)	prowadzić	[prɔ'vadʒitʃ]
dirigir (~ uma empresa)	kierować	[ke'rɔvatʃ]

dirigir-se (a um auditório, etc.)	zwracać się	['zvraʦaʧ ɕɛ̃]
discutir (notícias, etc.)	omawiać	[ɔ'mavʲaʧ]

disparar, atirar (vi)	strzelać	['sʧɛʎaʧ]
distribuir (folhetos, etc.)	rozpowszechniać	[rɔspɔf'ʃɛhɲaʧ]
distribuir (vt)	rozdać	['rɔzdaʧ]
divertir (vt)	bawić	['baviʧ]

divertir-se (vr)	bawić się	['baviʧ ɕɛ̃]
dividir (mat.)	dzielić	['dʒeliʧ]
dizer (vt)	powiedzieć	[pɔ'vɛdʒeʧ]
dobrar (vt)	podwajać	[pɔd'vajaʧ]
duvidar (vt)	wątpić	['võtpiʧ]

254. Verbos E-J

elaborar (uma lista)	sporządzać	[spɔ'ʒõʣaʧ]
elevar-se acima de ...	wznosić się	['vznɔɕiʧ ɕɛ̃]
eliminar (um obstáculo)	usuwać	[u'suvaʧ]
embrulhar (com papel)	zawijać	[za'vijaʧ]

emergir (submarino)	wynurzać się	[vi'nuʒaʧ ɕɛ̃]
emitir (~ cheiro)	roztaczać	[rɔs'taʧaʧ]
empreender (vt)	podejmować	[pɔdɛj'mɔvaʧ]
empurrar (vt)	pchać	[phaʧ]

encabeçar (vt)	stać na czele	[staʧ na 'ʧɛle]
encher (~ a garrafa, etc.)	napełniać	[na'pɛwɲaʧ]
encontrar (achar)	znajdować	[znaj'dɔvaʧ]
enganar (vt)	oszukiwać	[ɔʃu'kivaʧ]

ensinar (vt)	szkolić	['ʃkɔliʧ]
entediar-se (vr)	nudzić się	['nudʑiʧ ɕɛ̃]
entender (vt)	rozumieć	[rɔ'zumeʧ]
entrar (na sala, etc.)	wejść	[vɛjɕʧ]

enviar (uma carta)	wysyłać	[vi'siwaʧ]
equipar (vt)	wyposażyć	[vipɔ'saʒiʧ]
errar (enganar-se)	mylić się	['miliʧ ɕɛ̃]
escolher (vt)	wybierać	[vi'beraʧ]

esconder (vt)	chować	['hɔvaʧ]
escrever (vt)	pisać	['pisaʧ]
escutar (vt)	słuchać	['swuhaʧ]
escutar atrás da porta	podsłuchiwać	[pɔtswu'hivaʧ]
esmagar (um inseto, etc.)	rozgnieść	['rɔzgnɛɕʧ]

esperar (aguardar)	czekać	['ʧɛkaʧ]
esperar (contar com)	oczekiwać	[ɔʧɛ'kivaʧ]
esperar (ter esperança)	mieć nadzieję	[meʧ na'dʒeɛ̃]
espreitar (vi)	podglądać	[pɔdglõdaʧ]
esquecer (vt)	zapominać	[zapɔ'minaʧ]
estar	leżeć	['leʒɛʧ]

estar convencido	przekonywać się	[pʃɛkɔ'nivatʃ ɕɛ̃]
estar deitado	leżeć	['leʒɛtʃ]
estar perplexo	dziwić się	['dʑivitʃ ɕɛ̃]
estar preocupado	martwić się	['martfitʃ ɕɛ̃]
estar sentado	siedzieć	['ɕedʑetʃ]

estremecer (vi)	wzdrygać się	['vzdrigatʃ ɕɛ̃]
estudar (vt)	studiować	[studʰɔvatʃ]
evitar (~ o perigo)	unikać	[u'nikatʃ]
examinar (~ uma proposta)	rozpatrzyć	[rɔs'patʃitʃ]

exigir (vt)	zażądać	[za'ʒɔ̃datʃ]
existir (vi)	istnieć	['istnetʃ]
explicar (vt)	objaśniać	[ɔbʰ'jaɕɲatʃ]
expressar (vt)	wyrazić	[vɨ'raʑitʃ]

expulsar (~ da escola, etc.)	wykluczać	[vik'lytʃatʃ]
facilitar (vt)	ułatwić	[u'watfitʃ]
falar com …	rozmawiać	[rɔz'maviatʃ]
faltar (a la escuela, etc.)	opuszczać	[ɔ'puʃtʃatʃ]

fascinar (vt)	czarować	[tʃa'rɔvatʃ]
fatigar (vt)	nużyć	['nuʒitʃ]
fazer (vt)	robić	['rɔbitʃ]
fazer lembrar	przypominać	[pʃipɔ'minatʃ]
fazer piadas	żartować	[ʒar'tɔvatʃ]

fazer publicidade	reklamować	[rɛkʎa'mɔvatʃ]
fazer uma tentativa	spróbować	[spru'bɔvatʃ]
fechar (vt)	zamykać	[za'mɨkatʃ]
felicitar (vt)	gratulować	[gratu'lɔvatʃ]

ficar cansado	być zmęczonym	[bitʃ zmɛ̃'tʃɔnim]
ficar em silêncio	milczeć	['miʎtʃɛtʃ]
ficar pensativo	zamyślić się	[za'miɕlitʃ ɕɛ̃]
forçar (vt)	zmuszać	['zmuʃatʃ]
formar (vt)	tworzyć	['tfɔʒitʃ]

gabar-se (vr)	chwalić się	['hfalitʃ ɕɛ̃]
garantir (vt)	gwarantować	[gvaran'tɔvatʃ]
gostar (apreciar)	podobać się	[pɔ'dɔbatʃ ɕɛ̃]
gritar (vi)	krzyczeć	['kʃitʃɛtʃ]

guardar (fotos, etc.)	przechowywać	[pʃɛhɔ'vivatʃ]
guardar (no armário, etc.)	chować	['hɔvatʃ]
guerrear (vt)	wojować	[vɔɔvatʃ]
herdar (vt)	dziedziczyć	[dʑe'dʑitʃitʃ]
iluminar (vt)	oświetlać	[ɔɕ'fetʎatʃ]

imaginar (vt)	wyobrażać sobie	[viɔb'raʒatʃ 'sɔbe]
imitar (vt)	naśladować	[naɕʎa'dɔvatʃ]
implorar (vt)	błagać	['bwagatʃ]
importar (vt)	importować	[impɔr'tɔvatʃ]

| indicar (~ o caminho) | pokazać | [pɔ'kazatʃ] |
| indignar-se (vr) | oburzać się | [ɔ'buʒatʃ ɕɛ̃] |

infetar, contagiar (vt)	zarażać	[za'raʒatʃ]
influenciar (vt)	wpływać	['fpwivatʃ]
informar (~ a policia)	informować	[infɔr'mɔvatʃ]

informar (vt)	informować	[infɔr'mɔvatʃ]
informar-se (~ sobre)	dowiadywać się	[dɔvʲa'divatʃ ɕɛ]
inscrever (na lista)	wpisywać	[fpi'sivatʃ]
inserir (vt)	wstawiać	['fstavʲatʃ]

insinuar (vt)	czynić aluzje	['tʃinitʃ a'lyzʰe]
insistir (vi)	nalegać	[na'legatʃ]
inspirar (vt)	inspirować	[inspi'rɔvatʃ]
instruir (ensinar)	instruować	[instru'ɔvatʃ]

insultar (vt)	znieważać	[zne'vaʒatʃ]
interessar (vt)	interesować	[intɛrɛ'sɔvatʃ]
interessar-se (vr)	interesować się	[intɛrɛ'sɔvatʃ ɕɛ]
intervir (vi)	wtrącać się	['ftrɔ̃tsatʃ ɕɛ]
invejar (vt)	zazdrościć	[zazd'rɔɕtʃitʃ]

inventar (vt)	wynalazać	[vina'ʎazatʃ]
ir (a pé)	iść	[iɕtʃ]
ir (de carro, etc.)	jechać	['ehatʃ]
ir nadar	kąpać się	['kɔ̃patʃ ɕɛ]

ir para a cama	kłaść się spać	['kwaɕtʃ ɕɛ spatʃ]
irritar (vt)	denerwować	[dɛnɛr'vɔvatʃ]
irritar-se (vr)	denerwować się	[dɛnɛr'vɔvatʃ ɕɛ]
isolar (vt)	izolować	[izɔ'lɔvatʃ]

jantar (vi)	jeść kolację	[eɕtʃ kɔ'ʎatsʰɛ̃]
jogar, atirar (vt)	rzucać	['ʒutsatʃ]
juntar, unir (vt)	łączyć	['wɔ̃tʃitʃ]
juntar-se a ...	przyłączać się	[pʃi'wɔ̃tʃatʃ ɕɛ]

255. Verbos L-P

lançar (novo projeto, etc.)	uruchamiać	[uru'hamʲatʃ]
lavar (vt)	myć	[mitʃ]
lavar a roupa	prać	[pratʃ]
lavar-se (vr)	myć się	['mitʃ ɕɛ]

lembrar (vt)	pamiętać	[pa'mentatʃ]
ler (vt)	czytać	['tʃitatʃ]
levantar-se (vr)	wstawać	['fstavatʃ]
levar (ex. leva isso daqui)	zabierać	[za'beratʃ]

libertar (cidade, etc.)	wyzwalać	[viz'vaʎatʃ]
ligar (~ o radio, etc.)	włączać	['vwɔ̃tʃatʃ]
limitar (vt)	ograniczać	[ɔgra'nitʃatʃ]
limpar (eliminar sujeira)	czyścić	['tʃiɕtʃitʃ]
limpar (tirar o calcário, etc.)	oczyszczać	[ɔt'ʃiʃtʃatʃ]
lisonjear (vt)	schlebiać	['shlebʲatʃ]
livrar-se de ...	pozbywać się	[pɔz'bivatʃ ɕɛ]

237

lutar (combater)	walczyć	['vaʎt͡ʃit͡ʃ]
lutar (esporte)	walczyć	['vaʎt͡ʃit͡ʃ]

marcar (com lápis, etc.)	zaznaczyć	[zaz'nat͡ʃit͡ʃ]
matar (vt)	zabijać	[za'bijat͡ʃ]
memorizar (vt)	zapamiętać	[zapa'mentat͡ʃ]
mencionar (vt)	wspominać	[fspɔ'minat͡ʃ]

mentir (vi)	kłamać	['kwamat͡ʃ]
merecer (vt)	zasługiwać	[zaswu'givat͡ʃ]
mergulhar (vi)	nurkować	[nur'kɔvat͡ʃ]
misturar (vt)	mieszać	['meʃat͡ʃ]

morar (vt)	mieszkać	['meʃkat͡ʃ]
mostrar (vt)	pokazywać	[pɔka'zivat͡ʃ]
mover (vt)	przesuwać	[pʃɛ'suvat͡ʃ]
mudar (modificar)	zmienić	['zmenit͡ʃ]

multiplicar (mat.)	mnożyć	['mnɔʒit͡ʃ]
nadar (vi)	pływać	['pwivat͡ʃ]
negar (vt)	zaprzeczać	[zap'ʃɛt͡ʃat͡ʃ]
negociar (vi)	prowadzić rozmowy	[prɔ'vadʒit͡ʃ rɔz'mɔvi]

nomear (função)	mianować	[mʲa'nɔvat͡ʃ]
obedecer (vt)	podporządkować się	[pɔtpɔʒɔ̃d'kɔvat͡ʃ ɕɛ̃]
objetar (vt)	sprzeciwiać się	[spʃɛ't͡ʃivʲat͡ʃ ɕɛ̃]
observar (vt)	obserwować	[ɔbsɛr'vɔvat͡ʃ]

ofender (vt)	obrażać	[ɔb'raʒat͡ʃ]
olhar (vt)	patrzeć	['pat͡ʃɛt͡ʃ]
omitir (vt)	pomijać	[pɔ'mijat͡ʃ]
ordenar (mil.)	rozkazywać	[rɔska'zivat͡ʃ]

organizar (evento, etc.)	urządzać	[u'ʒɔ̃dzat͡ʃ]
ousar (vt)	ośmielać się	[ɔɕ'meʎat͡ʃ ɕɛ̃]
ouvir (vt)	słyszeć	['swiʃɛt͡ʃ]
pagar (vt)	płacić	['pwat͡ʃit͡ʃ]

parar (para descansar)	zatrzymywać się	[zat͡ʃi'mivat͡ʃ ɕɛ̃]
parar, cessar (vt)	przestawać	[pʃɛs'tavat͡ʃ]
parecer-se (vr)	być podobnym	[bit͡ʃ pɔ'dɔbnim]
participar (vi)	uczestniczyć	[ut͡ʃɛst'nit͡ʃit͡ʃ]
partir (~ para o estrangeiro)	wyjeżdżać	[vi'eʒdʒat͡ʃ]

passar (vt)	przejeżdżać	[pʃɛ'eʒdʒat͡ʃ]
passar a ferro	prasować	[pra'sɔvat͡ʃ]
pecar (vi)	grzeszyć	['gʒɛʃit͡ʃ]
pedir (comida)	zamawiać	[za'mavʲat͡ʃ]

pedir (um favor, etc.)	prosić	['prɔɕit͡ʃ]
pegar (tomar com a mão)	łowić	['wɔvit͡ʃ]
pegar (tomar)	brać	[brat͡ʃ]
pendurar (cortinas, etc.)	wieszać	['veʃat͡ʃ]
penetrar (vt)	przenikać	[pʃɛ'nikat͡ʃ]
pensar (vi, vt)	myśleć	['miɕlɛt͡ʃ]
pentear-se (vr)	czesać się	['t͡ʃɛsat͡ʃ ɕɛ̃]

| perceber (ver) | zauważać | [zau'vaʒatʃ] |
| perder (o guarda-chuva, etc.) | tracić | ['tratʃitʃ] |

perdoar (vt)	przebaczać	[pʃɛ'batʃatʃ]
permitir (vt)	zezwalać	[zɛz'vaʎatʃ]
pertencer a ...	należeć	[na'leʒɛtʃ]
perturbar (vt)	przeszkadzać	[pʃɛʃ'kadzatʃ]

pesar (ter o peso)	ważyć	['vaʒitʃ]
pescar (vt)	wędkować	[vɛ̃t'kovatʃ]
planejar (vt)	planować	[pʎa'novatʃ]
poder (~ fazer algo)	móc	[muts]

pôr (posicionar)	umieszczać	[u'meʃtʃatʃ]
possuir (uma casa, etc.)	posiadać	[pɔ'ɕadatʃ]
predominar (vi, vt)	przeważać	[pʃɛ'vaʒatʃ]
preferir (vt)	woleć	['vɔletʃ]

preocupar (vt)	niepokoić	[nepɔ'kɔitʃ]
preocupar-se (vr)	denerwować się	[dɛnɛr'vovatʃ ɕɛ̃]
preparar (vt)	przygotować	[pʃigɔ'tovatʃ]
preservar (ex. ~ a paz)	zachowywać	[zahɔ'vivatʃ]

prever (vt)	przewidzieć	[pʃɛ'vidʒetʃ]
privar (vt)	pozbawiać	[pɔz'bavʲatʃ]
proibir (vt)	zabraniać	[zab'raɲatʃ]
projetar, criar (vt)	projektować	[prɔek'tovatʃ]
prometer (vt)	obiecać	[ɔ'betsatʃ]

pronunciar (vt)	wymawiać	[vi'mavʲatʃ]
propor (vt)	proponować	[propɔ'novatʃ]
proteger (a natureza)	ochraniać	[ɔh'raɲatʃ]
protestar (vi)	protestować	[protɛs'tovatʃ]

provar (~ a teoria, etc.)	udowadniać	[udɔ'vadɲatʃ]
provocar (vt)	prowokować	[provɔ'kovatʃ]
punir, castigar (vt)	karać	['karatʃ]
puxar (vt)	ciągnąć	[tʃõgnɔɲtʃ]

256. Verbos Q-Z

quebrar (vt)	psuć	[psutʃ]
queimar (vt)	palić	['palitʃ]
queixar-se (vr)	skarżyć się	['skarʒitʃ ɕɛ̃]
querer (desejar)	chcieć	[htʃetʃ]

rachar-se (vr)	pękać	['pɛŋkatʃ]
ralhar, repreender (vt)	besztać	['bɛʃtatʃ]
realizar (vt)	realizować	[rɛali'zovatʃ]
recomendar (vt)	polecać	[pɔ'letsatʃ]

reconhecer (identificar)	poznawać	[pɔz'navatʃ]
reconhecer (o erro)	przyznawać się do winy	[pʃiz'navatʃ ɕɛ̃ dɔ viɲi]
recordar, lembrar (vt)	wspominać	[fspɔ'minatʃ]

239

| recuperar-se (vr) | wracać do zdrowia | ['vraŧsaʧ dɔ 'zdrɔvˡa] |
| recusar (~ alguém) | odmawiać | [ɔd'mavˡaʧ] |

reduzir (vt)	zmniejszać	['zmniejʃaʧ]
refazer (vt)	przerabiać	[pʃɛ'rabˡaʧ]
reforçar (vt)	umacniać	[u'maŧsɲaʧ]
refrear (vt)	powstrzymywać	[pɔfstʃi'mɨvaʧ]

regar (plantas)	podlewać	[pɔd'levaʧ]
remover (~ uma mancha)	usuwać	[u'suvaʧ]
reparar (vt)	reperować	[rɛpɛ'rɔvaʧ]
repetir (dizer outra vez)	powtarzać	[pɔf'taʒaʧ]

reportar (vt)	referować	[rɛfɛ'rɔvaʧ]
reservar (~ um quarto)	rezerwować	[rɛzɛr'vɔvaʧ]
resolver (o conflito)	załatwiać	[za'watvˡaʧ]
resolver (um problema)	rozwiązać	[rɔzvɔ̃zaʧ]

respirar (vi)	oddychać	[ɔd'dɨhaʧ]
responder (vt)	odpowiadać	[ɔtpɔ'vˡadaʧ]
rezar, orar (vi)	modlić się	['mɔdliʧ ɕɛ̃]
rir (vi)	śmiać się	['ɕmˡaʧ ɕɛ̃]
romper-se (corda, etc.)	rozerwać się	[rɔ'zɛrvaʧ ɕɛ̃]

roubar (vt)	kraść	[kraɕʧ]
saber (vt)	wiedzieć	['vedʑeʧ]
sair (~ de casa)	wyjść	[vɨjɕʧ]
sair (ser publicado)	ukazać się	[u'kazaʧ ɕɛ̃]

salvar (resgatar)	ratować	[ra'tɔvaʧ]
satisfazer (vt)	zadowalać	[zadɔ'vaʎaʧ]
saudar (vt)	witać	['vitaʧ]
secar (vt)	suszyć	['suʃɨʧ]
seguir (~ alguém)	podążać	[pɔ'dɔ̃ʒaʧ]

selecionar (vt)	wybrać	['vɨbraʧ]
semear (vt)	siać	[ɕaʧ]
sentar-se (vr)	usiąść	['uɕɔ̃ɕʧ]
sentenciar (vt)	skazywać	[ska'zɨvaʧ]
sentir (vt)	odczuwać	[ɔtt'ʃuvaʧ]

ser diferente	różnić się	['ruʒniʧ ɕɛ̃]
ser indispensável	być potrzebnym	[bɨʧ pɔt'ʃɛbnim]
ser necessário	być potrzebnym	[bɨʧ pɔt'ʃɛbnim]

ser preservado	zachować się	[za'hɔvaʧ ɕɛ̃]
ser, estar	być	[bɨʧ]
servir (restaurant, etc.)	obsługiwać	[ɔbswu'givaʧ]
servir (roupa, caber)	pasować	[pa'sɔvaʧ]

significar (palavra, etc.)	znaczyć	['znaʧɨʧ]
significar (vt)	znaczyć	['znaʧɨʧ]
simplificar (vt)	ułatwiać	[u'watfˡaʧ]
sofrer (vt)	cierpieć	['ʧerpeʧ]
sonhar (~ com)	marzyć	['maʒɨʧ]
sonhar (ver sonhos)	śnić	[ɕniʧ]

| soprar (vi) | dmuchać | ['dmuhatʃ] |
| sorrir (vi) | uśmiechać się | [uɕ'mehatʃ ɕɛ̃] |

subestimar (vt)	niedoceniać	[nedɔ'tsɛɲatʃ]
sublinhar (vt)	podkreślić	[pɔtk'rɛɕlitʃ]
sujar-se (vr)	pobrudzić się	[pɔb'rudʑitʃ ɕɛ̃]
superestimar (vt)	przeceniać	[pʃɛ'tsɛɲatʃ]

supor (vt)	przypuszczać	[pʃi'puʃtʃatʃ]
suportar (as dores)	znosić	['znɔɕitʃ]
surpreender (vt)	dziwić	['dʑivitʃ]
surpreender-se (vr)	dziwić się	['dʑivitʃ ɕɛ̃]

suspeitar (vt)	podejrzewać	[pɔdɛj'ʒɛvatʃ]
suspirar (vi)	westchnąć	['vɛsthnɔ̃tʃ]
tentar (~ fazer)	próbować	[pru'bɔvatʃ]
ter (vt)	mieć	[metʃ]

ter medo	bać się	[batʃ ɕɛ̃]
terminar (vt)	kończyć	['kɔɲtʃitʃ]
tirar (vt)	zdejmować	[zdɛj'mɔvatʃ]
tirar cópias	skopiować	[skɔ'pjɔvatʃ]

tirar fotos, fotografar	robić zdjęcia	['rɔbitʃ 'zdʰɛ̃tʃa]
tirar uma conclusão	robić konkluzję	['rɔbitʃ kɔŋk'lyzʰɛ̃]
tocar (com as mãos)	dotykać	[dɔ'tikatʃ]
tomar café da manhã	jeść śniadanie	[eɕtʃ ɕɲa'dane]

tomar emprestado	pożyczać	[pɔ'ʒitʃatʃ]
tornar-se (ex. ~ conhecido)	stawać się	['stavatʃ ɕɛ̃]
trabalhar (vi)	pracować	[pra'tsɔvatʃ]
traduzir (vt)	tłumaczyć	[twu'matʃitʃ]
transformar (vt)	przekształcać	[pʃɛkʃ'tawtsatʃ]

tratar (a doença)	leczyć	['letʃitʃ]
trazer (vt)	przywozić	[pʃi'vɔʒitʃ]
treinar (vt)	trenować	[trɛ'nɔvatʃ]
treinar-se (vr)	ćwiczyć	['tʃfitʃitʃ]
tremer (de frio)	drżeć	[drʒɛtʃ]

trocar (vt)	wymieniać się	[vi'meɲatʃ ɕɛ̃]
trocar, mudar (vt)	zmieniać	[zmeɲatʃ]
usar (uma palavra, etc.)	użyć	['uʒitʃ]
utilizar (vt)	korzystać	[kɔ'ʒistatʃ]

vacinar (vt)	szczepić	['ʃtʃɛpitʃ]
vender (vt)	sprzedawać	[spʃɛ'davatʃ]
verter (encher)	nalewać	[na'levatʃ]
vingar (vt)	mścić się	[mɕtʃitʃ ɕɛ̃]
virar (~ para a direita)	skręcać	['skrɛntsatʃ]

virar (pedra, etc.)	przewrócić	[pʃɛv'rutʃitʃ]
virar as costas	odwracać się	[ɔdv'ratsatʃ ɕɛ̃]
viver (vi)	żyć	[ʒitʃ]
voar (vi)	latać	['ʎatatʃ]
voltar (vi)	wracać	['vratsatʃ]

241

votar (vi)	głosować	[gwɔ'sɔvatɕ]
zangar (vt)	złościć	['zwɔɕtɕitɕ]
zangar-se com ...	złościć się	['zwɔɕtɕitɕ ɕɛ̃]
zombar (vt)	naśmiewać się	[naɕ'mevatɕ ɕɛ̃]

www.ingramcontent.com/pod-product-compliance
Lightning Source LLC
Chambersburg PA
CBHW062053080426
42734CB00012B/2629